Généalogie
d'une banalité

Photographie de couverture : © Kiripi Katembo, *Rester*.
Courtesy Galerie MAGNIN-A, Paris.

Édition : Jutta Hepke, Gilles Colleu
Corrections : Anne Dellenbach-Pesqué

ISBN : 978-2-36413-068-5

© Vents d'ailleurs / Ici & ailleurs, 2015
Mél : info@ventsdailleurs.com
www.ventsdailleurs.com

Sinzo Aanza

Généalogie d'une banalité

Vents d'ailleurs

À Kiripi, à Katembo, à Siku, à Moïse, à Katex,
Au cousin, au frère, à l'ami...
Parce que je veux croire que ta nuit est lumières.

La patience et/est la longueur du temps...
Werrason, *Solola Bien*

La rédaction de la chaîne nationale

Bienvenue chers auditeurs, compatriotes, concitoyens, peuple de cette grande nation à jamais nôtre et que nous n'avons héritée de personne, parce que nous n'avons pas arrêté de la conquérir, bienvenue à vous aussi qui n'êtes pas nos compatriotes mais qui nous aimez, ou qui ne nous aimez pas, on s'en fout, le plus important ce n'est pas de nous aimer, c'est de ne pas nous prendre pour des imbéciles lorsque vous volez notre sel, parce que tout le monde nous vole quelque chose, parce que nous nous volons nous-mêmes, le sel et la lumière, bienvenue à vous tous qui nous écoutez dans les montagnes de l'Est, dans le Graben, dans la forêt vierge, dans la savane, dans les cités. Chers auditeurs, comme promis, vous allez suivre, dans un direct légèrement différé, les aventures de ces inciviques d'Élisabethville qui n'ont pas arrêté de penser que ce pays c'est les cabinets de leur cousin, ou même le champ de maïs de leur grand-mère. Cette émission spéciale est un cadeau de Son Excellence notre ministre de tutelle et de la rédaction de votre chaîne nationale. Notre antenne d'Élisabethville nous a fait parvenir des notes recueillies par la police et dont personne dans ce maudit quartier ne veut assumer d'être l'auteur. Ces notes vont être lues par notre consœur Sidonie Lutumba, Beauté Nationale, *alias* Black is Beautiful, *alias* Julia Roberts, *alias* Da Vinci Code. La lecture sans doute la plus longue de tous les temps, vu qu'elle va durer toute la journée, vous permettra de voyager à travers l'abomination du Bronx. N'ayez crainte, votre chaîne nationale a pris des précautions pour que personne n'ait la conscience citoyenne barbouillée.
Pour des raisons de déontologie journalistique, quelques passages des notes, tout comme quelques extraits des appels téléphoniques n'ont pas été retenus pour la diffusion sur les ondes. En considération de cette bonne foi,

notre rédaction n'aura pas la responsabilité de ce qui lui aura échappé. Ceci explique par ailleurs les difficultés que nous avons eues à vous faire un direct tout à fait direct, la chaîne nationale se devant d'être l'exemple de l'éthique et du civisme.

C'est parti pour une journée d'émission, nous allons faire la Généalogie de cette actualité malheureuse.

PREMIÈRE PARTIE

LE CASH DES CHINOIS

Il est temps que la pierre consente à fleurir,
Qu'à l'errance batte un cœur.
Il est temps qu'il soit temps.

Paul Celan, «Corona», *Pavot et Mémoire*

Madame Maureen
De quoi Élisabethville est le nom

La première chose qui changea, ce fut les noms des avenues. À ce moment-là, personne ne se figurait encore ce que serait l'ampleur des bouleversements. Le monde entier venait frapper à notre porte. Comme pour nous dire que nul n'a droit à une île. Que nous avions eu tort de choisir d'être heureux dans cette île lointaine où nous nous étions retirés. Le monde s'était élargi jusque dans notre île et il nous le signifiait impérieusement. Ce fut les indépendances. Avec tout l'enthousiasme naïf qui a caractérisé cette époque-là. Notre communauté n'avait pas approuvé, tous les Européens établis sur le continent n'avaient pas approuvé. Nous avions décidé de rester. De nous battre. Je veux dire «nous» qui avions mis de la sueur, et même du sang, dans la construction des colonies, contrairement à ces petits bourgeois socialistes ou libéraux des métropoles qui donnent souvent l'impression de ne pas être au courant que nous les avons nourris pendant plus de cinquante ans, avec toutes leurs familles. C'est la même chose qui se passe entre les honnêtes et vénérables paysans vivant à la campagne afin d'y produire du beurre et les petits citadins à la con qui se gavent de beurre et pissent par la suite dans les boîtes à beurre.

Élisabethville a le charme d'une île, ce n'est pas une grande ville, je dirais plutôt que c'est une ville-village, une ville-faubourg en ce sens qu'elle est la banlieue des grandes villes du monde entier dont les enfants sont venus faire carrière ou fortune ici. C'est des honnêtes travailleurs qui vivent ici. Dans la tranquillité qui les repose des machines et des paperasses de leurs heures de service. Cette terre est un versant de mon cœur. L'autre versant est embrouillé. Il y a eu un temps où les souvenirs d'enfance de mes parents faisaient un travail cadastral sur la surface de mon cœur. Ils évoquaient avec candeur et nostalgie leurs cavalcades polissonnes à Gand ou en Lorraine dans la belle époque insouciante du lendemain de la Seconde Guerre mondiale, et ils auraient voulu que, mes deux frères et moi, nous portions dans les veines les ombres et les lueurs de ces terres lointaines. Ils ignoraient que les veines ne portent de l'extérieur que l'air de la terre sur laquelle on pleure, on aime, on désire, on obtient, on possède, on perd, on accepte de perdre, on retrouve, on meurt, on se meut, on remue, on se mue, on meurt et on vit d'une manière différente... à la manière d'une plante par exemple, ou d'une eau, d'un ruisseau, ou d'un vent, ou d'un air frais dans les veines des autres, de ceux qui restent encore le temps de leur vie sur la même terre. C'est cela l'éternité. Ça peut faire le tour du monde, mais ça vient de quelque part. Nous sommes tous des citoyens d'un monde, nous portons un quelque part. Un jour, mon père m'a dit qu'il avait commencé à marcher la tête haute en Belgique, après avoir gagné ses titres de noblesse dans la colonie, il était seigneur ici au Katanga, dès lors, il pouvait l'être n'importe où, même à la cour de Laeken.

Quelques petits paragraphes supprimés pour lecture malveillante de l'histoire de notre chère nation. Nous allons diffuser un extrait du discours intemporel de notre héros national en guise de rectification. Nous vous prévenons par ailleurs qu'aucun ressortissant étranger n'a le droit de revendiquer la terre de notre pays, à moins que les autorités compétentes ne lui accordent la nationalité. Un compatriote qui aurait le même discours à la bouche, en parlant de l'Europe, serait pris pour un bouffon.

Extrait du discours intemporel du héros national

Combattants de l'indépendance aujourd'hui victorieux,
Je vous salue au nom du gouvernement congolais.
Ce que fut notre sort en quatre-vingts ans de régime colonialiste, nos blessures sont trop fraîches et trop douloureuses encore pour que nous puissions le chasser de notre mémoire. Nous avons connu le travail harassant exigé en échange de salaires qui ne nous permettaient ni de manger à notre faim, ni de nous vêtir ou nous loger décemment, ni d'élever nos enfants comme des êtres chers. Nous avons connu les ironies, les insultes, les coups que nous devions subir matin, midi et soir, parce que étions des nègres. Qui oubliera qu'à un Noir, on disait «tu», non certes comme à un ami, mais parce que le «vous» honorable était réservé aux seuls Blancs ?
Nous avons connu qu'il y avait dans les villes des maisons magnifiques pour les Blancs et des paillotes croulantes pour les Noirs; qu'un Noir n'était admis ni dans les cinémas, ni dans les restaurants, ni dans les magasins dits européens; qu'un Noir voyageait à même la coque des péniches, aux pieds du Blanc dans sa cabine de luxe...

(Applaudissements des Noirs et des Blancs coincés entre deux Noirs qui applaudissent.)

Tout cela, mes frères, nous en avons profondément souffert[1].

Aaaaahhh, nous respirons l'air patriotique, nationaliste, lumumbiste dans la rédaction de votre radio nationale! C'est comme l'onction, la transe, nous avons des frissons, et nous espérons que vous aussi. Maintenant, nous allons poursuivre cette grande émission, le plus grand scandale civil de tous les temps. Le Watergate populaire.

Madame Maureen
De la littérature dans les ordures

Kafka est venu me voir.

Ce jour-là, j'avais prévu de jardiner.

C'est ce que je fais, quand je suis déçue du monde.

Les fleurs ne déçoivent que par leur vie éphémère. Et ça, ce n'est pas de leur faute.

Il avait besoin de fric.

— Je vous rends le double.

— Vous me faites rire...

— Comment ça, vous ne me croyez pas?

— Vous enseignez à des gosses minables, dans un quartier minable. Avec quoi vous payez le double? Quelqu'un vous a dit qu'on agite une baguette magique sur la tête de l'État pour que les enseignants soient rétribués comme des êtres humains? Dites-moi?

— J'ai vraiment et vraiment besoin de beaucoup d'argent. Attendez que je dise combien, au lieu de vous affoler pour une somme que vous n'avez probablement pas. Ce que je vous demande, c'est d'être une partenaire, une actionnaire dans mon entreprise...

— Hou là là, vous allez avoir votre propre école?

— Non!

— Je vous écoute !

Là, j'ai enlevé mes gants plastiques de jardinage et j'ai mis ma binette ainsi que mon sécateur de côté, je les ai presque rangés tellement j'étais excitée à l'idée que Kafka veuille me parler d'autre chose que de ces littératures prétentieuses qu'il produit pour ses élèves, s'étant donné la mission de les rendre meilleurs citoyens et meilleurs êtres humains que leurs parents. C'était courageux, mais d'une naïveté ahurissante. La première fois, j'en avais eu très mal à la gorge tant je m'étais retenue de lui rire au nez.

J'ai rencontré Kafka dans une soirée de vernissage organisée par mon amie Katlijn. Il était enseignant et il emmenait souvent des élèves d'une école préhistorique qui avait l'extravagance de s'appeler Hekima[2]. Il voulait leur rendre le musée et les expositions d'art contemporain aussi familiers que leurs faims et leurs désirs du confort que la misère de leurs vies ne leur permettait que dans les chimères biaisées que produisent la jeunesse et l'ignorance. J'ai entendu à la radio que ces gamins sont introuvables en ce moment. On dit qu'ils sont allés faire une sorte de spectacle de poésie et qu'ils doivent être morts. Mais je pense qu'on en parle beaucoup parce qu'ils étaient en uniforme et que cela habille leur malheur. Ce qui leur est arrivé provoque la sympathie des journalistes à cause de leur uniforme. Il y avait là une flopée d'autres mioches aux côtés de leurs parents, et ils sont peut-être morts ensemble. C'est l'uniforme, voyez-vous, qui donne une fonction alléchante à ces élèves dans les reportages des médias. On pourrait faire un film avec ça, en ignorant toutes les autres personnes que lessive le même malheur et qui n'ont pas le visage d'un uniforme.

Katlijn m'avait présenté Kafka en disant : « C'est un mec un peu fêlé, je t'assure tout de même que ça vaut la peine d'en faire la connaissance. » Elle l'appréciait particulièrement, à cause de son engouement à ramener des gamins vers la culture. Ils ne rataient aucun rendez-vous. Kafka espérait bâtir en eux ce qui manquait cruellement dans les têtes et dans les cœurs de leurs aînés, à savoir : une sensibilité et la disposition à s'arrêter devant ce que l'esprit peut pondre, quand il s'engrosse tout seul, mais qu'il s'engrosse des douleurs ou des rêves du monde, les œuvres d'art ou d'esprit étant à ses yeux le ratage le plus néfaste dans le bidouillage que la colonisation et le civisme dictatorial avaient fait de l'homme de ce pays. Kafka est un bonhomme sympathique. En tous les cas, plus agréable spirituellement que la plupart de gens d'ici que j'ai rencontrés, les anciens indigènes, on dit maintenant les autochtones, ou les nationaux. Dès l'abord, il m'avait déclamé un poème plutôt stupide et sardonique qui était visiblement de lui.

Dites-leur
Que leurs femmes sont vilaines comme des fesses
Et les nôtres, étoiles inaccessibles

Dites-leur
Que le soleil se lève à l'ouest
Et se couche dans leurs lits

Pour leur cuire la peau et les rêves
Dites-leur
Que Dieu est né chez nous
Comme naissent les bourgeons
De fleurs ou de seins

Dites-leur
Que nos mots sont musique et jasmin
Et leurs mots
Tapage et piment

C'était d'autant plus idiot et embarrassant qu'il affirmait que c'était une parodie du discours du roi des Belges aux missionnaires en partance pour l'État indépendant du Congo, et déclamé comme un aboiement à la Belge et même à la Belgique et à l'Occident que j'étais à ses yeux.

La rédaction de la radio nationale n'a pas voulu faire de commentaire. À la place, nous vous invitons à savourer cette chanson d'Adu Elenga, ancien troubadour de Kinshasa et monument de notre musique qui est mort trop tôt, avant que les autorités n'aient trouvé le temps favorable pour décorer de mérite son combat et son talent. Notre confrère, DJ Micki Mousse Sam Mokolo va nous balancer cette petite merveille de notre musique qui donne si parfaitement la réplique à l'insolence impérialiste.

Adu simba guitare na maboko
Oké n'o Elenga Elenga
Elenga mokili Ekobaluka
Ata ndele ata ndele
Ata ndele Mondele akosukwana
Ata Ndele ekobaluka
Ata Ndele mokili ekobaluka[3].

Reprenons...

... Kafka disait que ses élèves apprenaient ce genre de salades littéraires par cœur et qu'il était une sorte de héros national, le Messie de l'éducation des gosses. À ses yeux, la seule manière d'affranchir les anciens colonisés était de leur enseigner l'histoire autrement. Le cas de ce soi-disant poème qu'il fait réciter à ses élèves. Toutefois, il sait tenir la conversation sans être barbant, ni creux, ni pédant, ni prétentieux... Il dit des choses simples et qui ne sont pas inintéressantes. Chaque minute de sa vie minable, il joue le rôle d'un leader d'opinion et d'un enseignant caricatural. Dans le style «sage maudit», «génie fou et désintéressé», «désincarné», sans rapport de désir ou de désirance vis-à-vis de tous les corps qui entourent son corps oublié qu'il appelle sa *biologie*, son corps ou sa «biologie» absente, absente des préoccupations quotidiennes du commun des mortels. Un homme engagé. L'urgence permanente de sa cause éducative transcendait sa biologie misérable et misérablement lotie.

— Il s'agit d'une carrière artisanale...

J'ai dû le regarder de travers après ces mots, car il a poursuivi sur un ton déréglé, un ton maladroit et qui s'échine à rassurer.

— La main-d'œuvre est enthousiaste... mais il faut l'encadrer... Je vous parle d'investir dans le travail des gens qui vont déféquer du blister...

J'ai été interloquée. Tout le monde parle de cuivre ou, plus précisément, de l'argent du cuivre. Pendant plusieurs années, Kafka m'a été sympathique, à cause de la hauteur qu'il prenait vis-à-vis de la sarabande qui avait embrigadé la ville entière dans le rêve du cuivre, l'illusion de ce qu'il est capable de ramener dans les vies modestes. Il n'était, pour ainsi dire, pas du tout dépendant, comme tout bon habitant d'Élisabethville, de cette saga entraînante qui est la fondation et la raison de l'existence de la ville, et dont elle ne s'est pas émancipée après cent ans et des poussières. Je me suis esclaffée. Ça m'a larguée dans un tel fou rire ! J'assistais à un moment particulier qui était celui du triomphe de l'argent, du rêve collectif ou de la chimère d'enrichissement sur la folie ou la sagesse, et pas n'importe laquelle, mais la folie ou la sagesse révolutionnaire d'un éducateur jusqu'ici dédaigneux du haut de sa nuée littéraire. Il m'a accompagnée dans mon hilarité, jusqu'à ce qu'il remarque son côté pervers et moqueur.

— Je suis sérieux!

— Bah, je sais que vous êtes sérieux, la question n'est pas là...

— Non, vous ne le savez pas... Je suis vraiment sérieux!

— Justement, je sais... Vous êtes vraiment sérieux! Et vous le vendez à qui votre cuivre?

— Aux Chinois...

— Ça, c'est ce que fait tout le monde. J'attendais d'un gars comme vous qu'il soit un peu original.

— Je fais une révolution, et une révolution on la fait comme tout le monde, parce qu'une révolution on la fait avec tout le monde.

Je n'ai compris que plus tard le sens trop gourmé de cette phrase.

J'avais des soucis d'argent, ça n'était pas grave, mais... je ne vous apprendrai pas tout ce qu'on peut faire avec de l'argent... Je m'effaçais dans le décor de cette ville, ce qui impliquait l'effacement, par ma faute, du nom de ma famille, l'amenuisement de sa place dans la mémoire de la ville, et donc je perdais mon âme extérieure, comme dirait Machado de Assis.

Les Chinois, mais pas seulement eux, ont tué notre influence dans la région à coups de camelote abondante de vêtements, de meubles, de routes vite faites et de gadgets de tous genres. Ils ont bâti ici une telle culture de la camelote et de la banalisation de la production qu'il n'y a plus de place pour nos articles et services méticuleux. Tout le monde dit que ça date de la fin des guerres, alors que la dictature, longtemps avant, avait ravi toutes les entreprises des mains des expatriés qualifiés, mettant ainsi l'économie du pays à plat ventre et tout le peuple sur le chemin de l'Asie. La dictature elle-même avait tracé la voie en se faisant ériger des bâtisses gigantesques pour le prix d'une tartine. Lorsque la dictature fut terrassée, les nouvelles autorités se mirent tout de suite à clamer : « Ceux qui ont mangé du sable mangeront du riz, ceux qui ont mangé du riz mangeront du sable. » Je compris que nous n'étions pas tirés d'affaire.

La rédaction a enlevé deux longues phrases qui transpiraient de mauvaise foi dans leur interprétation de l'aphorisme de l'un des citoyens les plus lumineux que le pays ait eu la chance d'avoir à sa tête. Le grand homme parlait plutôt des riches qui avaient confisqué pour eux seuls toutes les richesses de la nation.

J'avais repris le business familial depuis près de dix ans, quand la radio annonça que tout avait été ravi aux Blancs (le journaliste n'avait pas la pudeur des autorités qui préféraient dire « entrepreneurs étrangers »). Mon père avait été le plus grand paysagiste d'Élisabethville. Il était venu dans la colonie pour y vivre sa passion des plantes. Il n'avait pas autant de chances en métropole. Au bout d'une première réalisation, la ville l'adopta. Le gouvernement le voulait dans ses parcs urbains, sur les trottoirs des routes et dans les jardins des palais. À notre majorité, mes frères et moi, nous fûmes embrigadés dans ses affaires qui allaient bien à l'époque, très bien devrais-je dire. L'entreprise familiale ne disposait heureusement pas de siège officiel, ni de capitaux réservés. Mon père avait toujours fonctionné à la manière d'un artisan. Lorsque j'héritai de son carnet d'adresses et de ses engagements, puisque c'est de cette manière qu'il préférait nommer ce qu'il me léguait, j'entrepris de moderniser, d'établir un siège, de recruter davantage d'ouvriers et de définir une structuration. Les lenteurs administratives aidant, je n'avais encore rien fait de tout cela quand la dictature décida de tout nationaliser. Cependant, les autorités ne sollicitaient plus mes services.

J'avais encore les faveurs de quelques expatriés désireux de vivre dans un lieu propre, différent du reste de la ville qui se fanait lamentablement, se desséchait, s'embroussaillait, s'encanaillait, s'ensauvageait, se *zaïrianisait* comme le voulait le gouvernement, lequel, sans se gêner, avait appelé ça : l'authenticité africaine...

Encore des extraits supprimés, chers auditeurs, pour raisons de mauvaise foi vis-à-vis de l'histoire glorieuse de la nation. Il ne faut pas que les citoyens oublient, comme s'en inquiétait notre héros national dans son discours intemporel que vous avez suivi tantôt, que l'Occident a mis notre culture et nos valeurs sens dessus dessous avant de nous imposer les siennes qui sont des pourritures errantes.

J'ai donné mille dollars. Je l'ai fait sur un coup de tête. D'abord, parce que mes affaires claudiquaient. Ensuite, parce que j'ai toujours eu confiance en Kafka, une confiance qui ne se pose pas de questions. J'ai donné mille dollars et j'ai demandé : « Quand ? »

— Pas plus de trois semaines. Tu peux me faire confiance.

Quelques jours plus tard, il y a eu des inondations dans le quartier de Kafka. J'ai décidé de ne pas attendre qu'il me rende l'argent dans les trois semaines convenues, m'imaginant qu'il en avait besoin, sa baraque ayant pu être défigurée ou culbutée par les eaux. Kafka ne montra pas sa bouille dans les soirées mondaines organisées pour les artistes au musée et à la galerie d'art contemporain qu'il logeait. J'essayais de me convaincre qu'il ne s'était pas enfermé avec l'intention de s'enrouler au cou une de ces cordes que la solitude vous fait par la suite attacher au linteau de votre maison tout en vous prêchant les vertus du vide, mais qu'il mijotait un autre plan pour remettre l'enseignement debout. Aussi qu'il n'avait pas été mis sur le trottoir par la dernière pluie. Qu'il n'était pas mort, ni emprisonné, ni alité, ni terrassé par l'une de ces merdes tropicales que vous foutent des bestioles telles que la mouche tsé-tsé, le moustique malarique, la bilharzie, les filaires, ou encore les chauves-souris boucanées...

Il y eut d'autres inondations dans le Brondo de Kafka. La télévision locale en fit des images apocalyptiques. Le jour après les inondations, il me fit parvenir une enveloppe où j'espérais trouver mon fric, mais il y avait glissé un papier visiblement arraché dans un carnet de notes relié sur le dos au fil de fer. Le bout de papier était plié en deux et il y avait dessus une écriture nerveuse et impatiente qui me fit tout d'abord penser à une note d'excuse, partant, de demande de report de l'échéance que nous nous étions fixée. Il n'en était rien. Le texte était un poème sur les inondations dans son quartier et sur la communion dans l'emmerde que cela entraîne furtivement parmi cette populace hétéroclite et désunie. Ses voisins se regardaient en chiens de faïence, vu qu'ils venaient des quatre coins du pays ou du continent. Leurs ancêtres, avant eux, s'étaient battus comme des fauves, jusqu'à l'arrivée des lumières de la civilisation.

Ils ont vu le ciel courir
Et leurs rêves bousculés
Au milieu des nuages
Ils ont vu les étoiles se retourner
Parce que de derrière, elles sont invisibles
Les chagrins
Noyés depuis toujours dans les latrines des bouis-bouis
Ont surgi de la terre
Avec les sueurs des jours crades
Les nuages ont hurlé

Les rêves aussi
Parce que les nuages, ça n'aime pas la boue
Les rêves non plus

Mais l'eau ?

L'eau est une putain
Elle a tout pris dans son lit
Les chagrins et les rêves
Les nuages et les murs de latrines

Cela se bousculait vers la fin avant de chuter par une mention amère et d'une négativité qui me laissa perplexe. On attend des poésies qu'elles distillent de l'espoir, du bon vent, qu'elles disent, même naïvement, la foi en l'homme. D'ailleurs, plus c'est naïf, plus c'est beau... Et la beauté de ce poème échouait dans le pessimisme ambiant sur la cohabitation entre les originaires du Katanga minier et ceux qui venaient des autres provinces du pays, du Kasaï en particulier, entre les Katangais du Nord et ceux du Sud, entre les Congolais et les immigrés venus s'enrichir au Katanga...

Ils ont marché sur le ciel
À fond de train
Se sont cherchés
Comme des herbes sous le vent
Ils tenaient les uns des autres
Ils tenaient les uns aux autres
C'est la révélation de la pluie
Mais il ne faut pas y croire

Lorsqu'il avait emménagé dans le Brondo, plus connu sous son surnom de Bronx, Kafka me soutenait que son nouveau repaire avait le charme tout littéraire d'un lieu de passage. Que ça lui donnait l'impression de vivre dans une gare, dans un aéroport, un port ou un arrêt de bus. Ses voisins disparaissaient régulièrement, parce qu'ils faisaient un tour dans la prison, parce qu'ils se cachaient après des délits conséquents, parce qu'ils en avaient marre d'être là, parce qu'ils avaient désormais un peu plus de moyens pour se payer le loyer dans un quartier plus décent à leur goût, parce que leur maison avait été emportée par la dernière pluie, etc. L'État n'a rien à foutre des petites emmerdes de tout le monde. Et l'État on peut dire que ça n'existe pas ici, car d'un côté, tu as des gens qui vont bien et qui se débrouillent, de l'autre côté, des gens qui ne vont pas bien et ceux-là sont assistés par des humanitaires dont l'action est renforcée par la charité des églises. Même les politiciens font de la débrouille en politique. L'histoire même du pays peut se résumer à la débrouille. À l'indépendance, les Occidentaux sont partis en laissant les institutions étatiques, l'administration aux mains des gens incompétents qui se sont démerdés pour faire tourner ce qu'ils pouvaient faire tourner. Ensuite, c'est les entreprises qui ont connu le départ des Blancs à cause de la dictature. De fil en aiguille, entre incompétence, débrouille, clientélisme, crises économiques et politiques, faiblesses de l'État, une culture administrative perverse et puante est née ici. Résultat, le pays est dans le caca. Rien ne s'y fait suivant les grands principes modernes d'administration, les normes écrites dans des textes de loi par exemple ou, plutôt, les normes qui déterminent les comportements sont une telle cacophonie qu'on ne peut pas appeler ça un État. Certains voient dans ces magouilles institutionnalisées une espèce de redistribution des richesses. Qu'ils soient du pouvoir ou de l'opposition, les politiciens et les administratifs s'échinent comme de petits diables pour pouvoir se stabiliser économiquement en se faisant corrompre, quand ils ne s'encanaillent pas dans le commerce des vêtements par exemple, ou des voitures, ou des aliments importés sans véritable contrôle, ou des titres et des attestations, des autorisations, des certificats, toutes sortes de documents administratifs, ou dans l'hôtellerie et l'immobilier après le détournement des recettes ou des biens publics à portée de leurs bedaines. Ce pays est d'ailleurs ahurissant pour les rondeurs de ses dirigeants et de ses citoyens qui ont réussi en général. Kafka dit que ta biologie doit être bien ronde pour en imposer, si tu n'es pas rond, rondouillard, volumineux, tu n'es encore nulle part, tu n'existes pas et on ne te considère pas, on ne te voit pas.

Beaucoup d'autres habitants du Bronx attendent d'être happés par la justice et jetés dans le trou.

Chers auditeurs, il est sept heures et quart et comme toutes les sept heures et quart, vous allez suivre la rediffusion du grand reportage du journal de vingt heures. Nous vous rappelons qu'il a été question, dans le grand reportage d'hier donc, de comment des citoyens de l'Est de notre pays ont aidé et continuent d'aider les pays voisins de l'Est à se prévaloir de nos productions agricoles et minières. Vous êtes nombreux à avoir été choqués par ces autres inciviques qui ont imposé ces pays de l'Est comme les plus grands producteurs mondiaux de notre coltan, de notre diamant, de notre pétrole, de notre or, de notre café, de nos patates douces, et même de nos bananes et de notre bière de banane. Quoi qu'il en soit, leur industrie est surtout féconde de la mort de nos compatriotes et de l'humiliation de leurs femmes. Vous verrez et vous entendrez les témoignages de ces bonnes dames dont l'intimité, le sexe, pour appeler un chat un chat, est devenu une route comme tant d'autres qu'empruntent ces bandits pour piller les richesses de notre pays. Mais il n'y aura pas que les femmes violées. Vous entendrez et vous verrez également ces combattants qui n'ont pas honte malgré tout de prétendre avoir des revendications politiques et qui s'affublent de noms ridicules comme M23 avant d'aller fanfaronner dans les chancelleries et dans les médias occidentaux. Vous verrez tous ces bourreaux de la nation qui se saoulent de champagne, de gin, de vodka ou de Rémy Martin dans la brousse et qui considèrent les femmes des villages comme un harem de leur khalifat... Bon, on nous demande de retirer le mot khalifat. Sachez tout de même qu'on a envie de ne pas abolir la peine de mort dans ce pays quand on voit se pavaner tous ces moustiques. Personne ne fera de fatwa contre la rédaction de la chaîne nationale. Daesh et Boko Haram ont déjà suffisamment débauché le mot «khalifat», ainsi nos amis arabes et nos concitoyens musulmans peuvent comprendre l'émotion de la rédaction, comme la nation tout entière a compris l'émotion de Mobutu en 1990 pendant que ce pays lui échappait définitivement. Il faut que le pays arrête d'échapper aux autorités et que le coltan, le cuivre, le café et les bananes arrêtent d'échapper aux autorités, il faut même que les femmes de l'Est arrêtent d'échapper aux autorités. Suivez.

Retour sur ce plateau où nous allons poursuivre notre grande émission, votre grande émission Généalogie. La plus grande émission jamais conçue, parce qu'elle dure toute la journée. Vous pouvez faire des recherches au sujet de programmations médiatiques sur Internet, notre radio nationale est le seul média au monde qui propose une émission qui dure toute la journée.

Madame Maureen
De la littérature dans les ordures (suite)

Kafka s'était échafaudé une piaule comme on n'en trouve que dans ce coin de la ville. Il avait appelé ça le Capitole. Ceux qui l'ont vue disent que sa maison est surplombée d'une sorte de coupole en bâches avec des lucarnes. Son excentricité, ajoutée au fait qu'elle abrite la seule pharmacie, la seule maternité, le seul dispensaire pour les bobos et les endémies du Bronx, en a fait au fil du temps le centre du quartier. Il y a aussi pas très loin de là une épave de bus squattée par des vendeuses de liqueurs interdites et un grilleur aux barbecues insolites, impressionnants, au sujet desquels j'avais entendu quelqu'un, un journaliste belge, plaisanter que là-bas, vous vous voyez proposer des curiosités culinaires telles que : gigot de bouledogue aux bananes plantains en lituma, steak de berger allemand au kwanga, filets de doberman aux patates douces ou encore entrecôtes de chiwawa rissolées au bukari, etc. Il avait ajouté que Tintin n'est jamais revenu au Congo, puisqu'en entrant prendre un verre dans le vieux bus du Bronx, quelqu'un l'avait pris pour un livreur de viande en disant de son chien que ça ne faisait même pas une bonne bouchée. Les voisins, comme ils s'appellent là-bas, avaient établi le centre de leur vie devant le Capitole de Kafka. Sans doute parce qu'ils avaient réalisé qu'ils s'y rencontraient souvent, le quartier étant un champ de culture pour toutes sortes de microbes. Les réunions de quartier, les fêtes, les deuils, les naissances, les mariages, les différends, tout cela était ramené devant le Capitole. On raconte que c'est parti des files que les gens faisaient devant la pharmacie chaque matin avec leurs gamins qui faisaient une fièvre, une colique, une gale ou une dysenterie. Ils papotaient de tous les riens possibles en attendant chacun son tour d'être introduit devant le faux médecin, un cousin de Kafka qui n'avait même pas une photocopie de diplôme. C'est pour cela que Kafka est très écouté. S'il n'avait pas été un rêveur fou, il y a longtemps qu'il se serait déjà fait élire pour embarquer en politique.

La mode institutionnelle voulant, mon amie Katlijn avait demandé à Kafka d'envisager une sorte d'exposition collective de peintures, de photos, de sculptures et d'installations devant son Capitole et dans le vieux bus où ses voisins vont s'empoisonner avec des liqueurs interdites par les autorités provinciales. C'était un peu pour ses élèves du Bronx. Et leurs parents. Des soûlards et des illettrés dont je ne me hasarde pas à imaginer les goûts ronflants ou fadasses. On raconte qu'ils avaient vandalisé l'exposition. Apparemment troublés par les statues en matériaux de récupération, par les photos également. Ils n'avaient laissé derrière eux que les tableaux des peintres. Aucun n'avait su arracher une once de leur émotivité, de leur sensibilité, à cause de ces jets d'huile et d'acrylique sur les toiles qui se voulaient une tentative d'abstraction poétique. Ils avaient placardé les photos sur les murs de leurs salons, permettez-moi d'appeler ça des murs, et ils avaient installé les sculptures soit dans leurs cours, si cela peut se dire pour ces espèces de capharnaüms entre les baraques où s'amoncellent broussailles et immondices de sachets, d'épluchures de patates, d'arêtes de poisson, de restes de bukari[4] et de caca d'adultes et de leurs enfants.

Extraits supprimés pour misérabilisme irrespectueux. Cette femme devrait être expulsée après cette émission. Ce pays est malade de son extrême tolérance envers les plaies, les microbes, les mouches, les moisissures, les charognards, les humidités purulentes, les prédateurs, les contusions, les abcès, et cette femme est un abcès, elle est le pus de son propre abcès, de l'abcès qu'elle est. Nous prions les responsables de la Direction des migrations qui suivent cette émission spéciale de vérifier si elle a un visa en bonne et due forme, car c'est le genre d'individu qui entre dans ce pays comme on entre au moulin, pendant que les consulats de leurs pays d'origine, en particulier la maison Schengen de Kinshasa, considèrent nos concitoyens comme des poux lorsqu'ils font une demande de visa, etc.

Le Bronx est une favela construite dans ce qui avait été, pendant la période coloniale, la zone neutre, le cordon sanitaire de sept cents mètres de large pour épargner la ville européenne du paludisme, des fièvres typhoïdes, des choléras, des Ebola et des bilharzioses nichés dans l'insalubrité de la ville africaine, pour les éloigner aussi des tapages ludiques ou rituels que les indigènes faisaient de jour comme de nuit. Certains disent que le Bronx n'était qu'un espace vide en attente d'être loti par la mairie. Toujours est-il qu'au lendemain de l'indépendance et plus tard, durant les désordres institutionnalisés par la fastidieuse transition démocratique, cet espace fut envahi par une horde d'anciens SDF, de campagnards en exode rural, de malfrats en fuite, et par toutes sortes de rats d'égouts en quête de nouvelles expériences ou asphyxiés par les problèmes démographiques du reste de la ville. Le Bronx s'est alors étendu au fil du temps et des charivaris politiques.

C'est au bout de la troisième semaine que j'ai reçu une deuxième enveloppe de Kafka. Elle contenait trois fois ce que je lui avais prêté. Sans explications. Ni note d'excuse. Quelqu'un l'avait filée à Katlijn en disant : « Pour madame Maureen, de la part de Kafka. »

Nous espérons que les agents de la Direction des migrations font tout pour délivrer le sol de notre pays des pieds d'une telle peste. En tout cas, nous, à la radio nationale, nous pouvons vous assurer qu'elle n'aura plus jamais l'honneur de déblatérer son irrévérence envers tout un peuple et son magnifique territoire sur nos ondes. Nous allons poursuivre notre émission Généalogie avec les notes lues par notre consœur Julia Roberts, Beauté Nationale. Un deuxième témoin, une jeune fille qui a vécu cette aventure depuis sa genèse dans la tête de l'homme, le coupable numéro un, qui en a eu l'idée. Elle se fait appeler Belladone et elle habite le quartier. Nous devons vous signaler d'emblée que cette personne n'a pas la moralité de sainte Anuarite Nengapeta... On nous dit que c'est seulement bienheureuse Anuarite Nengapeta, même le Vatican ne nous aime pas, notre Anuarite nationale était déjà sainte avant même d'entrer dans le ventre de sa mère.

Belladone

Il y a toujours une raison au commencement

Les enfants qui sont morts (ils ne sont peut-être pas morts), ce sont les élèves de Hekima. Ils sont venus faire une récitation. On peut appeler ça un poème. Ils l'ont appris par cœur et ça ressemblait à un hymne national ou à un chant militaire. Le Maître a dit que le but de la récitation était d'encourager les creuseurs. Ou de pleurer avec eux. D'accompagner la douleur qu'ils ont de taper leurs bêches dans une terre en laquelle ils refusent d'arrêter de croire. Ça fait des années que les gens reproduisent machinalement ces gestes. Creuser, c'est comme piler les feuilles de manioc ; c'est comme se lever le matin et se brosser les dents avant d'« aller en ville », comme on dit. Ça fait partie des choses qu'on fait naturellement, ou qui sont devenues naturelles avec la généralisation de la débrouille. C'est le Maître qui dit ça. Creuser, c'est aussi jouer au loto. Tout le monde n'est pas censé obtenir le jackpot, mais les gens continuent d'aller taper dans le sol, parce que certains veinards y ont rencontré la vie après plusieurs coups de bêche.

J'avoue que je n'aime pas la précipitation avec laquelle les voisins se sont mis à creuser. Surtout que tout ça est parti d'une histoire tout ce qu'il y a d'idiot. Une chamaillerie fondée sur des peaux de banane qu'une chèvre avait bouffées sans permission, je veux dire sans la permission expresse et exprimée du propriétaire de ces peaux de banane. C'était Vieux Z et il était dans tous ses états. Il les gardait jalousement, ses peaux de banane destinées à autre chose qu'à être dévorées par cette herbivore vagabonde et vorace qui ne savait pas, ou dont le proprio ne savait pas qu'il fallait pour ça une expresse permission.

Entre le salon et ma chambre, il n'y a qu'un rideau. Dans notre piaule, c'est la seule pièce qui n'a pas de porte. En fait, ce n'est même pas une pièce différente, ça fait partie du salon. Quand j'étais petite, les autres disaient que c'était pour avoir les yeux sur moi. Après, j'ai grandi et plus personne n'en a parlé. Ça m'est devenu banal de quitter la douche enroulée dans une serviette, alors que tout le monde papote au salon, de dérouler la serviette derrière le rideau, de rester nue aussi longtemps que je veux, couverte par la moiteur agaçante des voix, des rires ou des engueulades. De m'habiller ensuite tout en participant à la conversation qui se tient de l'autre côté du rideau. En plus, l'absence de plafond rend perceptibles le moindre mouvement, le moindre soupir ou chuchotement. Les odeurs grimpent. Elles escaladent les murs pour se déverser dans toutes les autres pièces. On sait tous que Docta met un parfum de dames qui sent le trouble, que Séraphin a les chaussettes malheureuses. On remarque chaque soir le moment où il se débarrasse de ses godasses. On sait, en tout cas je sais, que le Maître se branle entre vingt-deux heures et minuit, les nuits où il ne ramène pas une de «ses petites habituelles». C'est comme ça qu'il appelle les racoleuses à peine pubères de l'avenue Mitwaba, à la Kenya, celles qui s'éclairent les seins, les fesses et les cuisses avec des lampes torches ou des bougies, dans le but d'attirer les passants accablés par l'épaisse obscurité de la nuit et de leurs vies vers leurs biologies encore fraîches. Assez rebondies néanmoins, assez juteuses et mielleuses et laiteuses sous les lumières qu'elles tiennent d'une main en faisant de grands signes de l'autre. Le Maître est d'une fidélité vis-à-vis de ces filles que je trouve sale, inappropriée, c'est une fidélité qui me donne des frissons au ventre, c'est comme si j'allais vomir ou m'évanouir chaque fois qu'il en parle avec une conviction qui te chatouille la gorge. Je sais qu'il se touche dans ses nuits de solitude, à cause de la montée soudaine, au milieu de la nuit, des effluves de son lait de beauté au jus de citron. On sait aussi que notre voisin mitoyen, le Cheminot, va de moins en moins vers sa première femme. Elle s'en plaint à haute voix en entendant comme nous les ébats colorés de son mec avec l'autre, la deuxième. La seule chose qu'on ne sait pas situer, c'est les gaz qui laissent planer dans l'air des fétidités assommantes. Spécialement quand tout le monde s'est empiffré de bukari et de haricots.

C'est l'absence du plafond et de la porte sur le faux chambranle de ma chambre qui m'a laissée suivre la dispute entre Vieux Z, notre voisin quatrième bicoque à gauche, et Tutu Jean, notre voisin deuxième bicoque, toujours à gauche. Le Maître dit qu'il n'y a pas de maisons dans le Bronx, il n'y a que des bicoques. Les voisins voulaient que Docta tranche dans la chicane. Docta est un gars que tout le monde respecte ici, parce qu'il tient l'unique pharmacie du quartier. Il n'a pas fini ses études de médecine, mais il en sait des choses sur les biologies des voisins. Il a plusieurs fois tiré le quartier du pétrin des épidémies. Particulièrement celles de la saison sèche. C'est lui qui soigne tout le monde. Il gère aussi les accouchements des femmes de tout le monde. Du coup, un mec qui connaît aussi bien ta biologie (et ta biologie sensible) que celle de ta femme, bien entendu tu le prends au sérieux. Tu le respectes.

— Ni mbuji Wake, sa chèvre a mangé mes peaux de banane! Vieux Z a gueulé.

— Il y avait des bananes dedans? Docta s'est enquis, visiblement interloqué.

— J'aurais dit mes bananes, dans ce cas-là, Vieux Z a répondu, impatient.

— S'il n'y avait pas de bananes dedans, en quoi sa chèvre vous a-t-elle offensé alors ? De toutes les façons, vous alliez les jeter, ces peaux de banane. Non ?

— C'est pas à sa chèvre que j'en veux, docteur. Ashiku bikuria mu hasard, et elle ne s'est pas conduite jusque-là toute seule.

— C'est à lui que vous en voulez, je l'ai compris.

— Je veux qu'il paye mille francs, docteur. Njo nini basi, mille francs ? Avec ça, je n'aurai pas d'autres peaux de banane.

— Mais, depuis quand mangez-vous des peaux de banane ?

Je crois que Docta commençait à mordre à son rôle de juge ou de sage du quartier.

— C'était pas pour moi, docteur, c'était pour mon pourceau.

— Mais tu l'as vendu hier, ton pourceau, Tutu Jean a finalement répliqué. C'est lui que Pitchou Turbo a zigouillé ce matin. Vas-y, tu verras qu'il est en train de le griller. Faut croire, docteur, qu'il partage vraiment la bouffe de ses porcs.

— Vous voyez, docteur, je vais massacrer ce sodomite de sa mère...

— Du calme, Docta a repris, en comprenant que Vieux Z pouvait péter tous les câbles de sa tête. On va trouver une solution. Toi, Vieux Z, qu'est-ce que tu comptais faire avec ces peaux de banane ?

— C'était pour le pourceau qu'on m'apporte cet après-midi, docteur. Sasa ule ngulube, il faut bien qu'il bouffe quelque chose avant de mourir...

Si une chèvre errante broute dans le potager ou dans la bassine d'une vendeuse de légumes, on lui coupe une patte et on la donne à la victime de son estomac. On se dit que la patte va compenser les dégâts causés dans le jardin ou dans la bassine. Si on la vend aux garçons qui font des grillades devant les bars, ou même à Pitchou Turbo, il y a de quoi retrouver le sourire. Seulement, ça n'arrive pas souvent qu'on coupe la patte d'une chèvre. Les gens se mettent d'accord sur un montant forfaitaire qui épargne des souffrances idiotes de la pauvre bête. Je me disais qu'ils allaient finir par dire quelle patte ils allaient couper, une de derrière, c'est ce qu'on coupe la plupart du temps, pour que la chèvre continue de garder son équilibre. Aussi, c'est derrière qu'il y a beaucoup plus de biologie ferme à offrir. Mais le Maître a ouvert la porte de sa chambre. Il y a eu un crissement et j'ai su que c'était lui. Il n'y a que sa porte qui fait du bruit en s'ouvrant ou en se fermant. Je me suis mise à imaginer son air dépité ou qui feignait le dépit, lorsqu'il a crié son indignation.

— Quand est-ce que vous allez commencer à être intelligents dans cette poubelle du genre humain que vous appelez votre quartier ? Il y a des Chinois partout qui achètent les minerais. Et vous essayez de vous couper les biologies sensibles pour des peaux de banane ? Allez dans vos maisons, ou chez vos voisins... Trouvez des outils pour creuser et creusez... Putain, faites quelque chose du cuivre qui paresse sous vos pieds. L'argent des Chinois, c'est tout bêtement pour vous faire oublier ces peaux de banane, les pourceaux et les chiques qui lanternent avec vos guiboles au-dessus d'un pactole...

Après, il s'est mis, comme souvent quand il est heureux ou en colère, à dire un poème improvisé. Quelque chose qu'il oublie aussitôt après. N'en retenant que la fin, le dernier vers... souvent le dernier mot... Quelque chose qui ne vous laisse pas le temps d'éveiller la compréhension, dit-il, des mots qui sortent comme ça, comme l'urine sort d'une biologie sensible qui s'est longtemps retenue...

Insaisissable pays
Et nous défilons

À fleur de ta peau
Comme des ombres irréfléchies
Et tu es une patrie liquide.

Qui coule avec ton fleuve
Et tu passes constamment
Ne fais que passer
Et ne charries
Que nos rêves de toi
Et les battements de nos cœurs

Et de conclure en regagnant sa chambre...

Insaisissable pays
Tes fils sont des épaves !

Et la porte de claquer...

À mes yeux donc, c'est le Maître qui a appuyé sur le bouton. Tout s'est mis en branle après ses paroles. On en voyait des Chinois qui achetaient çà et là des minerais, des gamins et même des adultes leur criaient : «Hihon, hi hon !» avec une plate coquinerie qui dit la xénophobie inconsciente des cons ou l'arriération culturelle des cons, ou simplement l'excitation naïve des cons face à tout l'inconnu que porte un étranger. Les Chinois engrangent des concentrés de cuivre que des voyous comme Pako et sa bande leur apportent en commettant des crimes contre la société et contre la nation. C'est des câbles de courant électrique refondus, des traverses de la voie ferrée vandalisées, des morceaux d'un pont dévasté ou de la malachite volée dans les mines à ciel ouvert par les anciens creuseurs artisanaux dont l'État a fermé les carrières l'une après l'autre pour les donner aux investisseurs qui sont revenus après la guerre. Ce pays appartient aux investisseurs depuis toujours. Étrangers de préférence. Les investisseurs locaux, on ne les aime pas. Ils peuvent mettre dans la tête de tout le monde qu'il peut devenir investisseur, et cela est une catastrophe. Ça mettrait fin à la *Mobutu attitude*, celle qui veut que tout le monde se prenne au sérieux, se prenne pour le président de la République, pour Dieu, que même le cordonnier se sente président et dictateur dans sa cordonnerie, le boucher, Dieu et empereur dans sa boucherie, le menuisier, Mani Kongo, Mwat Yanv, Seigneur des anneaux dans sa menuiserie, que tout le monde se fasse pousser un petit ventre et des viandes supplémentaires dans le cou pour faire sérieux, président, dictateur, Dieu le Père qui s'entoure de petits Jésus qui n'en sont pas moins des dieux à leurs propres yeux. « Investisseur » est une contre-culture dangereuse. Ça peut causer une révolution incorrigible, irrattrapable... Ça n'est pas bien pour le business des véritables investisseurs qui sont étrangers. En outre, l'État a toujours besoin de plus d'espace, parce qu'il a compris le jeu des Chinois avant nous. Il a donc choisi les Chinois les plus importants, ceux qui ont le plus de sous, de diplômes et d'adresses dans leurs carnets d'adresses, et leur a confié tout le cuivre, toute la terre susceptible d'en contenir. En retour, ils construisent des hôpitaux, des écoles, des bureaux, des hôtels et des routes pour emmener le cuivre en Chine. Le Maître a été le premier à comprendre que l'État est malin, qu'il faut toujours suivre son exemple, qu'il faut jouer comme il joue, « parce que l'État, au fond, a dit le Maître, c'est notre reflet dans un miroir collectif ».

Et donc, l'État, c'est bien entendu le deuxième responsable. Après le Maître. D'abord, la Gécamines[5] est morte et l'État ne fait plus travailler les gens dans les conditions de l'époque qui a vu monter la montagne de scories. Cet affreux terril est devenu la seule colline de la ville et moi je vois ça tous les jours, quand je sors dehors après une nuit qui débouche sur une journée dont la lumière me ramène face à mon naufrage personnel. Depuis ma naissance, je suis en chute libre. Je ne sais pas vous décrire ça correctement. Il arrive que l'air me retienne un moment, je ne remonte pas pour autant, je reste un peu suspendue comme les sachets qu'on peut voir voler parfois au-dessus d'Élisabethville. Ensuite, je reprends ma descente fatale dans l'abîme où les poussées de ma mère m'avaient propulsée, loin de sa biologie et loin de moi-même. Le drame avec les chutes libres, c'est qu'on ne peut pas s'y tenir compagnie, on ne peut pas s'y raconter des histoires, s'y réconforter toute seule ; on se voit tomber, c'est tout. Face au décor du terril, croyez-moi, tu ressens à t'étrangler les poumons que la brûlante solitude où tu te consumes est une banalité tapie derrière des dos surhumains qui n'en ont rien à foutre et qui n'en auront jamais rien à foutre, parce qu'ils sont occupés à créer des montagnes de scories. Depuis chez moi, mes matinées perdues, mes journées avortées, mes soirées combattantes et mes nuits plates, je ne peux voir que la fumée molle de la cigarette géante qu'ils ont plantée à côté des scories. Je ne suis pas en train de justifier le laxisme des gens qui sont comme moi, je dis seulement que certaines mochetés sont d'une majesté qui écrase les petites violences et les petits chagrins de votre vie de chaque jour. Elles vous écrasent avec l'arrogance lointaine et suffisante de leur hauteur...

Extraits supprimés pour lecture abusive de la situation sociale du pays et interprétation bancale et zigzagante des dispositions légales définissant l'État, comme les prérogatives du gouvernement. Référez-vous, pour ces notions, à l'interview magistrale, ô combien substantielle et brillante, du professeur conseiller du chef de l'État au collège de la Justice et de l'État de droit qu'interrogeait notre confrère Tutu Ignace-Chrysostome Tumba Ditalala wa Ngoyi Kabiji. «Notre peuple, c'est les descendants vivants des hommes et des femmes qui peuplaient ce qui est devenu notre pays en la date du 30 juin 1960 et qui ont cotisé leurs biologies», pour parler comme les voyous du Bronx, c'est-à-dire leur être et leurs avoirs, en particuliers leurs terres ethniques, pour constituer le puzzle du territoire national, la population et la richesse nationale matérielle et immatérielle.

La frénésie des gens qui creusent s'est doublée avec les démolitions des maisons dans le quartier. La première fois, c'était pour élargir la route. On promettait à la radio et dans des mégaphones que tout ça se faisait pour notre bien, pour éviter les inondations de la saison des pluies, pour désengorger le quartier, pour l'ouvrir au reste de la ville, etc. Que de bonnes raisons, donc.

Werrason Ngiama Makanda, la star plus que populaire de notre musique, le seul citoyen dont la célébrité rivalise, mais seulement auprès des jeunes et des adolescents retardés, avec celle du chef de l'État, a déclaré dans une chanson où il coachait son petit Ferré Gola que la patience est la longueur du temps ou que la patience va de pair avec la longueur du temps. Si votre mairie vous dit qu'elle va mettre une route, pourquoi compter les jours et les semaines? Qu'elle mette deux jours ou vingt ans, est-ce que c'est votre problème? Une route est une route, qu'elle vienne dans deux jours ou dans vingt ans. La patience est la longueur du temps, l'État ne ment pas.

Je me rappelle que la première fois, ça avait été un jour plutôt pesant. Un soleil furieux. Une chaleur oppressante. La clameur avait roulé comme un tonnerre. Dehors, le ciel était amoché par des tourbillons de poussière. Un petit garçon avait couru nu et sale jusqu'à moi. Tout le monde se précipitait vers le tumulte et les tourbillons de poussière. Le temps de rassurer le gamin, j'avais raté la scène des premières démolitions. Ce jour-là, ils n'en avaient pas fait beaucoup. Trois ou quatre maisons seulement étaient à terre. Deux autres avaient été coupées en deux comme des morceaux de pain. Je me rappelle aussi qu'en rentrant à la maison, le soir, le Maître avait grogné : «Maintenant, ils se permettent de scier l'intimité des gens.» Séraphin radotait qu'il avait donné vingt dollars quand les engins avaient levé leurs grandes mains d'acier pour gifler notre maison. Il était tout de même malheureux, le pauvre. Il avait mis cet argent de côté pendant plusieurs mois pour pouvoir enfin s'acheter des souliers qui crânent, des mokotos[6] qu'un garçon doit mettre le dimanche avant d'aller draguer les filles qui ont passé deux heures à se faire belles, parce que le dimanche est un jour pour frimer devant Dieu, et un garçon qui veut conter fleurette ce jour-là doit bien se saper, s'il veut passer pour un bon chrétien, c'est-à-dire un mec pour qui tu écartes les cuisses sur ta biologie sensible avec la certitude qu'il ne va pas se dégonfler en écoutant Genèse II, 24. Un mec qui ne prendra pas ses jambes à son cou en oubliant le bataillon de bonshommes qu'il s'est plu à crachoter dans la tuyauterie de ta biologie sensible.

La mairie avait promis des dédommagements. Toutefois, ceux dont les maisons traînaient par terre racontaient qu'on ne leur avait donné qu'un sac de farine de maïs et des cuisses de poulet. Les autres s'étaient soulevés en disant que l'État, ou la mairie cette fois, bon, la mairie, c'est aussi l'État, et donc l'État n'avait pas le droit de faire passer une route par là. Il n'y avait jamais eu de route par-là. En ce qui concerne les sacs de bunga, on s'en foutait, même si le maïs qui vient de Zambie est un ravissement avec des cuisses de poulet bien rôties dans la tomate, les oignons, le poivre, le cumin, le thym et *tutti quanti*.

Je m'y entends bien aux choses qui se prennent délicieuse-
ment avec le bukari. Ceux dont on avait découpé les baraques
comme des tartines ont ramassé les parties de leurs maisons
qui gisaient à terre et bricolé de nouveaux murs, de nouvelles
portes, des fenêtres, en les combinant avec les quelques murs
restés debout après le passage des bulldozers. Au bout d'une
semaine, le quartier avait repris un visage familier. Pas le
même qu'avant, mais quelque chose de semblable.

L'autre truc avec l'État, c'est son ambiguïté, en tout cas
dans la compréhension des gens. Les autorités disent que
l'État, c'est elles, et elles ont peut-être raison. Mais Séraphin,
qui a heureusement retenu quelque chose de son petit passage
à l'université, nous a affirmé, quand les voisins ont ressuscité
leurs baraques, et avec plus de loquacité encore, quand tout le
monde s'est mis à creuser, que l'État, on ne nous le dit pas,
c'est chacun de nous vivant ou mort. Nous sommes l'État
avant même que nos parents copulent pour nous mettre au
monde. Il fermait les yeux de certitude en parlant. « Avant
qu'un homme mette son aiguille dans le ventre d'une femme
pour tisser la biologie d'un enfant, cet enfant est déjà l'État. »
Ça a l'air con, mais c'est comme ça. Vivants ou morts ou pas
encore nés, nous sommes l'État. Le Maître dit que c'est les
Blancs qui ont emmené l'État ici, et que ça doit fonctionner
comme les États des Blancs. Ça commence par les élections.
Que des misérables n'aillent pas s'imaginer qu'en étant élus
bourgmestre de la commune de la Kenya, maire d'Élisabethville, gouverneur ou président, ils deviennent des Mani
Kongo, des Mwat Yanv, des Bami, des Bakama, etc. et qu'ils
peuvent régner à vie comme chef Kaponda par exemple...
Sinon, on se distrait avec des termes idiots, qui ne veulent
rien dire, en tout cas, qui ne disent rien à personne. Le Maître

dit aussi que les gens peuvent repenser tout ça. Adapter l'État comme un petit frère rajuste le pantalon hérité de son grand frère trépassé, dépassé par la vie. Moi, je crois que cela est arrivé après la guerre : chacun de nous est devenu l'État à sa manière. C'est aussi la *Mobutu attitude*. Avant la guerre, c'était la dictature de Mobutu, et tout le monde voulait ressembler au dictateur. J'ai entendu le Maître le dire à une journaliste qui avait l'air bête et qui voulait savoir pourquoi les gens du quartier s'engouaient et s'entêtaient à fourrager le sol. Le Maître a encore dit à la journaliste que la *Mobutu attitude*, ça date de longtemps avant la naissance de la maman même de Mobutu. Ça remonte aux Blancs qui venaient se pavaner dans nos villages quand quelqu'un les avait nommés chefs de poste, administrateur, collecteur d'impôts, OPJ, agronome chef, chef de chantier routier, commis aux volailles, maître chasseur, etc. Ils oubliaient qu'ils étaient des Blancs comme les missionnaires qui demandaient aux notables de répudier leurs nombreuses femmes pour devenir de bons chrétiens, ou comme les administrateurs qui disaient qu'un Nègre évolué, qui vient tout juste après le Blanc, doit avoir, comme le Blanc, pas plus d'un foyer, pas plus de six enfants ; ces petits fonctionnaires coloniaux, quant à eux, ils se taillaient des cours avec les biologies des femmes qu'ils n'arrêtaient pas pour autant d'appeler «indigènes». Ça c'est les salades de la colonisation. Le Maître dit qu'il espère que les Européens sont quand même capables d'en avoir honte, sinon, il faut évangéliser leur entêtement à rester des sauvages. Pour revenir à la *Mobutu attitude*, je dirais surtout qu'au lendemain de la guerre, l'État (dans la compréhension des autorités) n'existait pour ainsi dire plus. Ça fait que de nos jours, chacun est son propre assureur, sa propre sécurité sociale, sa propre sécurité tout court, sa propre police, sa propre loi, son propre juge, sa propre banque, son propre *employeur...* Chaque citoyen est tout ça pour lui-même. Chaque citoyen donc est l'État et le vit à sa manière. Il y a des autorités qui auraient pu ne pas être là que ça ne changerait pas un bouton à la vie quotidienne des gens. Et on se demande pourquoi personne ne s'est posé la question de savoir si on avait le droit, lorsque tout le monde a commencé à creuser devant sa porte ou derrière sa maison. On s'est mis à creuser, c'est tout.

Et bien sûr que j'ai été mêlée à tout ça. Tout le monde a été mêlé à tout ça. Le premier jour, j'ai trouvé une réunion bizarre dans notre salon et j'ai tout suivi de derrière mon mpashila[7].

Je vous ai déjà dit qu'il n'y a pas de chambranle sur ma porte. En fait, ce n'est même pas une porte, et le rideau est attaché à deux débuts de mur. Celui qui a construit notre baraque a dû vouloir créer là-bas une petite salle à manger et c'est devenu ma chambre, quand le Maître m'a ramenée ici. Au début j'y dormais avec Séraphin. Quand il a commencé à avoir ses poils et à se toucher la nuit, les autres ont voulu être sûrs que sa main n'irait pas capoter ma biologie. Le Maître lui a donné une vieille bouteille de vin en guise de pot pour arrêter de pisser au lit, et il a commencé à dormir avec Docta.

La nuit de mon arrivée dans la maison, Séraphin m'avait demandé de lui raconter une histoire. Il avait un tout petit visage qui se contractait régulièrement pour ramener dans sa gorge la morve qu'un rhume farouche pompait dans ses narines. Je n'avais pas d'histoire, je savais pas comment on raconte une histoire à quelqu'un. Séraphin avait dit : « Si tu ne connais pas une histoire, tu n'as qu'à inventer. Il suffit de regarder dans mes yeux, tu sauras quelle suite tu vas mettre. C'est mieux que de raconter à quelqu'un qui va pleurer la suite d'une histoire où des gens vont mourir comme des souris qu'on a piégées dans des bouts de misère », et Séraphin m'avait raconté une histoire dans laquelle, lui et moi, nous étions des bébés aigles.

Nous vivions dans un nid posé entre deux branches folles qu'un arbre penchait au-dessus d'une rivière. Nous rêvions d'attirer l'attention des petits poissons qui défilaient dans la rivière et de leur proposer d'échanger nos ailes contre leurs nageoires. Nous en rêvions tellement que nous lancions des morceaux de notre nid à la rivière... Séraphin s'était interrompu en disant qu'il voulait que l'histoire finisse bien. Nous aurions pu fragiliser le nid et tomber dans le courant de la rivière. Nous aurions pu être mangés par les parents des petits poissons dont nous réclamions l'amitié et les nageoires. Nous aurions pu nager avec nos ailes, le dieu des poissons nous aurait donné des nageoires et des écailles. À la place, c'est notre mère qui s'aperçut un jour de notre singulière convoitise de l'eau et elle tua progressivement tous les petits poissons pour nous nourrir avec leurs nageoires. Notre destin était de voler, de conquérir le ciel tout en ayant les eaux de la terre sous nos pattes... Les jours suivants, c'est encore Séraphin qui avait inventé des histoires.

C'est l'heure de vous informer. À la une du journal de neuf heures, un digne fils du pays, le docteur Bupe Talatala Ildefonse qui vient de recevoir le prix Nobel de médecine pour ses recherches sur la maladie à virus Ebola. Voilà des compatriotes qui donnent envie de ne pas changer de nationalité pour aller errer dans l'histoire des autres, parce que, chers auditeurs, c'est cela, changer de nationalité, errer dans l'histoire des autres.

Retour sur ce plateau de Généalogie. Nous écoutions la jeune Belladone, désignée à tort comme sorcière car les lois de notre pays ne reconnaissent pas la sorcellerie. Nous sommes dans la grande tradition du droit positif, c'est donc les textes qui définissent ou nomment les agissements des uns et des autres. Si ton pasteur te dit que le voisin t'a envoûté, assure-toi que le délit de l'envoûtement existe dans le code pénal avant de porter une accusation publique.

Belladone
Pourquoi je me méfie des voisins

Le Maître était saoul, la nuit où il m'avait demandé de le suivre chez lui. Il avait dit à Séraphin que j'étais une petite fille qui demandait un seau d'eau pour son bain et une bonne nuit de sommeil pour oublier un peu les idiots qui avaient croisé son chemin. Séraphin m'avait indiqué la douche et, à mon retour, il était timidement assis sur un matelas posé à même le pavé du salon. Il ne me regardait pas dans les yeux, il esquiva mon regard avant de me lancer : « Je fais pipi au lit... » Je lui annonçai tout de suite que moi aussi. En sursautant. J'étais soudain excitée de partager quelque chose avec ce garçon dont j'avais su au premier regard que nous avions beau venir des ventres de femmes différentes, cette nuit-là, nous étions devenus un frère et une sœur. Le matin nous étions heureux du baptême d'urines refroidies qui avait scellé notre fraternité. Quand le Maître me vit toute mouillée, il explosa.

— Espèce d'idiot, tu l'as arrosée ! Dire que ça m'est venu à l'esprit que tu le ferais, j'ai d'ailleurs failli venir la sortir de ta couchette, mais je me suis dit : non, non, non, non, ton fils n'est

pas tout à fait un imbécile, il se contrôlera comme un homme...
Et comment tu veux devenir un homme, si tu pisses sur les
filles, hein ?

— Elle aussi, elle a pissé, papa, Séraphin avait dit dans une
confusion curieusement marquée par une envie de rire.

— On ne dit pas pisser, on dit faire pipi... C'est vulgaire,
mal élevé, impoli à ton âge de dire pisser...

— Faire pipi, papa... Elle a fait ce pipi avec moi, papa...

Le même matin, tout le Bronx présenta sa trogne rabougrie
devant la porte du Maître. Séraphin me chuchota que, dans
cette maison, on rigolait beaucoup de l'imbécillité des voisins.
«Tu verras, mon père va leur mettre une bavette et des Pampers,
et nous, on va rester rigoler.» Il n'avait pas arrêté de ravaler sa
morve depuis la veille, mais il avait un regard si excité, si enjoué,
si confiant que j'arrêtai d'avoir peur. En le voyant guetter la
déconvenue des voisins, j'ai su qu'il ne pouvait plus rien m'arriver. Prophète Zabulon de l'Église des Vivants du quartier avait
prêché à tous ces débiles que j'étais une sorcière qui refusait de
dégueuler des viandes humaines : testicules stériles du quartier, seins taris et tombants du quartier, cœurs hypertendus du
quartier, foies truffés de cirrhose que ma grand-mère m'avait
fait dévorer avec le sang de tous les morts récents du quartier,
hernies des biologies sensibles d'autrui, hémorroïdes des pères
de famille d'autrui... Personne ne voulait me voir dans le voi-
sinage et le Maître avait failli déclencher une nouvelle guerre
civile en envoyant tout le monde se faire voir, à commencer par
prophète Zabulon. Le Maître avait dit au chef de quartier qu'il
se torchait la biologie postérieure avec le document officiel dans
lequel il ne savait quel autre imbécile à Kinshasa, dans la capi-
tale, l'avait nommé à la tête du Bronx. Le chef était revenu par
la suite avouer au Maître que c'était la faute de sa femme. Elle

l'avait souvent poussé à mâcher la loi de ce que nous appelons notre pays comme un chewing-gum, étant donné que la Bible a les seules lois valables pour les vivants de l'Église, parce qu'elles vous tuent deux fois quand elles ne vous donnent pas droit à l'éternité. Le Cheminot, qui vit dans la maison d'à côté, s'était mis à rire, ce qu'on peut appeler un rire de fierté, un peu monocorde et qui joue à être viril.

— Si ta femme elle te fait uriner dans le pantalon, tu épouses la deuxième femme, c'est la Bible elle le dit.

— Vous êtes sataniste ou quoi ?

— Si moi, je suis sataniste, Dieu il est sataniste. La Bible, elle dit que David c'est l'homme selon le cœur de Dieu et le roi David de la Bible que mon père il m'a appris en me donnant le fouet de Siracide 30, je te dis, le roi David il était polygame, selon le cœur de Dieu, il ne faut pas tu laisses une femme te faire mouiller ton pantalon, Dieu il a fait beaucoup de femelles pour un seul mâle... Regarde seulement dans les animaux, tu verras que ton coq il monte toutes les poules du poulailler.

— Tu es sataniste...

— Je te dis mon père il m'a donné le fouet que je connais la Bible, et l'époux de l'Évangile selon l'apôtre Mathieu, tu crois les cinq vierges il a épousées au lieu de dix, à cause que leurs lampes avaient le pétrole, c'était pour qu'elles soient simplement les coussins dans son lit ?

— Mweye muneshalaïniwa basi. Tu es maudit, maudit...

— Je vous dis même l'Église elle dit Jésus il est polygame, à cause que nous, on est tous les épouses de Jésus dans l'Église, l'Église, c'est le harem de Jésus, et nous, on est les épouses. Et quand Dieu, il a dit que je fais cadeau à mon serviteur Salomon de toutes les choses qu'on peut avoir sur la terre, alors Dieu il a donné mille femmes à Salomon, donc, Dieu, il dit à ses enfants que les femmes c'est cadeau !

— Sataniste! Et les femmes, elles ne sont pas des enfants de Dieu? Est-ce que dans ta Bible, on a oublié d'écrire «aime ton prochain comme toi-même», hein, abakuandike vile?

— Oui, mais quand le diable il a défloré la femme, Dieu il a dit que serpent, tu sois la forme de l'objet de ton péché et les serpents, ils ont perdu les pieds pour ressembler au robinet tu as dans la culotte, la biologie qui s'allonge quand elle voit les fruits mûrs sur la biologie des femmes comme dans le jardin d'Éden, alors Dieu il a envoyé son fils Jésus sur la terre en disant comme la femme elle a versé le sang dans le péché, alors la terre elle va être rachetée par le sang, au début, il a dit que tuez pour moi les moutons, il a même dit à Abraham que tue pour moi ton garçon, mais il a dit que le pauvre Abraham il ne comprend pas pourquoi je lui demande le sang, alors il a dit que je vais envoyer mon propre fils, ou je vais m'envoyer pour mourir moi-même, et je vais verser mon sang de Dieu pour racheter ces gens qui ne savent pas que tous les sacrifices, c'est leur maman Ève du jardin d'Éden il faut honorer. Donc Dieu, il a dit que femme tu sois soumise à ton mari, c'est à cause que tu as aimé et tu aimes encore le serpent que ton mari il souffre au lieu de cueillir les bananes moi j'avais plantées pour vous deux dans mon jardin. Si tu veux, je te parlerai de la femme infidèle, celle que la Bible dit dans Proverbes 30, 20, elle mange et puis elle essuie sa bouche avec la main et elle dit que je n'ai pas mangé rien.

Le chef est parti sans plus rien dire et le Cheminot a continué à déblatérer ses blasphèmes en disant : «C'est mon père il m'a dit ça, il était catéchiste, il disait que toi je te donne le fouet à cause que tu n'es pas intelligent, alors le fouet il va t'aider à retenir ce que la Sainte Bible elle nous enseigne, espèce de cancre! Et il m'a tapé encore dans son lit de mort pour le «allez, remplissez la terre», il disait que si tu ne mets pas les enfants dans le ventre de Clothilde c'est le péché que tu fais, moi je te dis les Blancs ils sont maudits de la tête jusqu'aux ongles des doigts des pieds, s'ils font un peu d'enfants encore, nous il faut au moins dix que tu fais avec Clothilde, et quand mon père il est mort j'ai dit que Dieu celui-là il va tout droit au ciel et que je veux tu me donnes Seigneur la grâce de mon père, je veux ressembler à cet homme, alors j'ai dit que je vais épouser aussi Chantale, c'est la volonté de Dieu!»

Le Maître avait donc promis de rapprocher les deux murs et de placer une porte afin que j'aie une vraie chambre en devenant une femme. Que je me sente désormais chez moi ici, dans ce quartier dont il dit qu'il est peuplé d'imbéciles qu'il aime quand même, parce que ce n'est pas vraiment de leur faute s'ils sont devenus aussi cons.

Très chers compatriotes, pendant plusieurs années, l'Église catholique a caché les écritures bibliques à ses fidèles. Lorsqu'on entend les propos de cet homme, on comprend que c'était pour éviter que n'importe quel imbécile s'imagine qu'il peut faire de l'exégèse.

Belladone
L'étonnante saveur d'une vie qui change

Vous comprenez au moins que je parle de choses difficiles. On ne peut pas dire que je vis dans le palais de marbre de Mobutu. J'ai la chair de poule en débitant toutes mes emmerdes dans la sorcellerie par exemple. Le Maître pense que le problème de ma sorcellerie se trouve dans un besoin maladif que les vivants de l'Église ont de mater leur frousse de n'avoir plus que du vide derrière le nom de Dieu. Il dit que c'est à cause des missionnaires. Il paraît qu'ils volaient un Dieu dans tous les villages, et ils disaient que désormais ce Dieu-là, il faut le chercher dans la Bible et dans l'Église. Les autres dieux, ils disaient que ça n'était pas des dieux, mais des démons, des méchants. Le Dieu qu'ils avaient choisi était le gentil que combattaient les autres au nom du Mal, et la vie des villageois n'avait désormais de sens que dans le choix qu'ils avaient à faire entre les dieux rebelles sous la bannière du Mal, et le Dieu tout-puissant que les missionnaires avaient intronisé dans la Bible et dans les Églises. Pour montrer qu'il n'était pas qu'une pièce de bois comme les statuettes qu'on vénérait avant dans les villages, ce Dieu-là avait envoyé son fils qui n'était paraît-il que lui-même mourir sur la terre, dans un village situé très loin d'ici, un village où les gens ne blaguent pas avec des individus qui disent «Je suis votre Dieu», mais avant de mourir, ce fils du Dieu volé avait pris le soin d'envoyer les missionnaires raconter son histoire dans le monde entier. Le Maître dit que ce sont les missionnaires qui ont détruit ce pays. Encore plus que les colons et les esclavagistes. Il dit que les gens n'ont jamais rien compris au récit du Dieu volé des missionnaires et qu'il n'y avait rien à comprendre, mais les gens s'attachent à ce qu'ils ne comprennent pas, la conséquence, c'est l'errance et le somnambulisme.

Une petite interruption pour présenter cette préoccupation du pasteur Avogadro, qui est notre logisticien pour la télévision ici à la chaîne nationale : «Vous entendez là les paroles de gens frustrés et qui tournent les venins de leurs frustrations vers le sacré, vers Dieu. Notre Seigneur aime les pauvres, mais il aime davantage les pauvres d'esprit comme ces compatriotes dont vous avez déjà dû vous rendre compte de ce que je peux qualifier d'absence désertique de bon sens. Rappelez-vous les Hébreux dans le désert de leur exode, chaque fois que se présentait une adversité toute humaine, c'est Notre Seigneur qui en payait les frais. On le détrônait et on couronnait une vache de louanges, d'adorations et de sacrifices qu'on arrachait à l'Éternel.»

Et puis, il y a nos soucis d'espace. Quand je suis arrivée chez le Maître, il n'y avait que des hommes et, les premières nuits, j'ai dormi au salon avec Séraphin, parce qu'il était encore petit. Mais il a grandi. Les autres ont eu peur que nos mains n'aillent explorer sous l'obscurité ce que devenaient nos biologies avec les intrigantes tectoniques de nos puberté respectives. Il est passé dans la chambre de Docta, et moi, bah, on m'a mis le mpashila. Nous sommes restés très proches, Séraphin et moi. Si cela n'avait tenu qu'à nous deux, les sexes ne seraient qu'un bonus quantitatif et insignifiant sur nos biologies, ou simplement utile, sans calcul au-delà de l'utilitaire. Faire des bébés ou pisser en le tenant ou en écartant les jambes pour qu'il déploie mieux la flotte. Le protéger des infections urinaires, le circoncire, etc. Nous étions au-dessus de tout ça, nous choisissions, et nous choisissions vraiment, d'être deux garçons ou deux filles, ça dépendait des jours et des circonstances. Mon enfance avec Séraphin a été celle de deux gosses qui décidaient d'être des filles aujourd'hui et de changer de sexe demain ou l'après-midi, parce qu'ils n'avaient pas envie d'être différents. Parfois, nous décidions d'être des nuages ou de la rosée, comme celle que maman Clothilde, la première femme de notre voisin, nous demandait de laper tous les matins à même les feuilles de bégonia qui poussaient dans les marécages, ça devait nous faire arrêter de pisser au lit. Un jour que nous prenions un de ces mauvais thés qu'on vend dans des bassines et auxquels Docta ajoutait du citron pour que cela ressemble à quelque chose, Séraphin m'avait lancé un regard de découvreur en disant que, dans la journée, nous serions les micelles de thé suspendues désagréablement dans les tasses et qui nous agaçaient le palais. Le Maître n'avait rien dit, il avait passé de longues minutes à regarder dans sa tasse de thé. J'avais pensé qu'il attendait d'écouter la suite de notre extravagance.

Dégueuler tout ça à des inconnus, toute cette masse de bâtards de merde qui espèrent d'ailleurs que ma biologie meure au bout de sa palilalie...

Mais ça me fait un certain bien de parler, même si j'ai l'impression de parler à un vide. Excusez-moi, monsieur, c'est pas vous le vide, ça m'effraie un peu l'idée que mes mots sont balancés dans les airs indifférents de la ville, pour finir dans les transistors des gens qui tressaillent malicieusement d'une excitation malsaine à l'idée que je serai sans doute morte au moment où je vais enfin me taire. Seulement, je m'en branle avec tous les doigts de ma main. Vous ne pouvez pas imaginer comme cela m'est égal. Je sais que c'est dans les taxis ou dans leurs voitures que les gens suivent la radio. En pensant à autre chose. Malgré ça, je dis que ça me fait un bien malicieux de parler.

Maintenant que j'y pense, je vais vous raconter un peu ce que ça fait de changer de vie. C'est ce que les gens ont essayé de faire dans le quartier. En changeant de vie, tu réalises que l'air qui flotte autour de toi peut avoir un goût. Il est salé, poivré, pimenté... Un arrière-goût de graisses animales. Mais l'air peut subitement faire dans le sucré, comme de la confiture de framboises, ou de mûres. Il est acide. De l'acidité assommante des petits citrons ou des mangues vertes. Il est d'une sapidité onctueuse comme une chair de papaye. Ou de pastèque. L'air peut s'avérer crémeux, ça dépend du virage que prend ta vie, et l'air peut aussi bien faire le goût d'une crotte, d'un caca de volaille ou d'une biologie humaine. Le Maître m'avait montré un film de Pier Pasolini où quatre salopards, d'une perversité opprimante et que vous ne saurez pas imaginer, si vous ne les voyez pas dans le film, mangent des excréments qu'ils ont eux-mêmes pondus et je m'étais imaginé ce que ça donnait dans leurs bouches, et dans les bouches des gamins qu'ils avaient enlevés pour accompagner leurs furieuses extravagances. Je me disais que, fréquemment, ma vie avait dû instiller ce goût-là dans l'air. Moi, j'avais changé de vie deux fois. Et la saveur de l'air avait aussitôt varié. La première fois, je ne peux pas vous l'expliquer dans les détails, je n'avais pas pris la mesure de la chose. J'étais très jeune, mais ça doit être aussi du fait de l'in-crédulité et de la méfiance. C'était le jour où le Maître m'avait emmenée vivre chez lui. La deuxième fois, c'était un jour qui avait commencé sans éclat, je dirais même qu'il était glauque. À cause de la grosse pluie qui, dans la nuit, avait aidé l'État à se débarrasser de certaines baraques dans le quartier. Notre voisin, Vieux Z, avait été à un poil de se noyer dans sa propre maison. Ses murs s'abîmaient dans les eaux. Ils s'étaient fina-lement écroulés sur son sommeil. Dans la journée, il avait bu comme un égout, tellement il était inconsolable. À la tombée de la nuit, il était dans les pommes. Le Maître, qui avait bu avec lui, s'affola et c'est à moi qu'il fit appel. Il m'avait aperçue pendant qu'une envie tyrannique de faire pipi me précipitait vers les cabinets.

— Pisse dans sa bouche...

— Quoi?

— Vas-y, pisse! Ça marchait quand j'étais petit... Lorsqu'un ivrogne était sur le point de crever, on demandait à une femme de pisser dans sa bouche. Ça n'est pas censé fonctionner si c'est un homme qui le fait, ou même une gamine... Mais toi tu es une femme maintenant, alors pisse dans sa bouche... Vas-y!

Sans y réfléchir, je m'étais accroupie sur la gueule de notre voisin, ma jupe retroussée, et j'avais écarté le triangle de mon slip pour me vider les boyaux.

— Ouvre-lui la bouche, elle est fermée...

Et j'avais ouvert la bouche de Vieux Z d'une main, pendant que de l'autre je gardais mon slip écarté. J'avais alors entendu toussoter, glapir, s'étrangler... Il rejetait mon urine, si bien que je m'épouvantais d'achever la noyade que la pluie avait commencée en le visitant la veille dans son lit, et qui avait été poursuivie par lui-même en se pétant la gueule avec le Maître. Le Maître qui le méprisait. Je pense qu'il avait dû se mettre sur la même table que lui uniquement pour se saouler. Par pour passer du temps avec un autre être humain. Pas pour causer. Le Maître est convaincu que Vieux Z et lui n'ont rien à se dire. Ce jour-là, j'avais vraiment noyé le voisin, mais ça c'est une autre histoire. Je ne vous dirai pas non plus le frisson mielleux et ordurier comme le miel que ça fait quand tu pisses dans la bouche édentée de Vieux Z. Ça se voit sur le visage hésitant entre le dégoût, la rage, la peur, le plaisir, la peur du plaisir, le plaisir de la peur, le visage électrique de la fille qui pisse dans le film de Pasolini. Quelques jours plus tôt, j'avais eu horriblement mal à la poitrine. Dans les seins, précisément. Séraphin babillait que les seins qui poussent, ça fait mal. Docta confirma que ça poussait. Le plus important, le plus magique, le changement du goût de l'air, c'était dans les paroles du Maître, quand il avait dit que je pouvais sauver un homme qui fait naufrage dans la vie... Que j'étais devenue une femme.

Nous avons coupé et coupé et coupé des choses dans le montage de cette partie. Cette jeune fille a une vision du monde qui rappelle Sodome et Gomorrhe. Mais nous n'allons pas débattre de la sexualité de notre peuple, c'est rentrer sur le territoire Sans Tabou, l'émission animée tous les mardis à partir de minuit par Mado Shako, *alias* Penelope Cruz, *alias* Aphrodite, et docteur Nico Diyatezwa, le confident national... C'est ici le lieu de remercier l'équipe technique de notre chaîne nationale, en particulier le formateur Cheng Xhian. Ils ont travaillé d'arrache-pied dans le but de présenter au peuple de ce pays, aux enfants des parents de ce pays quelque chose de potable.

Retour à Élisabethville.

J'étais passée devant le bus où les mamans vendent le lutuku qu'elles font téter aux voisins sur la pointe d'un sachet. C'est une affaire qui tourne. Le bus est achalandé du matin au matin et c'est là-bas que les voisines envoient leurs gosses demander l'argent du minerval, du pain, du sel, de l'huile, du savon ou des médicaments de Docta à leurs papas. Il y a aussi des voisines qui traînent par là. Au début, on dit d'elles qu'elles ont une mauvaise réputation. Au bout d'un moment, on s'aperçoit qu'une femme qui s'en fout de sa réputation, c'est cela même l'émancipation, le sommet du féminisme, de la parité. Les femmes qui vont boire dans le vieux bus n'ont rien perdu de leur dignité. Je dirai même qu'elles l'ont arrachée. On les respecte encore plus que les femmes au foyer. Les voyous du quartier s'en méfient. En plus, on sait qu'elles n'ouvrent pas leurs biologies sensibles au regard ni aux biologies sensibles des voisins qui accompagnent leur cuite. Le vieux bus n'est pas un lieu où quiconque peut s'autoriser une intimité. Et ces femmes vont boire, elles emmerdent leurs maris qui vont boire aussi, elles emmerdent les autres femmes qui n'ont qu'à comprendre que la réputation c'est toi-même qui la fais en te révélant, et donc qui n'ont qu'à aller boire à leur tour, elles emmerdent prophète Zabulon qui prêche dans les haut-parleurs que Pako lui a revendus que ces voisines sont possédées par Satan en personne, pas par un quelconque petit démon, mais par Lucifer, le Serpent ancien qui boit tout cet alcool à leur place. Prophète Zabulon ne dit pas la même chose des hommes. Pour les voisins, c'est simplement un péché, pas une possession. La femme de Tutu Jean dit que prophète Zabulon est un bavardeur[8] et un imbécile qui a fini par croire ses propres bavardages. Elle dit aussi que cet homme est une distraction, son Église, ses évangiles, son Dieu et lui-même sont une distraction.

Pitchou Turbo n'était pas dehors. Il est devenu une référence dans le Bronx pour les gourmandises à base de chèvre, de chien, de cochon, de dindon et de poulet qu'il rissole sur un brasero bricolé dans un vieux fût. Sa présence se signale par des arômes faits de poivre, de poivron, d'ail, d'oignon et de piment. Plus ça monte, plus ça vous fait oublier qu'il s'agit d'un chien qui a aboyé pendant qu'on lui ouvrait le gosier. Le Maître m'envoie souvent lui acheter là-bas ce qu'il prend le soir avec son bukari ou avec un kwanga, avant de dormir du sommeil de celui à qui la vie a tout donné.

Il y avait une réunion qui ressemblait à une de ces palabres interminables que les voisins tiennent dans le Bronx, quand ils prennent enfin leurs couilles dans la main pour affronter la Société nationale d'électricité et lui faire avaler ses farces de factures qu'elle envoie contre un courant qui, lui, n'est jamais arrivé à destination. C'est Pako, le chef de la bande des porteurs de marchandises au marché de la Kenya, qui avait eu l'idée de recouper le Grand Caniveau avec du PVC. Il y avait mis des fils électriques volés Dieu sait où pour amener le courant dans les maisons des voisins. Il avait pris ça sur les lignes du stade Mazembe et du marché de la Kenya. Un courant stable qui ne part que s'il y a une coupure générale dans la ville, Pako dit alors que c'est une panne nationale, que même la femme du président doit allumer une bougie ou une lampe tempête, sinon son mari s'étrangle en essayant d'avaler une grosse motte de bukari, parce que le président, on s'imagine bien que c'est un mec qui ne blague pas avec le bukari. Pako fixait des frais de raccordement arbitraires. Ça dépendait de ses besoins du moment. S'il voulait une bière, il vous mettait du courant pour une bière ou deux, s'il voulait se déplacer, il vous mettait du courant pour ce que coûte le taxi ou parce que vous lui aviez prêté votre vélo, s'il voulait baiser, il vous demandait de lui payer une fille de l'avenue Mitwaba, de donner votre femme ou votre fille. S'il était malade, vous n'aviez qu'à lui trouver des cachets. Il pouvait aussi demander des sommes faramineuses, comme un billet d'avion pour aller suivre un match de Mazembe à Abou Dhabi, ou le lancement de la coupe du monde à Soweto. Il avait coupé le courant à tout le monde, parce qu'on ne se cotisait pas pour lui trouver de quoi aller au deuil de Mandela. Mais encore, parce qu'une fille, à qui il avait déjà donné du courant, lui avait demandé de payer la nuit qu'il avait passée à se tortiller contre sa biologie et que Pako avait trouvée lamentable, il disait que personne ne devait réclamer de l'argent pour des heures de sommeil perdues dans deux cuisses simplement écartées, sans les mouvements, alors que, par-dessus le marché, il avait tout de même ramené de l'électricité dans ce trou du cul de la ville, il disait que les gens étaient ingrats dans ce Bronx de ses couilles, où les putains avaient le culot de le soumettre à des tarifs qui ne tenaient pas compte de ses actions, lui si gentil, si généreux avec son courant, si seul quand il faut prendre ses couilles en main pour aller couper les disjoncteurs de la cabine centrale d'où partent les lignes particulières du stade et du marché, si bien que toutes les maisons devaient participer à l'horaire de ses nuits, que les parents devaient lui envoyer leurs filles à tour de rôle pour éclairer son sommeil, pour le meubler de biologies sensibles et de collines de l'humilité bien rebondies, de bras autour de son cou et de cuisses qui ne restent pas immobiles. J'ai aperçu le visage émacié de l'agent de l'électricité du quartier d'en face, d'où viennent les fils de Pako, et je me suis dit que les voisins se chamaillaient pour autre chose que les factures forfaitaires que la Société nationale d'électricité essayait de faire payer pour ce courant frauduleux. D'habitude, aucun voisin ne tolère la présence de l'agent du quartier d'en face. Depuis qu'il est venu vivre dans le Bronx, c'est à peine si les voisins le saluent. Personne ne veut voir son museau aux réunions. Il paraît que la seule fois qu'on l'avait convié, il avait tout rapporté à ses chefs. Une taupe, quoi. Depuis une vitre cassée de l'épave du bus, le Maître m'a fait signe de venir et de m'asseoir à côté de lui. Il ne voyait plus très bien ses notes. Il m'a passé son calepin sans rien dire de plus.

— Nous avons ce qu'il faut pour nous lancer dès demain, Tutu Jean a dit, avec le sourire d'un petit garçon à qui on promet un nouveau jouet.

— Ouais, mais on creuse où ? un monsieur en costard orange troué aux coudes a rétorqué. Les outils, ça suffit pas, merde. Il faut avoir des papiers, des autorisations pour se pointer avec les bêches dans une carrière artisanale.

— Je croyais avoir été clair sur ce point-là. Nous creusons devant nos portes. La question, c'est plutôt chez qui on commence.

Il fallait être le Maître pour imaginer une chose pareille. Parfois, j'ai l'impression qu'il vit entièrement dans sa tête où il a inventé un monde parallèle. C'est dans ce monde parallèle qu'il voit les petits pouilleux du Bronx devenir des gens qui lisent des livres et qui passent dans les médias pour tenir des propos qui font comprendre au dernier con d'Élisabethville qu'il n'y a jamais eu plus d'intelligence dans les institutions de ce pays que dans l'élevage de cochons d'Inde. Il appelle ça la révolution de l'instruction. Il dit qu'il faut donner aux voisins les connaissances et les outils pour manipuler les connaissances, de sorte qu'ils arrêtent de se prendre pour de la merde, qu'ils cessent de se résigner quand les bonshommes qui ont des fonctions se mettent à péter bruyamment depuis les conforts de leurs fauteuils. Les voisins sont restés silencieux, attendant visiblement que le Maître émerge, qu'il sorte sa tête pour dire finalement que c'était une blague et pour qu'il la remplace par quelque chose d'intelligible, d'intelligent, de compréhensible... Il n'a pas bronché. Les gens se sont levés un à un. Ils récriminaient contre lui des méchancetés du style :

Aïe, il veut nous tuer ! Et nous manger même ! Quel sadique ! Pourquoi tu n'es pas resté dans la biologie de ta mère ? Il essaie de sacrifier les gens ou quoi ? On lui a demandé le sang par un féticheur ? Aka ! On était prêts à plonger dans son délire comme des somnambules ! Un jour, ce salopard va nous amener les tremblements de terre dans le quartier ! Même les tsunamis, je vous dis, et le déluge de la Bible !

Plus tard, j'ai demandé au Maître pourquoi il a dit une chose pareille. Il m'a regardée dans les yeux et s'est mis à rigoler de tous ses poumons. Il ne réagit jamais comme tout le monde, comme les gens normaux. Tu lui fais la blague du siècle, il te lance un regard de tilapia décongelé. Tu lui annonces qu'un voisin vient de crever et il sourit, ou il sifflote sa satisfaction... Tu le préviens qu'il a fait une bêtise, il te rit au nez, et t'as l'impression désagréable d'avoir fait une blague idiote, dans le style de celles que font des humoristes français à la télé, quand ils disent : «Gnangnangnan!» et que les gens se marrent comme si Dieu avait pété dans un flûteau. De retour à la maison, le Maître a regardé malicieusement la silhouette du terril des scories de la Gécamines. Sa cheminée, sur le côté, fumait mollement. Ensuite le Maître s'est engouffré dans notre baraque et on n'a pas entendu parler de lui jusqu'au lendemain, à part l'instant où le citron de son lait de beauté a envahi mes narines; celles des autres aussi, j'imagine. Ils peuvent pas ignorer ça. Moi, ça me réveille à chaque fois.

Quelques extraits supprimés pour éviter aux cœurs sensibles de succomber à leur extrême subversion et à leur incivisme incommensurable. La chaîne nationale veille au grain.

Écoutez, vous commencez à m'assommer. Il y a de plus en plus de poussière qui me tombe dans les yeux et dans la gueule, quand je parle. C'est une torture dont vous n'avez pas idée. Et puis, qu'est-ce que je gagne à causer de tout ça? Le Maître disait que la seule chose qui l'a fait douter de la poésie, c'est la pornographie. Pas seulement celle des gros cons qui déversent toute l'animalité de leur bas-ventre sur les visages effrontés de grosses connes à la biologie bafouée. Il dit que c'est surtout la pornographie des médias. Quand vous masturbez les cervelles des gens avec les malheurs des autres êtres humains. Vous vous dites : les auditeurs se pâment du plaisir vicieux d'entendre les emmerdes des pouilleux du Bronx, donc, on s'éternise avec force détails sur les emmerdes des pouilleux du Bronx...

Votre rédaction présente des excuses pour ce passage qui lui a échappé. Nous vous assurons qu'il n'apparaîtra pas dans les rediffusions.

En attendant, nous demandons à notre confrère Sam Mokolo, *alias* Micki Mousse, *alias* Le Mignon, *alias* Fils à Papa, de nous balancer la chanson *Nzinzi* de King Kester Emeneya, l'homme qui a révolutionné le show-biz dans la musique congolaise en y apportant de l'attitude, de l'allure, de la classe, de la parade...

Tout en vous réitérant nos excuses, nous osons espérer que le roi Emeneya a bien reposé vos bonnes consciences de cette séquence malheureuse.

Belladone
Le jour où tout fut possible

Le Cheminot a été le premier à taper dans le sol.

Toute la maisonnée a tempêté contre lui, y compris ses deux femmes, plus les voisins qui ont accouru de partout.

— On savait que le klaxon des trains, ça bousille le crâne, t'as la biologie essentielle qui siffle, espèce d'idiot.

— Tu vas mettre la maison par terre, imbécile. Tes mômes, t'as prévu de les envoyer vivre sous les étals du marché?

Le Cheminot ne s'est pas laissé intimider. Plus on lui larguait des salades, plus il tapait dans le sol. Une sueur de tous les diables ruisselait sur sa biologie, entre les vallonnements de ses muscles marqués par l'effort. Un moment, je ne me rappelle plus très bien ce qui s'est passé entre-temps, tout le monde s'est tu. On était tous là, autour du trou, à le regarder se déchaîner. Le silence faisait écho à ses coups de houe et de bêche dans nos poitrines. Les coups sifflaient dans nos oreilles. Battaient avec nos cœurs. Visiblement, tout le monde réalisait que quelque chose était sur le point de changer dans nos vies. Que nos vies étaient en train de changer. Ce qu'on ignorait, c'était comment. Ou alors, en quoi. En quelles vies. Les voisins semblaient effrayés tout d'un coup. À environ un mètre de profondeur, le Cheminot s'est arrêté de creuser, est sorti du trou et il s'est assis sur une chaise en plastique devant la porte de sa maison. Les regards se sont tournés vers lui avec une lourdeur, une insistance où se lisaient des désirs contradictoires. Est-ce qu'il doit continuer et achever de faire faire un virage à nos vies? Est-ce qu'il se dégonfle?

— Mayi ya kunua, de l'eau, mbiyo, de l'eau! il a couiné à l'un de ses gosses qui traînait par là.

Il avait toujours été autoritaire, le voisin, il tenait bien sa piaule. L'une ou l'autre de ses femmes se rebiffait de temps en temps, l'une ou l'autre lui manquait de respect publiquement, l'une manquait de respect à l'autre, mais le Cheminot gérait. La nuit, sa voix grimpait les murs et faisait vibrer les tôles, quand il grondait : « Si quelqu'un il ne veut pas faire ce que moi je décide que vous allez faire, il rentre chez ses parents, si tu veux tu prends aussi les enfants et tu ne me demandes pas de payer la nourriture et l'école, je suis Dieu le Père, je règne sur tous les morceaux de biologie qui vivent sous mon toit et je suis le chef de cette famille, si tu veux faire le coup d'État, tu quittes ma maison, ou c'est moi, je te chasse avec le fouet. » Le gamin du Cheminot s'est précipité dans la maison. On aurait dit qu'il craignait que son père casse sa pipe sur sa chaise, tellement il haletait de toute sa biologie frêle. Sa voix était devenue sifflante. Les regards scrutaient les mouvements de son cou. Il déglutissait en ronronnant. Il n'avait pas fini de boire qu'il entreprenait de nouer une corde jonchée de nœuds sur un petit seau vert qui ne ressemblait à rien mais qui avait sans doute servi d'emballage à une huile de cuisine kenyane ou tanzanienne.

— Kafka! il a appelé dans l'effort de ne pas s'essouffler.

Le Maître a simplement fait : « Hum! » depuis la maison.

— Il faut remonter la terre maintenant, mon vieux.

Le Maître a paru sur le seuil de notre porte, les yeux traqués par le sommeil. Il n'a rien dit et s'est dirigé vers le trou, en feignant de ne pas remarquer l'attroupement des voisins. La première fois que je le voyais travailler. Se servir de ses mains. Ou fournir des efforts physiques, si vous voulez. Il a toujours eu une grande gueule, mais il se dérobe chaque fois qu'il s'agit de montrer les muscles. Le Cheminot et lui ont passé toute la journée à défier la terre dans leur petit trou rond qui s'allongeait comme une farce.

À table ce soir-là, un silence inhabituel a assombri le repas. Pendant que les autres semblaient se poser des questions, le Maître frétillait devant son assiette, posant de temps en temps une main sur le casque de son téléphone. Les autres essayaient sans succès de le mettre sur la sellette pour son comportement irresponsable de la journée. Personne ne s'était aperçu qu'il avait déjà introduit une fille de l'avenue Mitwaba dans la baraque. C'est tard dans la nuit que nous l'avons remarquée. Le silence méditatif qui avait commencé quand le Cheminot creusait s'est poursuivi jusqu'au matin. Il n'a été perturbé que par les gémissements feutrés de la fille que le Maître couchait. Docta a été le premier à parler le jour d'après. Je l'ai entendu dire au Maître qu'il se tuait en ramenant toutes les sueurs d'une journée particulièrement laborieuse dans les cuisses tout aussi laborieuses d'une ndumba[9].

— Ces décoctions que tu achètes à des charlatans, tu crois que ça fait quoi? Tu bandes plus longtemps que d'habitude, c'est tout. Ce qu'il faut blinder, c'est ton cœur, mon bébé, pas ton vieux boa.

«Mon bébé», c'est la fille de l'avenue Mitwaba qui avait appelé le Maître comme ça toute la nuit, au milieu de râles teintés par la même outrecuidance que l'expression qu'elle hurlait pour nommer un homme qui aurait pu être le grand frère de son père, ou même son grand-père. Docta, qui seul avait pu voir sa tronche le matin, lui donnait quinze ans : «Par charité, sinon, c'est douze ans qu'elle doit avoir.»

— Je suis en forme, mon vieux! Ramène-moi dix autres biologies et je te les dépêche dans les nuages en même temps. Parce que je suis en forme!

— Et cette histoire de puits de cuivre devant la porte ? Finalement, c'est ta tête que je devrais examiner.

— Il y a du cuivre sous nos pieds, et nous avons des problèmes d'argent qui donnent du vertige, c'est tout ! Je me suis lancé avec mon ami, le Cheminot, parce que les autres voisins sont trop cons pour voir la surabondance, la débauche insolente des minerais qu'il y a sous les pieds de leur désarroi.

Une autre voix s'est fait entendre. Je n'avais pas soupçonné la présence d'une troisième personne avant qu'elle ne se mette à bêler :

— Vous pouvez venir creuser chez moi aussi, Kafka. Tutu Jean était enthousiaste. Ma femme ne va pas manquer d'empoisonner notre travail. C'est une vache. Mais je vais lui clouer le mufle. Je te propose que nous fassions deux trous en même temps. Pour les inondations. Il paraît que c'est comme ça qu'on évacue les mines.

Je ne sais pas ce qui s'est passé après ça. J'imagine qu'ils ont arrêté de creuser chez nous, parce qu'ils sont allés fourrager dans la parcelle de Tutu Jean.

Plusieurs semaines se sont écoulées, en tout cas, sans que j'entende parler de cette histoire. J'ai compris tout de même qu'on me l'avait cachée, ou que je ne m'y étais pas vraiment intéressée, étant absorbée par le boulot à la pharmacie du Capitole. Il y avait la même ambiance des femmes qui venaient pondre des bébés, ou qui amenaient leur ribambelle de lardons pour des examens, des piqûres, des perfusions, des pesées, des circoncisions, ou encore à cause des épidémies, et Docta disait que cela revenait à l'État, et seulement à lui, de déclarer une épidémie, cependant, dans le Bronx, la parole de Docta sur la santé publique était d'une autorité plus importante que celle du maire de la ville. Quand Docta a déclaré le choléra, par exemple, le président de la République, en personne, peut s'égosiller à démentir, les voisins continueront de croire Docta, les ONG de même ; aussi, les ONG amènent une main-d'œuvre supplémentaire qu'elles recrutent dans les autres quartiers, dans les autres villes, dans les autres pays et on se retrouve dans la vingtaine, dans la cinquantaine, ou dans la centaine à nous occuper des diarrhées et des dégueulis des voisins, de leurs prises de sang, de leurs échantillons d'urine, de leur température au thermomètre, de leurs pesées, de leurs transfusions, de leurs perfusions ou encore de leurs lavements. J'étais devenue une experte, un peu comme si j'avais fait des études d'infirmière.

Un après-midi gâché par la pluie, était venu accoucher une grande femme maigrichonne mais au ventre si rond qu'on aurait dit qu'elle portait trois bébés dedans. Les gens acceptaient à contrecœur de me voir filer un coup de main à la pharmacie. À leurs yeux, j'y venais recueillir du sang dans le but de nourrir ma sorcellerie, et les voisins étaient paralysés à l'idée de mourir après être passés par mes mains. Docta s'était indigné dans une réunion de quartier où on devait normalement parler de cotiser un quelque chose en vue de clouer le bec à l'agent de l'électricité du quartier d'en face, ou de lui faire un bon baiser de Judas sur la bouche, car l'argent est une tétine efficace. Il avait dit à tout le monde d'aller voir ailleurs, si personne ne voulait de moi dans la pharmacie pour lui filer un coup de main de temps en temps, que c'était sa pharmacie à lui, et non celle de l'Église des Vivants, ils n'avaient qu'à aller tous les matins réveiller prophète Zabulon et lui demander de prier pour les toux de leurs enfants, les maux de ventre, les migraines, les ascaris, les kamondo et les ténias de leurs enfants ou encore d'exorciser leurs propres bilharzies, leurs filaires, leurs plasmodiums, leurs blennorragies, leurs syphilis, leurs tuberculoses, ou d'imposer les mains sur leurs hernies et leurs hémorroïdes, leurs glaucomes et leurs goitres, leurs cancers de la prostate.

Personne, évidemment, ne pouvait se permettre d'aller voir ailleurs. Il y a qu'une seule pharmacie dans le quartier. Et les médocs y reviennent moins cher depuis que l'Unicef donne le fric et de quoi prendre en charge les femmes enceintes et les petits enfants. Ça s'appelle, je crois, *Programme de santé Mère et Enfant, maternité et pédiatrie*. Seulement nous, on soigne également tout le reste, c'est-à-dire le palu, les kystes, les cancers, les gonorrhées, les fausses couches (délibérées ou accidentelles, même si les accidentelles sont de plus en plus rares), les crises cardiaques, les overdoses, les cirrhoses de foie, les dysenteries, les choléras, les sidas, les nteta, les Ebola, les toux, les éjaculations précoces, les difficultés d'érection, la frigidité, les amibes, les fièvres typhoïdes, les kapopo, les kamondo et j'en passe. Je dis nous, parce que j'ai fini par savoir soigner tout ça, ou, si vous voulez, par cibler les médocs qu'il faut. C'est Docta qui fait les consultations, moi je lis les signes de la maladie, mais encore il faut me dire ce qu'on a. Lorsque Docta n'est pas là et qu'un gars se pointe, il faut bien qu'il me dise ce qu'il a et je lui trouve les cachets ou le sirop qu'il lui faut. Sinon, je peux te donner de la quinine contre une petite constipation. Docta dit que la santé publique recommande de considérer que tous les malades ont le paludisme. Il dit que les Blancs, un beau jour, ont décidé de mettre désormais leur argent humanitaire ou de la coopération dans la lutte contre la malaria. Et tout le monde se sentait obligé d'afficher que sa pharmacie et son petit centre de santé était la bonne adresse pour nettoyer du palu, que la malaria était sa priorité, qu'il y avait là-bas des spécialistes en malaria, des docteurs ès malaria... Quand on est bien au chaud là-dedans, on refuse de laisser passer la malaria. C'est pourquoi tout le monde a la malaria, les Blancs ne veulent rien entendre d'autre. Si vous voulez l'argent de l'assistance, dites que vous soignez la malaria.

Une voisine enceinte a débarqué donc et Docta m'a demandé d'amener ma tronche. La femme s'était déjà couchée sur le lit que l'Unicef avait donné. Elle avait la robe relevée et de longues jambes écartées et trempées de cette merde gélatineuse qui me fera toujours détester les accouchements et la maternité et les bébés. Il y avait une fille avec elle. Belle. En tout cas, le genre de femmes qui ont tout sur leur biologie : une gueule que t'as envie d'embrasser, un cul matelassé et frémissant, des yeux qui emprisonnent l'attention du mâle et l'empêchent d'aller courir dans les reliefs des biologies environnantes. Les filles d'aujourd'hui donnent à voir du beau spectacle avec leurs biologies, des galbes ostensibles et des déhanchés vertigineux, entraînants, adhésifs. Sortez dans les rues d'Élisabethville, les collines de l'humilité y sont impressionnantes. Vous savez que, de nos jours, chaque fille a les fesses qu'elle veut ? Les fesses, ça dépend de l'éducation à la féminité que tu reçois dans ta famille ou dans ton quartier, plus personne ne se suicide pour ça. Mais un visage, c'est encore le hasard du choc des biologies de tes parents qui te le file, et cette fille, elle l'avait. Pendant longtemps, elle me considérait de la manière dont nous autres filles dévisageons les garçons que nous trouvons téméraires et à qui tu n'aimerais pas avoir affaire dans une conversation équivoque, dans une drague, si vous voulez. Je me suis assurée que la paire de ciseaux avec laquelle nous coupons le cordon ombilical avait été stérilisée depuis le dernier accouchement. Et je me suis aperçue qu'il n'y avait rien à sa place habituelle, j'ai ramassé le bistouri usagé qui était tout près. Je savais que ça n'était pas bien, parce que je n'avais aucune idée de la dernière personne qu'on avait tailladée avec cette chose. Certains malades nous dépouillent de nos bistouris. Ils disent que c'est plus pratique qu'une lame de rasoir. Pour se raser la barbe et les parties, la biologie sensible. Ils prétendent que ça dure plus longtemps, leur lame te débroussaille au moins vingt fois avant de commencer à caler dans la biologie sensible. La femme maigrichonne poussait déjà sous les encouragements de Docta et de la fille qui l'avait accompagnée. Il y a eu tout d'abord une bulle, une sorte d'ampoule qui s'amplifiait comme un ballon et qui a éclaté avant de laisser paraître un petit pied. Docta m'a indiqué des bistouris tout neufs en essayant de faire comprendre aux deux femmes qu'il allait pratiquer une césarienne. Je les lui ai passés avec l'appréhension et le vague à l'âme qu'on a toujours dans des circonstances pareilles. Il a alors tracé une ligne droite sous le nombril de la femme mai-grichonne. Ensuite il a déchiré une autre ampoule visqueuse. Il y avait cette fois trois petits pieds.

— Ba mpundu, c'est des jumeaux, c'est des jumeaux, l'autre fille s'est mise à piailler, excitée de voir jaillir les pieds.

Lorsque Docta a commencé à tirer sur les deux petites biologies, j'ai trouvé ça bizarre qu'elles remontent en même temps. On avait eu d'autres jumeaux au bistouri et ils ne s'enla-çaient pas au point de coulisser ensemble et en bloc à travers la poisse collante de la tuyauterie sensible de leur maman. Il a déposé les petits sur le petit berceau en plastique et qui semble être vitré que l'Unicef a donné à la pharmacie avec le lit, après avoir remarqué qu'il n'y avait qu'une sorte de kitikwala uni-quement recouvert d'une natte en raphia. C'est le Maître qui l'avait donné à Docta en disant que c'était un tissu kuba. Une couchette pour allonger les adultes. Les grands, si vous voulez. Pas très commode contre la chair délicate des nouveau-nés. J'allais chercher de quoi nettoyer les bébés, quand la fille qui accompagnait leur mère s'est lancée sur moi en hurlant :

— Sorcière, sorcière, sorcière...

Sa voix s'étranglait. Et elle m'étranglait de ses mains aux ongles acérés. À ce moment, j'ai réalisé qu'un seul des deux bébés pleurait. Il n'y avait qu'une seule voix. Elle n'était même pas assez forte, mais plutôt feutrée. Je me suis dit que l'autre bébé avait dû s'évanouir dans son effort pour venir au monde. Croyez-moi, ça m'a fait de la peine. Je n'ai pas pu me retourner entièrement. Ma biologie s'est cognée contre des meubles. Quelques flacons ou des emballages de médicaments ont voltigé dans l'air et j'étais à terre. Des gens sont entrés par la porte de devant.

Je me souviens des premiers coups, surtout des coups sur ma tête. Ça m'a directement envoyée dans les pommes.

La jeune Belladone, comme vous l'avez entendu, en sait long sur cette aventure, mais nous reviendrons à elle tout à l'heure. Pour l'instant, nous la laissons panser ses plaies. Le prochain témoin est aussi du cercle de ceux qui ont ourdi ce scandale civique, suivez sa version des faits.

Avertissement : Cet homme massacre laborieusement la langue de Molière. Prière de ne retenir que l'idée de ses phrases et, surtout, de bien vouloir éloigner les enfants en scolarité, pendant qu'il témoigne.

Le Cheminot
À votre avis,
pourquoi fait-on ce qu'on fait ?

Il faut dire comment on a commencé ce travail. Mais je ne peux pas vous dire où sont les élèves de Kafka, j'ai entendu leurs voix quand ils faisaient récitation le poème, et j'ai dit est-ce que je pleure, est-ce que c'est la poussière qui tombe dans mes yeux, ou moi je vais commencer à pleurer comme les femmes ? Je ne sais pas. Je me frottais les yeux quand les enfants ils récitaient : « Frappez, camarades, la terre est une femme enceinte de notre avenir... » Je n'ai pas vu ce qui s'est passé après ça, cause que je décapais mes yeux.

Moi je suis un homme respectable. J'ai le matricule à la Société nationale des chemins de fer du Congo. C'est à cause qu'on m'appelle le Cheminot. J'ai le travail pour toute la vie et quand je vais mourir, c'est mon fils il va travailler dans mon matricule. Donc je suis un fonctionnaire de l'État, même si les autorités elles pissent dans notre dignité quand elles refusent de nous payer le salaire à la fin du mois. Si vous êtes dans les emplois, donc vous savez que nous on travaille plus que les autorités. Kafka, il dit que l'ancien président des Français il disait c'est comme dans les bibliothèques, les chefs qui sont en haut, ça ne sert pas à beaucoup, et que nous qui sommes en bas, on prend tous les microbes dans les mains qui tournent les pages de nos vies pour nous lire et je vous dis la pauvreté elle lit en nous, chaque jour, avec la bénédiction des autorités qui sont les livres inutiles au-dessus de nos têtes.

Il faut dire que la vie était dure. C'est à cause de la guerre. Et des politiciens qui font la politique des salaires impayés. Kafka il a dit que chers voisins, il y a l'argent dans le sol et j'ai dit à mes femmes que regardez la grosse tête de Kafka, on dirait elle va couper son cou, à cause que sa biologie essentielle est beaucoup dans sa tête, pas comme les autres voisins, on dirait Dieu il avait oublié de mettre quelque chose dedans, cet homme il a l'intelligence, donc il sait où il veut nous amener.

On dit scandale géologique qu'est ce pays. C'est les Blancs qui disent, nous on répète. Alors, j'ai commencé à creuser. Les autres ont dit que Kafka il nous pète ses plombs. Moi, j'ai dit je ne pars pas au travail, parce qu'il y a dans le sol plus que dans les trains. Plus que dans la SNCC. C'est à cause des salaires impayés. Moi, je suis un doyen. Quand j'ai commencé à travailler dans les trains, c'était la sécession. Les colons ils ne voulaient pas rentrer chez eux. Ils avaient *divisionné* le pays, à cause du cuivre. Après, l'Onu les a chassés. Ils avaient rôti son secrétaire dans l'avion. C'est ce qu'on raconte dans les documentaires. J'avais dix ans. Ce n'était pas normal de travailler dans le train à dix ans. Mon oncle a décidé que ça devient normal avec toi et j'ai eu droit de faire les choses dans le train.

Pendant toute ma vie, j'ai transporté les minerais. C'était sale, ces choses-là. Peut-être parce que quelqu'un veut te faire croire ce n'est pas les choses importantes. Mais c'est aussi la boue ou la poussière elle salit le vert de la malachite. Kafka dit c'est le même vert que le vert du dollar des Américains. Les Chinois sont venus avec les dollars, a dit Kafka. «Il faut manger cet argent. Sinon, vous êtes imbéciles, ignares, biologies sensibles des vieillards qui traînaillent la hernie, débiles, incapables… Il faut toujours proposer quelque chose à quelqu'un qui a l'argent. S'il dit ce qu'il veut, alors il faut lui trouver ça, ou inventer ça pour lui.» Kafka a toujours raison, même quand le quartier ne le comprend pas. Moi, je n'ai pas vu la première réunion. J'étais en train de convoyer les concentrés de cuivre à partir de là-bas à Kolwezi. Dans la route ici au Katanga, tu vois seulement les trucks, les grands camions et les trains qui transportent les minerais à l'extérieur du pays, mais à côté tu vois aussi les papas qui sont sur les vélos qu'ils amènent les légumes et les makala dans la ville. Kafka il dit que même l'arbre que Lumumba était devant quand les Belges et les Américains l'ont tué, quelqu'un l'a coupé et il a fait aussi les charbons de bois. Moi je me dis que tu peux mourir de l'intoxication alimentaire si tu manges les patates ou le bukari qu'on a préparés sur ces makala de Lumumba. Mes femmes elles m'ont dit que voici ce qui s'est passé et je suis allé débrouiller Kafka, parce que je voulais savoir ce qu'il voulait qu'on fasse vraiment. Et il voulait qu'on creuse et qu'on amène aux Chinois ce qu'on trouve dans la terre. Que les Chinois donnent l'argent qu'ils ont amené ici et que nos enfants fassent l'école avec cet argent. J'ai dit c'est logique, on va le faire et on a commencé à creuser. Lui et moi. Les autres sont les idiots. Ils ont compris après plusieurs explications, et même les exemples. Ils ont compris quand ils nous ont vus manger l'argent des Chinois, alors que eux ils dormaient dehors dans la pluie et dans le flottement des inondations.

J'ai acheté le reste de la dot de ma deuxième femme. On me l'avait donnée à crédit. Ses parents ont dit que mon fils, on te fait confiance. Tu ne vas pas la fatiguer et la vider de tous les enfants de son ventre avant de venir payer le reste. C'est tout ça il faut dire avec les trous que nous avons creusés. Moi, je ne suis pas un voyou comme on dit à la radio par la police et la mairie. La première fois on m'a pris par les policiers, j'ai parlé des choses pas bien. Mes enfants étaient là. Ça ne doit pas se faire de taper le papa devant ses enfants. Mais ça, je ne vais pas l'apprendre aux autorités, j'espère elles sont plus intelligentes que moi pour comprendre les choses naturelles. J'avais le sang dans les dents.

Kafka il a tout arrangé avec sa grande gueule qui fait la peur aux agents qui tâtonnent dans leur travail. Les policiers c'est tu dirais les chiens. Ils essaient de mettre le nez partout. Ça faisait cinq jours que nous étions en train de creuser chez Tutu Jean. Sa femme me faisait les yeux. J'ai deux femmes, moi. Elles sont plus belles que la dondon de Tutu Jean, elles sont même plus belles que tout le village de la dondon de Tutu Jean. Donc moi, j'ai dit que je ne tire pas l'attention. D'abord parce que cette dondon est une colline. J'entre dedans deux fois. Seulement pour la hauteur. Si tu parles de toutes les viandes qui se cotisent pour faire sa biologie, alors là, il faut me prendre fois douze. Mais qu'est-ce que je vais faire avec une montagne pareille ? Je pense que Tutu Jean il fait la tentative de suicide chaque fois qu'il escalade cette colline. Comment tu fais pour traverser ça ? Le lit de ce mec, tu peux même pas dire la chaise électrique. En plus, la Bible dit : « Femme, tu sois soumise à ton mari. C'est lui ton maître. » Je crois c'est Jésus qui dit, ou le père de Jésus. Une femme comme ça qui n'est pas soumise à son mari, elle ne va pas se soumettre à toi. Ou tu rêves. Elle ne peut pas se soumettre à personne. Nous, on venait creuser et elle, elle mettait mal son pagne et elle me montrait ses cuisses grosses tu dirais des tonneaux. Elle disait l'outil de Tutu Jean que c'est petit, on dirait le dard qui fait hésitation sous le ventre de la souris. Elle pensait moi, je suis un vrai mâle, avec un pilon dans la culotte, à cause que mes deux femmes et Chantale elle raconte que moi, je les assomme toutes les nuits avec mon Antonov et ses deux réacteurs qui pompent les litres de vin de palme jusque dans leurs têtes tu dirais l'embouchure du fleuve Congo.

Je n'ai pas fait l'attention à cette dondon, mais la police, elle, elle a fait l'attention. Ils ont dit à ma deuxième femme ils sont des policiers spéciaux des services spéciaux. Que moi, j'ai fait la bêtise spéciale. Eux aussi, je les ai boudés. Je me suis dit les hommes qui écoutent la femme de Tutu Jean, les gens adultes qui croient ses salades, c'est pas les gens sérieux, en tout cas pas les gens que tu dois écouter. J'ai dit à ma femme que va dire à ces zigotos moi, je ne cause pas aux femmelettes, même s'ils sont la police spéciale. Là, on m'a tapé sur la tête et c'est mon fils il a pleuré. Mon troisième garçon il a douze ans, c'est lui je l'ai entendu pleurer, quand les policiers m'ont tapé avec la matraque noire. Comme le mouton enragé, j'ai craché sur l'homme qui se tenait devant moi et j'ai vu le sang couler sur sa joue. Au lieu de la salive. Ensuite on m'a soulevé. On m'a jeté dans une camionnette. Là, c'était vraiment écrit *Police*, en bleu. Les bottes sales sont tombées sur ma biologie en y laissant la boue du quartier qu'ils avaient marché dedans. J'ai levé la tête et j'ai vomi sur les policiers. Mon dégueulis était un mélange de bukari et de gombos laminés dans l'estomac et mélangés dans le sang qui est tu dirais la morve. Les policiers ont arrêté de taper en me regardant. Tu dirais un revenant. Ils n'ont même pas essayé d'essuyer mon vomi sur leurs uniformes. Lorsque Kafka les a tous confondus en jouant avec les lois que les policiers ils ne savent pas toujours bien jongler, parce qu'un policier c'est rarement un gars très intelligent et que le droit c'est les choses des intellos, alors les mecs sur qui j'avais vomi tantôt ils ont dit que citoyen tu dois payer au moins pour cette infraction-là. Ils ont demandé à Kafka l'argent du savon pour nettoyer leurs uniformes. Il a répondu que c'est ok, si vous aussi vous payez ses pansements, ses mercurochromes, ses dakins, ses chloramphénicols, ses ibuprofènes, ses bleus de méthylène et même tous les autres soins au cas où vos coups de botte ont mis les saletés dans sa poitrine, par exemple, sans oublier la nourriture que ses deux femmes et ses nombreux enfants ils vont manger pendant le temps lui il sera en train de guérir, à cause que vous savez que l'État ne paie plus les cheminots, et c'est chaque jour ils se réveillent le matin et ils vont souder les portes dans les chantiers des nouveaux riches pour acheter la farine que leurs femmes vont pétrir le bukari la nuit pour les enfants.

Le soir, dans le vieux bus que les mamans vendent du lutuku pour téter dans le sachet, quelqu'un a dit que Tutu Jean, tu dois taper ta femme de temps en temps. Tutu Jean a dit que ça va être bien si nous l'aidons à taper sa femme, à cause que lui, il a peur qu'elle s'asseye sur lui par exemple et qu'elle l'étouffe avec ses grosses fesses qui ont oublié leur humilité. Il a aussi reconnu que c'est elle elle le tape parfois. Elle le plaque sur le lit et elle le gifle très fort dans le dos et sur ses deux collines de l'humilité tu dirais petit enfant. Et elle le roule dans la couverture et elle ferme avec une corde. Une fois, elle lui a versé l'eau chaude sur la main et elle l'a cloué dans la chambre à coucher. Interdit de sortir avant de cicatriser, et puis elle l'avait encore tapé sur le dos et sur les collines de l'humilité, et elle avait mis le doigt dedans, tu dirais elle s'en fout des odeurs, elle lui avait dit avec le doigt dedans que c'est moi l'homme dans cette maison, et nous les femmes, on ne porte pas la culotte sur le sexe et les collines de l'humilité, on la porte sur la tête.

La rédaction de votre chaîne nationale a reçu des plaintes des auditeurs qui disent qu'on devrait laisser cet homme témoigner dans sa langue maternelle, qu'il parle tellement mal le français d'autrui qu'on en a de la peine au ventre. Votre rédaction voudrait vous faire savoir qu'il n'y a pas d'académie de la langue dans notre pays et que l'Académie française et la francophonie c'est pour les Français, et peut-être les Sénégalais, les Ivoiriens, les Maliens, les Nigériens, les autres Congolais, de l'autre côté de notre fleuve, les Burkinabés, les Camerounais, les Togolais, les Madagascariens, les Haïtiens, les Martiniquais qu'on nous dit que ce sont des Français, en tout cas cette académie et les francophonies qui vont avec, c'est pour les anciennes propriétés de la France. Nous, on a organisé le sommet de la Francophonie en 2012 pour que seulement les journalistes du monde entier viennent photographier, filmer et parler de nos nouvelles routes, de nos nouveaux bâtiments publics, de notre éclairage public, de la beauté de nos filles, des voitures et des costumes toutes pièces de nos autorités, chaussures et chaussettes comprises, rappelons que nous sommes le pays de la sape, de la forme, de la religion kitendi, nous voulions aussi prouver notre capacité à organiser tout et n'importe quoi sur notre territoire, même les Jeux olympiques d'hiver que la FIFA dans sa grande jalousie refuse de nous attribuer.

Mais c'est aussi l'heure, chers auditeurs, de vous dire le temps qu'il va faire dans votre ville. La pluie arrosera la majeure partie du territoire national. Les villageois seront contents pour leurs cultures. Et les forêts, grâce auxquelles nos amis brésiliens et nous-mêmes gardons ce monde en vie, vont avoir assez d'eau pour continuer à procurer de l'oxygène à nos amis et à nos ennemis.

Retour dans votre émission Généalogie qui éventre le boa de l'incivisme à Élisabethville.

Le Cheminot
Les jeunes qui n'avaient rien à faire de leur vie

Moi, je suis resté dans la pharmacie de Docta pendant un mois. J'avais honte de mes femmes. Et surtout de mes enfants. Ils ont vu que les policiers ont tapé sur ma tête. Ils ont pleuré pour moi. J'ai dit que je vais creuser ce cuivre. Même si ça va me tuer. Chaque matin, je prenais les outils et j'allais creuser. La femme de Tutu Jean, je me suis dit, si elle me cherche encore, je la couche, cette fois-ci. Docta il dit si tu la fais défoncer l'œil du cyclone qui est derrière la biologie essentielle, ça donne les hémorroïdes. Je vais me venger comme ça, je vais lui mettre les hémorroïdes dans les deux collines que Docta il dit encore c'est notre lieu le plus égal à nous-mêmes, à cause qu'il pue notre humilité, notre condition animale. Elle croit elle va survivre après le passage de mon matos dans son ventre ? Si Tutu Jean trimballe l'escargot, moi c'est le TGV, c'est l'Antonov il y a dans mon pantalon. Le premier jour, on dirait elle a été surprise de me revoir. On dit que les services spéciaux, ça te jette dans un gros trou qui ressemble au puits que dans le film le roi Léonidas des trois cents Spartiates il jette ses ennemis ou les petits bouffons qui le dérangent avec les messages de leurs rois. J'ai dit est-ce que je souris à cette vache ? Ses yeux étaient ronds. Elle ne comprenait pas que quelqu'un sort des services spéciaux toujours vivant. Elle croyait que le trou que nous avons creusé chez elle avec Kafka c'était le crime contre l'humanité des autorités qui devaient nous jeter dans leur trou très grand des services spéciaux. Je lui ai rien dit. Je suis allé dans le trou en pensant aux hémorroïdes que je vais lui mettre, si elle continue à rêver que moi je m'appelle saint Nicolas.

Kafka et Tutu Jean m'ont dit il faut chercher les autres gens. Des petits qui vont dans la ville pour faire le banditisme, parce qu'ils n'ont rien d'autre à faire et qui croient-ils ne savent rien faire que petits voyous en ville, petits voleurs, petits crieurs pour les arrêts des transports en commun. Il a dit aussi appelez les gosses qui fument le chanvre dans le marécage de la fin du quartier, avec sa foule de moustiques. Il a dit même les petits qui vendent les œufs et les sachets. Ce sont des gamins robustes, il ne faut pas voir leur âge. À dix ans, ils font le tour de la ville depuis le matin au soir avec les œufs qui ne pèsent pas comme les papiers. Les œufs c'est les êtres vivants que ces petits ils zigouillent tu dirais les tortues dans l'eau bouillante. Et tous les êtres vivants ils sont plus lourds quand ils crèvent. Kafka a dit il va chercher même les étudiants dans le campus, parce que les étudiants sont des oisifs. Ils fuient les cours tous les jours, parce que tout le monde dans ce pays doit débrouiller l'argent et que là-bas il n'y a pas personne qui se soucie de leur apprendre quelque chose. Donc il faut les occuper pour qu'ils trouvent au moins l'argent. Qu'ils ne perdent pas leur temps à ne pas être formés et à courir derrière les fantômes de l'instruction que personne ne vient leur donner et aussi derrière les bonnes notes qui sont difficiles malgré tout le bazar dans l'enseignement, à moins que tu sois l'ami, le frère ou la pute d'une huile : un professeur, un politicien, un officier de la police ou des forces armées ou quelqu'un qui a de l'embonpoint dans les entreprises...

Extrait supprimé pour mauvaise foi qui confine à l'outrage à autorité. Les universités dans ce pays sont parmi les meilleures en Afrique. Elles n'ont pas par ailleurs l'obligation de fonctionner sur le modèle des universités occidentales. L'université a une fonction sociale, elle doit donc être à l'image de notre société. Il faut croire que beaucoup de nos compatriotes n'ont jamais rien compris à l'enseignement de nos héros, hérauts et, même, hérons nationaux. À propos, la rédaction, d'intelligence avec notre ministère de tutelle, qui a aussi dans ses prérogatives la nouvelle citoyenneté et la révolution de la modernité culturelle et intellectuelle, a décidé d'organiser une émission spéciale. Ce sera une présentation analytique, adaptée au citoyen lambda, de l'ouvrage du grand Africain Frantz Fanon, *Peau noire, masques blancs*, et de celui de l'immense homme des lettres et des idées kenyan, à qui les Blancs ont peur de donner le prix Nobel de littérature, Ngugi wa Thiong'o, *Décoloniser l'esprit*. Restez branchés...

... On est allés débrouiller la main-d'œuvre. Les petits voyous ils grillent leurs cerveaux dans le marécage avant d'aller transporter les cartons et les sacs des marchandises dans le marché de la Kenya, ils ont été les premiers à venir. Tutu Jean il a parlé avec leur chef, le petit Pako que moi je connaissais aussi à cause que c'est lui il a mis le courant dans le quartier, il est allé voler l'électricité comme il vole dans les poches des gens, il a mis les fils dans le tuyau en plastique et il nous a dit donnez l'argent et moi je vous donne le courant que j'ai volé sur la ligne du stade de TP Mazembe et du marché, vous verrez mon courant il ne peut pas partir parce que les Grecs ils ont mis un supermarché au stade de Mazembe, même si les joueurs ils ne sont pas dedans pour taper le ballon, les vivres frais de la grande boutique des Grecs, il faut pas que ça gâte, donc, tu vois le courant, on ne peut pas le couper dans le stade, et nous avons dit que tu as raison, tout le monde a dit je veux ton courant, mais le petit il peut te dire que, par exemple, donne-moi ta femme cette nuit si tu veux mon courant dans ta maison, ou il dit que tu vas m'acheter les souliers que Koffi Olomidé il a chanté avec dans l'Olympia de Paris, mais les gens attendent un peu quand il va avoir besoin de quelque chose moins cher. Tutu Jean il a dit que Pako et les autres bambins de ta bande, est-ce que vous ne voulez pas être riches ? Ils l'ont regardé tu dirais un marabout, ou un prophète, ou même un fou, un Mongol, un Balou... Tout le monde court dans la ville pour débrouiller l'argent, alors quelqu'un qui te demande si tu veux être riche, ça doit être un débile, si c'est pas un féticheur. Un bébé de deux ans veut devenir riche, un aveugle cul-de-jatte, sourd-muet et très vieux comme une momie veut devenir riche, même les riches veulent devenir riches. Heureusement, Tutu Jean est une caricature de féticheur, à cause il est mince dans une grosse chemise manches longues qu'on dirait il y a rien dedans, seulement une tête au-dessus du col et un autre tissu où s'engage sa chemise ballonnée par le vent. Ce deuxième tissu, qui est le pantalon, trace une sorte de tour de taille minuscule de marionnette avec la ceinture qui tombe dans l'air. Ensuite, il finit lui aussi en flottant sur des souliers qui semblent vouloir voler quand ils marchent et qui ressemblent pourtant à des bateaux dans la poussière.

— Mweye na tumabujoji yenu, tusha kumiyuwaeee... Tu vas nous demander de tuer nos parents. On vous connaît. Vous demandez aux gens donnez une poule et la nuit c'est ta mère qui crève ont dit les petits dans leur méfiance émerveillée.

— Nous n'allons pas tuer vos parents. Nous vous demandons de travailler pour nous, a dit Tutu Jean.

Moi, je suis resté calme. Ces petits ils me font toujours la peur. Ils m'avaient déjà tapé plusieurs fois sur la tête, et ma biologie essentielle avait bougé que disait Docta quand ma tête elle faisait les migraines. Pour moi j'ai dit ce n'est pas bien de les emmener dans le trou. Ils peuvent faire le massacre là-dedans si on trouve beaucoup de minerais. Il y a un conte où les autres voyous comme eux ils découvrent l'or dans la montagne, ensuite ils s'entretuent, parce que chacun ne veut pas que chacun touche l'or. Et plus, je n'aime pas l'odeur du chanvre, ça me donne l'envie de vomir tout ce que j'ai mangé. Je n'aime pas vomir devant les gens. Si tu as bien mangé, tu perds la nourriture, tes œufs, ton poulet, ton tilapia, par terre. Si tu n'as pas bien mangé, les autres ils voient que tu mets les misères dans ton ventre. Et moi, je vomis même les choses que je n'ai pas mangées. Kafka il a ramené les autres jeunes et on a fait deux groupes de quatre. Un groupe pour creuser chez Tutu Jean et un autre pour le trou que nous avions laissé ouvert chez nous. J'ai dit aux autres que moi je vais creuser chez Tutu Jean. Je n'ai pas avoué que j'ai honte de ma famille depuis que la police elle m'a tapé sous leurs yeux et que j'ai dégueulé un mélange de bukari, de sang et de gombo sur le bleu des uniformes des policiers, que le tout était bizarre, ridicule. J'ai été impuissant, il faut que je reviens chez moi avec l'argent. C'est comme ça je vais retrouver ma place. Sinon mes femmes elles vont parler les choses que parle la femme de Tutu Jean et mes enfants ils ne vont pas me respecter comme avant.

J'ai dit à Tutu Jean il ne faut pas avoir les soucis pour moi, que je vais mettre les hémorroïdes entre les collines de l'humilité de sa grosse vache, si elle ose encore nous taquiner avec sa police spéciale. C'est ce jour-là nous avons appris que les voisins ils sont allés tabasser la petite Belladone. Kafka dit c'est sa fille. Il l'a recueillie il y a longtemps. Après, quand elle a grandi, je crois, tout le monde croit elle a commencé à donner sa biologie aux garçons qui donnent l'argent, même si son père parle qu'elle est vierge. Mais la petite elle est sympathique. J'ai accompagné Kafka. Il avait la colère et la peine. Il avait le visage de quelqu'un qui veut tuer quelqu'un. Coûte que coûte.

Dans sa main droite, il tenait la barre de fer qu'il a cognée dans le dos d'une femme qui agitait une corde à l'entrée de la pharmacie du Capitole. Il a encore tapé dans le hasard. Les gens ont commencé à écarter leurs biologies. Kafka était un autre homme. La colère le faisait aveugle, fou, déchaîné, sans souci. Il a frappé beaucoup les gens avec la barre de fer. Le sang coulait sur tout le monde. La foule criait qu'il y a les démons dans cette maison, que la petite elle va mourir cette fois-ci. J'allais pisser dans ma culotte. Les gens étaient beaucoup et ils avaient la détermination de rentrer dans la pharmacie pour extirper la biologie de la gamine et la violer peut-être, ou la lapider et lui régler son compte la bonne fois pour toutes.

— Je suis capable de vous massacrer tous, je vais faire un barbecue avec vos biologies, si vous les traînez encore devant chez moi, a hurlé Kafka avec la voix de la colère qu'on dirait elle sèche ta salive. Je vais vous tuer un à un, bande de va-nu-pieds, bouffeurs de chiens enragés. Pourquoi faut-il toujours que ça pisse dans vos crânes et que ça se verse sur la quiétude des gens? Je vais vraiment vous massacrer. Avancez, vous verrez...

À ce moment, j'ai vu les petits fumeurs de chanvre ils sont venus s'engager dans la bataille. Pour cette fois j'ai été reconnaissant envers ces voyous de savoir taper sur les gens. J'ai pardonné tous les jours ils m'ont tabassé. Là ils vont au secours de leur nouveau boss, parce que Kafka il venait de leur proposer le boulot dans le puits. Je voyais les gens tomber après les coups aveugles des petits. Un des gamins il a pissé sur un monsieur habillé avec trop de mauvais goût, la veste orange, et le monsieur il gueulait que je ne suis pas n'importe qui, je suis même très important. Je me suis infiltré dans la pharmacie. Il y avait deux bébés sur le petit lit que les Blancs avaient donné à Docta en faisant la cérémonie officielle et les discours sur l'hygiène. Docta il s'occupait de réanimer Belladone à cause elle avait tombé dans les pommes de terre et elle avait des lignes de sang. Elle avait les lignes de sang un peu partout, comme dans les films des Américains que les morts ils se réveillent pour mordre les gens. Ça m'a fait la peur. Je me suis dit que tu étais gentille, petite Belladone, mais si tu es morte, s'il te plaît, ne te réveille pas comme les Blancs des films. Elle ne m'a pas écouté, parce qu'elle s'est réveillée en toussant et j'ai fait quelques pas derrière, et j'ai dit que Docta on ne sait jamais, quand tout le monde raconte les choses de la sorcellerie sur toi, il y a peut-être la raison de ça.

— Ah! Dieu soit loué. Reste couchée, a dit Docta avec la haute voix de prophète Zabulon quand il prêchait sans le micro.

Là, j'ai remarqué qu'il y avait l'autre personne dans le lit avec Belladone. J'ai dit que c'est la mère des gamins qui pleuraient sur le lit des Blancs de l'hygiène et Docta a bougé la tête que oui. Elle pleurait aussi. J'ai pas compris pourquoi avant que Docta il me fait remarquer que c'est seulement un bébé il pleure et que les enfants tu ne vois pas qu'ils sont collés, ça veut dire que l'autre, il ne va pas pleurer pendant longtemps.

— Aïna weye unanifuanyishia i'bintu, dada... c'est pas toi qui l'as fait n'est-ce pas? a demandé la dame à Belladone, en mangeant ses larmes. T'as pas besoin de me faire ça. On se connaît même pas. Tu veux pas que mon mari me tue n'est-ce pas? Il est pas très gentil avec moi. Ce soir, il va me tuer. Il va aussi tuer le bébé qui reste.

La femme, on dirait elle implorait Belladone qu'elle remette les enfants dans mon ventre pour ils naissent un autre jour, en pleurant tous les deux, sans être collés tu dirais les bananes doubles, qu'elle lui accorde les vrais jumeaux, les vrais enfants que l'autre ne crève pas collé sur l'autre comme ça, l'autre qui vagit seul et très fort, ça signifie peut-être il comprend que maintenant c'est le deuil de l'autre, ou même lui il est aussi mort un peu, je te dis il était quand même un avec celui que la tête elle pendouillait. On dirait, le petit, il comprend qu'il est perdu, à cause que ce n'est pas drôle de traîner toute ta vie le macchabée de son frère. On ne peut pas naître politicien. C'est le lot des politiciens de traîner dans toute leur vie les cadavres de leurs frères. Et puis, dans le Bronx, nous n'avons que Docta pour s'occuper des choses pareilles et j'imagine il ne saura pas cette fois couper le bébé mort pour le séparer de l'autre. Il faut une machette qui coupe tu dirais la lame de rasoir et je crois ces choses-là ça peut exister seulement chez les Blancs. Il s'est contenté de dire à la femme que tu peux rester à la pharmacie aussi longtemps tu voudras, et lui il va parler avec son mari que c'est lui qui a tort, à cause qu'il la tape souvent, et si tu tapes la femme beaucoup comme toi tu tapes, si tu arraches sa biologie sensible toutes les nuits ou si tu la fais travailler sans le repos pour nourrir les six autres mioches tu lui as fait pondre dans ta maison pendant quatre ans et demi, que tu la violes tous les jours donc dans la moelle de sa biologie, quand elle est enceinte et cassée par le gros bassin de maniocs et d'arachides qu'elle a promené dans toute la ville, alors c'est aussi ta faute quand elle pond un mort-né, c'est ton péché, ce n'est pas elle qui va aller en enfer pour ça, c'est toi l'homme tu dois demander pardon à Dieu et à la police, même la Bible elle dit que maris, aimez vos femmes, sinon, les autres hommes ils vont les aimer à votre place et ça aussi c'est votre faute. La fille elle a dit que oui, mon homme il me fait Exode et Golgotha dans les jambes et il sait pourtant que moi je fais le tour de la ville avec le gros bassin sur la tête pour le nourrir, lui et ces enfants il me fait vomir tu dirais c'est une poule elle pond dans son nid, et elle a dit que docteur, ma maison c'est même le poulailler.

Kafka est entré dans la pharmacie avec la brique dans la main. Docta lui a dit que c'était bien dans le symbole, de voir un éducateur respectable avec la brique qu'il va assommer avec quelqu'un et il vient d'ailleurs de bousiller là dehors les visages de nos voisins qui sont aussi les parents de ses élèves. Alors, moi, j'ai dit il faut amener Belladone dans un vrai hôpital, à cause que les dakins de Docta, les bleus de méthylène de Docta et les mercurochromes de Docta, tout ça lui donnait la gueule d'un zombie américain, ou même de la sorcière que tout le monde voulait voir qu'elle est. Docta il a dit que la médecine ne fait pas la magie dans les plaies des gens, que la médecine ce n'est pas la science exacte, c'est comme le football, si on met pas les mercurochromes, les dakins et les bleus de méthylène, et que les médecins dans les grands hôpitaux ils vous trompent avec les chirurgies plastiques et les fils qu'ils utilisent pour coudre la peau de votre biologie, et les épingles ils mettent dedans, et même les plaies que les médecins ils coupent parfois eux-mêmes dans votre biologie avant de les coudre encore tu dirais on rafistole les vieilles chaussettes.

Le Petit Pako à qui on a demandé de ramener les autres vagabonds pour faire les trous, il est entré. Il a dit que les gens ont fui, Vieux, vous voyez que nous sommes des bosseurs, Vieux, même dans les trous, ça va être comme ça. On ne fait pas l'éternité dans le travail, on fait un coup une flamme, on tape dans les couilles du travail et tu nous donnes notre argent, à cause que tu es content. Tu vois ce que je veux dire? Alors, je dis à mes petits on commence le travail quand? et Kafka il a répondu que demain, sans faute.

Il est midi et c'est à nouveau l'heure de vous informer. Avant cela nous allons tout de même écouter la mercuriale de notre consœur Marie-Louise Masiya, *alias* Bon

Goût, *alias* Sucrée Salée, *alias* Ketchup National. Vous savez tous qu'elle aime les makemba qui accompagnent un bon liboké de Mopongo, ah, les mamans de Kisangani, Kisangani Boyoma Singa Mwambé, vous avez donné à ce pays ses plus grandes fiertés culinaires. Très chers compatriotes et vous tous qui suivez notre radio, sachez que si vous voulez manger comme il faut toute votre vie, comme un être humain, il faut épouser les femmes de Kisangani, celles du Kasaï sont belles mais leur cuisine est une catastrophe, quant à celles du Kivu, la nourriture, elles la font en amont, c'est-à-dire au champ, pas à la cuisine, et donc, chers compatriotes, épousez les femmes de Kisangani et envoyez-les faire les courses au Kivu.

DEUXIÈME PARTIE

LES DINDONS DE LA SOLITUDE

Ah, cette mer, je n'y suis jamais allé
mais je m'y suis déjà beaucoup perdu!

Mia Couto, *La Pluie ébahie*

Nous revenons dans cette émission qui éventre le boa de l'incivisme à Élisabethville. Et cette fois nous allons retrouver Beauté Nationale Sidonie Lutumba Julia Roberts qui vient de s'installer après un bon repas de midi. Elle nous apprend qu'elle a savouré un kwanga de Kasangulu, le meilleur du monde, avec une cuisse de poulet braisée du parc agro-industriel de Bukanga Lonzo qui est une concrétisation de la révolution de la modernité dans l'agro-alimentaire.

Nous remercions les journalistes de notre antenne locale d'Élisabethville qui ont recueilli les notes qui vont suivre. Nous croyons qu'il s'agit là d'une tentative littéraire avortée d'un avorton qui s'est pris pour Cervantès, ou pour Alexandre Dumas. N'empêche que nos confrères d'Élisabethville ont eu du flair, eux qui auraient pu passer à côté de ces élucubrations littéraires criantes de médiocrité, ont su y déceler quelque vertu journalistique. Ces notes, vous le verrez, comportent des informations précieuses. Quant à leur auteur, les recherches continuent pour le débusquer de l'anonymat où il croit dissimuler sa complicité avec les inciviques dont il raconte les frasques.

Notes de l'auteur inconnu
La poésie du Maître

Les élèves, ce jour-là, avaient la tronche ennuyée, affamée et somnolente de qui désespère à l'idée qu'il n'y a rien en dehors de cette autre nullité qu'est l'école. Surtout pas l'affection compréhensive d'une mère ou d'un père qui, dans les moments d'une telle grisaille, vous fait un câlin comme dans les familles aisées du centre-ville, lesquelles avaient adopté les habitudes occidentales sans vraiment faire la différence entre les bonnes et les mauvaises. Ils n'osaient pas envisager le hasard d'un petit billet qui traîne dans la poussière d'une ruelle, ni la possibilité que la rêvasserie les isole de la réalité de leur faim, de leurs envies d'évasion ou de leur désespoir. Le Maître était penché sur un carnet posé sur son bureau. Les meubles étaient d'une tristesse rehaussée par la poussière des craies mêlée à celle que le vent ramenait par les fenêtres sans vitres depuis la nudité des ruelles que le soleil avait dépouillées d'herbes. Un jeune homme effaçait mollement le tableau et il se sentait dans ses mouvements la même lassitude que ses condisciples dont certains s'étaient endormis sur les pupitres. Sous des crânes enfouis dans des bras croisés sur des cahiers ouverts ou fermés, leurs biologies essentielles s'éloignaient de l'école, elles inventaient des scénarios où se déployaient couleurs, jeux, manèges, cavalcades, jus, crèmes glacées, rires, voitures en plastique, en carton, en polystyrène, nounours, pistolets à eau, bonbons...

Le Maître écrivait nerveusement et les élèves étaient peu attentifs à ce qu'il leur avait demandé d'attendre chrétiennement : le testament de l'homme clairvoyant qu'il avait toujours été. Il n'avait pas l'intention de descendre dans sa tombe avec toutes les lumières de sa tête. Il clamait son espoir que quelqu'un dans cette classe de malappris pût un jour se souvenir des profondeurs de son élévation spirituelle providentielle afin d'en faire profiter au Bronx, à la nation et au monde. De temps à autre, il agitait son stylo qui avait commencé à tarir, dans le but d'en extraire l'encre nécessaire aux deux lignes qu'il lui restait pour compléter son poème. Ce geste, ajouté à l'expression exaltée de son visage, conférait à sa nervosité une sorte de solennité théâtrale, cocasse, bouffonne aux yeux des élèves. Cela était accentué par le fait que c'était bien lui le Maître, qu'il avait plusieurs centimètres de plus que tout le monde et qu'il se tenait devant tout le monde. Des rires commencèrent à fuser comme de petits pets dont les auteurs s'efforcent d'être discrets sans vraiment y parvenir.

La classe s'anima. Le Maître en était content. On ne fait pas faire une déclamation à mi-chemin entre les chants de guerre et la fable à une bande de gamins amorphes. Il savait que son entreprise n'intéressait pas tant que ça les élèves et, à l'occasion, il se consolait de son statut de maître qui lui permettait de faire faire à ces jeunes gens tout ce qu'il voulait. Le Maître agitait son stylo de plus belle et écrivait théâtralement son poème en se délectant des rires de cette classe de plus en plus animée. Ceux-là mêmes qui dormaient s'étaient réveillés et avaient rejoint la rigolade collective.

Soudain, le Maître se leva, sa feuille volante à la main, se cura la gorge par deux ronronnements tonitruants en même temps qu'il prenait l'attitude solennelle des prêtres catholiques quand ils ouvrent les bras pour dire la bénédiction, et lança :

— Camarades ! Heu, non... excusez-moi, ce n'est pas comme ça que ça commence...

À ce moment précis, quelqu'un frappa à la porte. Le Maître alla ouvrir. Les élèves retenaient leur souffle. Se demandaient s'il leur était permis de continuer à rigoler. Les coups à la porte avaient sonné le glas de la parenthèse du rire que le Maître avait, par ses gestes inhabituels, taillée dans le moment gris de la journée. Le suspens dura longtemps. Les visages des enfants reprirent leur expression d'avant le rire et ceux d'entre eux que la rigolade avait tirés du sommeil recroisèrent les bras sur les pupitres, y plongèrent leur tête et fermèrent les yeux pour rappeler leurs rêves acharnés du bukari qu'ils n'auraient pas en sortant des cours.

Le Cheminot avait l'air terrifié d'un gamin qu'on emmène voir un dentiste. Depuis qu'il avait quitté l'école, ce père de trois enfants scolarisés avec des interruptions – à tour de rôle, préférait-il dire – n'avait jamais remis les pieds dans une cour d'école. Il déchargeait sur ses deux femmes les besognes parentales telles que le paiement de minerval, les réunions des parents, les convocations pour bévues, indiscipline ou récidive dans le retard aux cours, etc. Lorsqu'il avait mis les pieds dans la cour de l'école, le Cheminot avait eu un vertige. Il longeait les salles où des jeunes élèves recevaient des coups de règle sur les mollets ou sur les bouts des doigts, parce qu'ils avaient parlé swahili, tshiluba ou lingala en classe. Dans toutes les écoles, le règlement exigeait des élèves qu'ils ne s'expriment qu'en français. C'était tout à l'honneur des enseignants, disaient les parents qui se mettaient à parler cette langue avec leurs gamins à la maison. Ainsi, parents et enseignants les habituaient-ils aux grasseyements, aux prépositions et à l'énoncé des phonèmes de cette langue demeurée étrangère aux yeux de tous les Congolais, même des intellectuels qui avaient écrit des travaux de fin de cycle universitaire, ou même des poèmes au langage torturé. On apprenait ces poèmes-là aux gamins qui étaient censés avoir l'âge d'en comprendre la belle complexité d'arabesque : les labyrinthes narratifs et introspectifs de Mudimbe, la langue ziggourat de Kadima Nzuji, les mots Sphinx de Gizeh de Matala Mukadi ou les phrases El Castillo de Yoka Lye... Il y a toujours eu pourtant des médiocres utiles, comme Zamenga Batukezanga et tous ceux qui publient des broussailles littéraires chez les catholiques de Médiaspaul. Quelqu'un a écrit que c'est avec de beaux sentiments qu'on fait de la mauvaise littérature, et l'avantage avec les mauvaises littératures, c'est que ça peut faire naître une langue particulière. Le Maître dit que le mot « roman » vient de là. C'était de la littérature populaire dans la langue qui est devenue le français. Au début, des langues tels le français, l'espagnol ou l'italien n'étaient que des vulgarités à côté du latin qui triomphait dans les fines bouches des fines fleurs des sociétés européennes. On tapait donc, quand le français fourchait, quand il fuyait pour laisser un déchaînement fougueux de kiswahili, de kilamba, de kisanga, de kiluba ou de tshiluba. Dans d'autres classes, le Cheminot vit de jeunes gens qui s'ennuyaient de leurs enseignants dans l'espoir que le sifflet viendrait fendre soudainement la lourdeur d'une autre de ces journées faites de craies, d'encres, de voix régulières qui professent et de celles qui répètent, de craies encore et d'encres, il avait la vague sensation de saisir une image, une histoire, une situation puisées dans la lointaine période de sa scolarité et qui justifieraient sa vénération béate pour son voisin Kafka. La vérité c'est qu'il avait souvent été intimidé, voire traumatisé, par les gens qui enseignent.

— Baba yangu, mon père, il était... catéchiste! avait-il explosé au moment où la porte s'était ouverte devant lui. Il avait parlé en avalant de la salive.

Qui ignorait que le père du Cheminot était un catéchiste qui chicotait son garçon dans l'intention de lui inculquer la parole de Dieu? «Matthieu IV, 4 : l'homme ne vivra pas seulement de pain, mais de toute parole venant de la bouche de Dieu» et paf! «Matthieu VII, 7 : demandez et l'on vous donnera» et paf paf! et paf! «Matthieu VI, 21 : là où est ton trésor, là aussi sera ton cœur» et paf paf! «Matthieu VII, 9 : lequel d'entre vous donnera une pierre à son fils, s'il lui demande du pain?» Sa mère intervenait-elle : «Y a pas que Matthieu dans la Bible, mari!» et paf, elle aussi, paf paf! «Le plus approprié pour l'imbécile qu'il est c'est : Siracide 30 : celui qui aime son fils lui donne souvent le fouet», et paf paf paf! C'est ainsi que le Cheminot apprit la Bible et c'est ainsi qu'il apprit tout court, car son père venait le fouetter devant son oncle, tandis que celui-ci enseignait au Cheminot les quelques choses qu'il devait connaître avant de travailler dans un train, et paf, le tronçon Élisabethville, Kolwezi fait un aller de concentrés et un retour de cathodes, et paf, à Likasi vous chargez du cobalt, et paf, quand ton chef dit que c'est de l'uranium dans la cargaison, il faut te tenir bien à l'écart, sinon tes testicules vont sécher, et paf, ne pas t'approcher des câbles de courant que lèchent les antennes du train, si tu veux revoir ta famille, et paf, un ordre, c'est un ordre, ton travail et ton devoir c'est de faire ce qu'on te demande de faire, et paf, paf! quand il devait se marier, encore une raclée, tu dois respecter ta femme, c'est la fille de quelqu'un, et paf, fais beaucoup d'enfants, nous devons être plus nombreux que les étrangers qui viennent voler notre cuivre, et paf, n'oublie pas de taper tes enfants, c'est le Seigneur qui le dit dans sa Sainte Bible, et paf paf!

— Tu es venu jusqu'ici m'annoncer pour la trente-six millième fois que baba yako arikuyaka cathéchiste?

La voix du Maître était éclairée par une sorte de malice assortie de raillerie bienveillante.

— Non, j'ai une bonne nouvelle qui n'est pas bien, Kafka... mais je suis content de voir les élèves et toi dans votre classe... Les petits voyous que tu as emmenés dans le projet, ils disent ils ont trouvé le cuivre. Moi je sais c'est faux. Ils ont mis la boue dans les sacs, ensuite, ils ont dit leur ami peut fondre la boue du trou et ils vont revenir avec le cuivre concentré, moi je te dis il faut les demander bien, à cause que les sacs ils étaient dix, ils disent ça va rester dix, et moi je sais quand tu mets le cuivre sur le feu, il devient peu à cause des déchets, tu vois? Comme les scories de la Gécamines.

Le Cheminot avait le visage trempé de sueur et n'arrêtait pas d'avaler la salive. Le Maître l'avait entendu curieusement et avait observé un petit silence à la fin de la délation de son voisin à qui il dit simplement :

— Nitshunge kaloko... Attends-moi là...

Il rentra dans la salle de classe, prit une craie et se mit à écrire au tableau le poème qu'il avait essayé de lire tout à l'heure. À la fin du dernier vers, il marqua un point en martelant le tableau de la craie, ce qui eut pour effet de réveiller en sursaut les élèves qui s'étaient rendormis.

— Écrivez ceci et mémorisez-le avant demain matin ! somma-t-il les élèves sur un ton d'oracle.

Extraits supprimés pour dénigrement de l'Éducation nationale. Un pays n'éduque pas sa jeunesse avec de la bouillie de manioc. Nous avons une littérature qui a l'avantage d'être parmi les plus intelligentes d'Afrique subsaharienne. Un texte qui ne sert pas la nation est inutile. La littérature a remplacé la parole du griot, elle doit donc servir à quelque chose pour être prise en considération dans l'Éducation nationale. Les meilleurs restent les meilleurs. Les auteurs cités dans cet extrait lu par notre consœur Julia Roberts Sidonie Lutumba sont la crème jusque-là non troublée, non touillée de la littérature de ce pays.

Retour sur ce plateau. Nous saluons les véritables écrivains de ce pays, où qu'ils soient, dans leurs tombes, dans leurs bureaux, devant leurs notes, dans les bras de leurs femmes ou même dans leurs têtes. Notre consœur Beauté Nationale va poursuivre sa lecture légendaire de ce pouilleux qui a dû se prendre pour un écrivain en décrivant les extravagances de ses voisins. Nous vous rappelons et vous assurons que Beauté Nationale ne vous lit ces notes que pour le besoin de l'information, elles ne sont précieuses que sur le plan journalistique, il n'y a pas un seul rien de la véritable littérature dedans. Il ne faut surtout pas que cet auteur inconnu s'imagine que nous lui offrons son jour de gloire en couronnant sa littérature broussailleuse. Il doit savoir, par ailleurs, que nous avons informé les services compétents de son existence, car il doit répondre de sa complicité avec les inciviques du Bronx. Le micro à Julia Roberts...

Notes de l'auteur inconnu
Le sol ou le ventre de maman Clothilde

Le Cheminot avait réuni ses femmes et il leur avait annoncé que de la terre venait de dégorger assez de cuivre pour acheter une voiture, que ça restait tout de même problématique, il n'était pas impossible que Pako et sa bande aient pu trouver ce cuivre ailleurs, dans la hutte d'un féticheur par exemple, peut-être l'avaient-ils volé dans une mine à ciel ouvert dont ils auraient poignardé les gardiens, à moins que ceux-ci ne soient les complices de cette combine malhonnête. Si les trous avaient réellement produit, alors, Clothilde et Chantale étaient les heureuses femmes d'un homme qui mettrait toute sa sueur sur le manche de sa bêche, parce qu'il faut prendre tout ce qu'on peut prendre à la terre. Chantale avait les yeux grands d'appétence et de convoitise, et Clothilde était presque en larmes. Le Cheminot parla encore en précisant que le Maître avait un client pour la moindre poussière de métal qu'ils sortiraient de leurs trous et que le Dieu que son père lui avait appris à croire ne permettait pas que l'on verse de la sueur pour rien. Clothilde se leva et partit au home des vieillards de Kamalondo où elle avait commencé à travailler depuis près d'une semaine, pour changer, disait-elle.

Les vieux y étaient internés dans une bâtisse qu'on aurait cru inhabitée, à cause des herbes qui y foisonnaient, grimpant sur ses murs, nichant dans les fissures et dans toutes les encoignures. Les vieillards déféquaient un peu partout dans le home et ils s'essuyaient avec des feuilles d'herbes folles, parce que cela faisait un moment que leurs toilettes étaient devenues un réceptacle d'infections en tout genre. La directrice du home avait dit à Clothilde que c'était des soldats qui avaient défiguré les toilettes après un cours séjour dans le home qu'ils avaient réquisitionné pendant des échauffourées dans la ville. Quelqu'un avait écrit sur les murs : *Yes, we can*, un autre : *Paris dollar*, un autre encore : *Kinshasa mboka mobali*, et un dernier : *Il y a un temps pour tout* et les lettres avaient parfois jusqu'à trois traits d'excréments humains, comme si leurs auteurs avaient dû plonger leurs doigts dans leur propre merde avant de griffonner ces mots dont la texture séchée commençait à s'écorcher et à retomber par endroits. D'autres écrits encore étaient moins lisibles dans des gribouillages qui laissaient croire que les auteurs étaient des gens qui n'allaient pas très bien et qu'ils s'en étaient pris à ces murs de toilettes de la même manière qu'un artiste trace les contours de son tourment sur une toile, dans la pierre, dans du métal, à fleur de cordes d'une guitare ou d'un violon, ou dans les mots d'un poème.

La directrice était une femme d'honneur qui avait auparavant dirigé un orphelinat. Sa forte personnalité et son caractère rigide avaient amené ses supérieurs à la larguer chez les vieux. Mais il se racontait également qu'elle avait refusé de signer un document reconnaissant que ses pupilles avaient été assistées pendant près de deux ans, dans le cadre d'un programme détaillé sur les nombreux papiers qu'on lui demandait d'avaliser. Il y était question de formation à l'exercice des métiers. De dotation en matériel de menuiserie, de maçonnerie, de taillerie et de jardinerie. Les papiers disaient que beaucoup d'enfants étaient désormais émancipés de l'orphelinat. Ils étaient devenus autonomes grâce au programme. La directrice, qui avait toujours galéré avec les gamins, sans grand-chose pour les nourrir, et qui les voyait chaque année rejoindre la rue, faute d'encadrement, refusa de signer, et on la mit à la porte. Le home des vieillards de Kamalondo était en tout point semblable à l'orphelinat où elle avait travaillé et elle disait souvent à Clothilde, sans quitter des yeux le petit téléviseur qu'elle avait installé dans son bureau, le laissant souvent envahir par ses vieux pensionnaires, que les gens étaient des pourritures, car quelqu'un, quelque part, bouffait l'argent qui aurait servi à acheter de la farine de maïs pour les vieillards, à payer leurs factures d'électricité et d'eau courante, et qu'au lieu de cela elle ne comptait que sur la générosité de quelque église portée par la détermination de gagner des âmes supplémentaires et plus d'offrandes, de quelque politicien en quête de plat d'émotions pour ses électeurs, sans oublier que les vieux avaient aussi une voix qui pouvait faire nombre, et on les humiliait en leur demandant de chanter leur joie de recevoir du sel et des poissons devant des caméras nombreuses et voraces, de danser leur satisfaction et leur fierté d'avoir un compatriote qui savait être reconnaissant vis-à-vis de ceux qui l'avaient précédé, ceux qui avaient bâti le pays, les pionniers... Quand les caméras s'en allaient, la solitude des vieux et leur exclusion leur revenaient en partage et ils mangeaient le poisson pour lequel ils avaient dû danser devant l'ego du donateur, ils mastiquaient silencieusement ce poisson qui avait le goût étourdissant de l'abandon et de la décrépitude. Les vieux racontaient leurs vies. Ils racontaient des histoires qu'on leur avait racontées. Toutes les nuits qu'elle passait à retenir l'explosion de son cœur face aux gémissements de sa coépouse, Clothilde pensait aux vieillards du home qui la retenaient momentanément, Vincent de Paul et Guilbert-Paul, surtout, qui l'observaient minutieusement, avalaient chaque trait de son visage, chaque ligne, la forme de ses bras et la surface de son dos découverte par son décolleté, ils dévoraient tout cela de leurs yeux humides, de petits yeux ridés et gourmands dont le blanc avait été sali par les fumées des fonderies minières. Elle était heureuse à ce moment-là, ces hommes iraient bientôt dans leurs tombes en pensant si fort à elle que sa propre vie en serait transfigurée. Cependant, les vieux lui demandaient, aussitôt après, de partir, ils la chassaient quasiment, en la poussant vers la porte. Elle les voyait sourire de leurs bouches abîmées par le temps, elle savait alors qu'un jour son mari et sa pouffiasse, qui râlait pour lui pincer le cœur, n'auraient plus rien à faire de ces nuits qu'ils passaient égoïstement à lui fendre le cœur que de les raconter en zézayant. Ils n'auraient déjà plus de dents, comme les vieillards du home, et elle se disait que tout cela était dérisoire, que les râles jouissifs de sa coépouse étaient dérisoires, que l'absence de la biologie du Cheminot à ses côtés, dans son lit, était dérisoire, que la biologie même du Cheminot était dérisoire... Ça ne valait pas la peine de s'arracher les cheveux avec Chantale pour une biologie destinée à sécher et à s'émietter dans les draps d'un home de vieillards qui n'avait que des histoires défraîchies à raconter. Quand Chantale prolongeait un gémissement de plaisir, Clothilde se souvenait de la moue que faisait une vieille pensionnaire en racontant ses ébats avec un prêtre catholique blanc qui lui avait demandé de relever son pagne. Il avait ensuite avancé une main hésitante dans son entrejambe. Il l'en avait retirée en se frottant des doigts nerveux et reluisant du liquide qui chatouillait dans l'entrejambe de la vieille. Elle était encore une belle jeune femme, et elle rigolait maintenant avec une pointe de nostalgie dans le ventre, car le prêtre avait aussi relevé sa soutane et c'était comme si elle devait le faire avec une autre femme. Tous deux avaient gardé les mains sur les pans du pagne et de la soutane, si bien qu'ils avaient fait l'amour en se touchant à peine.

Clothilde pouffa d'un rire qui inquiéta toute la maisonnée. Le Cheminot arrêta de bouger dans le pagne de Chantale et un épouvantable silence lécha l'obscurité des chambres. Le lendemain, personne n'osait parler à personne. Les gens se regardaient sournoisement, ils se parlaient furtivement, s'évitaient de peur d'être amenés à parler du rire de Clothilde. Le Maître brisa le silence en éclatant d'un rire solennel, encore plus amplifié par l'ébahissement des autres.

— Maman Clothilde, je vais vous acheter une bière, votre rire d'hier m'a réconcilié avec moi-même, grâce à vous, j'ai la paix.

— Kafka, toi tu veux donner la raison à Clothilde quand elle se moque de son mari, riposta le Cheminot, totalement furieux. Tu sais que moi j'ai dit à Chantale que nous faisons un autre enfant dans cette nuit, et mon père il avait dit que mon fils, nous ne sommes pas une grande famille et Dieu il dit que remplissez la terre, je veux que toi tu fais même dix enfants, si toi aussi ça te fait rire de refuser les enfants dans son ventre, moi je te donne Clothilde, tu vas seulement me rembourser un peu la dote que je l'avais épousée.

— Ah, cher voisin, ça ne me fait pas rire du tout, je veux dire que son rire m'a donné une intuition.

— C'est quoi l'intuition?

— C'est quand ta tête attrape paf une bonne idée sans te laisser réfléchir longtemps. Ça fait paf, et tu as la réponse que tu cherchais ou même que tu ne cherchais pas.

— Donc, quand Clothilde elle rit, toi tu trouves les réponses ?

— En quelque sorte... Je voulais arrêter de creuser, et quand elle a ri, j'ai su que creuser ou ne pas creuser, ça se vaut, et creuser au moins ça m'occupe, et ça me met dans une perspective ou sur une voie... C'est nous qui donnons de l'importance à ce que nous faisons.

— Mais il ne faut pas l'encourager. Les femmes, il ne faut pas dire avec elles les choses comme ça, elle va penser c'est elle qui a raison de rire et de refuser de plus à donner les enfants à son mari, non ?

— Miri bakataria, mirikatala wapi ? Est-ce que moi je refuse avec les enfants ? intervint enfin Clothilde d'une voix marquée par l'impatience.

— Où sont les enfants alors ?

— Barikuonesha'asema beko wapi batoto ? Viens les chercher dans mon lit, où tu veux qu'ils soient ? vitupéra Clothilde en s'en allant retrouver ses amis du home de Kamalondo.

La route avait paru plus longue que les autres fois, les gens plus absents, on aurait dit qu'ils étaient devenus des volutes de fumée. Le soleil piquait, sa peau cuisait pratiquement et les lumières du jour étaient aveuglantes. Elle aurait voulu marcher les yeux fermés. La vue des gens était aussi rêche et douloureuse qu'une fumée, elle ne voyait pas les biologies qu'elle croisait sur sa route et qui défilaient comme des ombres, elles lui rentraient plutôt dans les yeux et ça faisait mal. Elle raconta tout aux vieillards du home. Ce cheminot de mari qui avait fui son lit et qui s'acharnait à farfouiller dans la terre en quête de sa virilité et de sa dignité, elle leur dit que la ville était maudite, une ville où les gens ont le regard baissé, le regard dans le sol à l'instar des autruches, le regard enterré, comment peut-on imaginer que le salut se trouve dans le sol ? Ses parents à elle étaient des croyants qui regardaient dans le ciel. Pourquoi son cheminot de mari n'essayait-il pas de chercher sa dignité dans le ciel ? Prophète Zabulon perdait des mètres cubes de salive à proclamer dans une forêt d'imbéciles que Dieu guérit de tout, du sida, de la malaria, de la bilharziose, d'Ebola, du chômage, des salaires impayés ou de la pauvreté, est-ce que ce n'est pas lui qui a tout créé, si ce chef des imbéciles de Cheminot qu'est son mari veut une voiture, pense-t-il que Dieu, qui a créé les métaux, le plastique, les ingénieurs, les cerveaux des ingénieurs, le monde arabe et son pétrole, les patrons des stations-service, les pompistes, les mécaniciens, les policiers de la circulation, est-ce qu'il pense que ce Dieu est incapable de lui donner une voiture, pour peu que cet idiot la demande, lui qui ne sait pas prier ne serait-ce que pour que Dieu mette des bébés dans le ventre de sa femme ?

Les vieillards lui racontèrent que toute leur vie ils s'étaient échinés à travailler pour le cuivre. Ils avaient fait la Seconde Guerre mondiale dans les mines d'où ils envoyaient de quoi fabriquer des balles et des bombes. Leurs chefs leur avaient annoncé que grâce à leur océan Pacifique de sueurs, le monde libre avait remporté des victoires difficiles, mais historiques, contre la barbarie de l'Allemagne hitlérienne. Les chefs jubilaient, ils firent bombance dans les mess des cadres de l'Union minière du Haut-Katanga, ils se saoulèrent, ils dansèrent, ils burent encore plus de bières, plus de vins, plus de liqueurs, plus de limonades, ils firent l'amour à leurs femmes, à leurs bonnes et aux nounous de leurs enfants, ils firent l'amour à leurs mains comme le vieux Vincent de Paul, ils trinquèrent à leurs sueurs ouvrières, ces sueurs qui avaient plu sur le Japon comme un orage de feu, comme une immense corolle de lotus ou comme un champignon, «et les petits Japonais devront vous étudier pendant longtemps dans leurs cours d'histoire du Japon», avaient proclamé les chefs. Mais qu'est-ce que cela avait apporté à leurs destins d'ouvriers qui n'étaient que des pièces d'une machine? «Hein, s'emportait le vieux Vincent de Paul en toussotant, qu'est-ce que tu penses que cela a changé à nos vies? Les Américains ont construit l'aéroport militaire de Kamina en guise de remerciement à leurs copains belges qui leur avaient permis d'avoir de quoi faire une bombe atomique, ils étaient en mesure de supprimer tout le Japon de la surface de la planète, mais qu'est-ce que tu crois qu'on en avait à foutre qu'ils soient en mesure de supprimer des pays avec les minerais qui empoisonnaient notre existence, nous aussi on a bu des bières pour la bombe atomique, on a trinqué à la victoire du monde libre, les chefs disaient : "Au monde libre!" Et nous on répétait : "Au monde libre!" Après, on retournait à nos postes, ce qui s'écrivait, ça n'était pas notre histoire, il fallait continuer à faire tourner la machine.» Quand la machine en sentit le besoin, elle dut se débarrasser d'eux, les machines ne gardent pas longtemps les mêmes pièces, sinon elles calent, elles se coincent par saccades avant de se rompre et de s'immobiliser complètement, donc, elles se départent des pièces usées ou défaillantes. Ils avaient été tout naturellement mis à la poubelle et ils soutenaient à Clothilde qu'il était stupide d'exiger du monde qu'il soit juste. Ils étaient vieux, c'était tout leur malheur. Si leur vie était à refaire, ils retourneraient aux mêmes postes qu'ils avaient occupés dans la chaîne de production du cuivre, ils ne s'en plaindraient pas. Le vieux Vincent de Paul affirmait de surcroît qu'il ne faut s'en prendre qu'à soi-même, les pauvres qui restent pauvres c'est de leur faute, les pays qu'on pille c'est de leur faute, on a tort d'être un faible, il disait aussi qu'on ne devrait même pas voir le monde avec des yeux qui jugent. Il disait que les gens qui sont exploités ne font que jouer leur rôle, pareillement aux ouvriers dans les fourmilières, les termitières ou les ruches, on ne dit pas que les reines fourmis sont fascistes ou esclavagistes, elles font tourner une machine sociale et n'importe quel exploité est un exploiteur dans l'âme, aux yeux du vieux Vincent de Paul, cela excusait sa propre condition d'exploité, il n'avait qu'à se suicider, à s'immoler comme le jeune Tunisien pour lancer une révolution, ou tout bonnement faire un coup d'État. «On dit que les Blancs sont des racistes, mais je vous assure qu'il suffit d'inverser la situation et nous serons pires racistes que les Blancs. On a dit dans la télévision de la directrice que des Pygmées ont été invités dans un festival à Brazzaville. Les organisateurs les ont logés dans un zoo, ils pensaient qu'ils y seraient plus à l'aise, le zoo avec ses fauves et sa verdure, ça ressemblait à leur milieu naturel, à la brousse d'où ils venaient, mais l'histoire ne s'arrête pas là, les gens qui passaient ont pris des photos, ils affirmaient qu'ils n'avaient jamais vu un Pygmée et que c'était excitant. Maintenant, imaginez que nous sommes plus riches et plus puissants que les Blancs dont nous nous plaignons constamment de la barbarie, les Blancs ne deviendraient-ils pas tous des albinos à nos yeux? Vous savez qu'on leur coupe leurs petits zizis aux bébés albinos? À la télévision de la directrice on a aussi montré une petite fille albinos qui avait peur, parce que quelqu'un était venu couper la jambe de sa sœur la nuit pour fabriquer des gris-gris de la richesse, et je vous dis que si nous devenons des Occidentaux, ça sera terrible, nous couperons les couilles des Blancs pour fabriquer des gris-gris, et tous les Pygmées seront des Juifs, des Arabes ou des Tsiganes à nos yeux, les Arabes, les Indiens, les Japonais, les Américains du Sud et les Chinois seront tous des Arabes comme dans le film de l'Américain qui joue aux dictateurs africains et arabes.» Mais le vieux Guilbert-Paul n'était pas d'accord. Il secouait vigoureusement sa petite tête chauve. «Il faut se débarrasser des mauvais sans devenir un mauvais. Je sais que c'est difficile, trouver la force de battre les mauvais, c'est aussi révéler l'agressivité et même la méchanceté qu'on a en soi. Ce qu'il faut c'est essayer, demander aux gens d'être bons, c'est une connerie, ils n'ont qu'à essayer d'être justes. La bonté suppose de se tailler une nouvelle nature, alors que la justice ne demande qu'à jouer un rôle vis-à-vis des autres. Être un père juste, un patron juste, un ami juste, qui fait ce qu'il peut, sans être extraordinaire.» Clothilde trouvait que les vieux étaient faits pour bien s'entendre avec Kafka. Ils étaient devenus philosophes avec l'âge. La moindre observation, la plus insignifiante allusion, un mot isolé, une rumeur sournoise, un petit bruit les amenaient à ressasser leurs vies, la vie des autres hommes, la vie sur terre et la vie des esprits dans les nuages. «Tout le monde devient philosophe avec l'âge», attestait Vincent de Paul.

Le soir, Kafka lui apporta une bière en canette qu'elle trouva si mauvaise qu'elle n'en but que trois gorgées par politesse. Le Cheminot dut la finir en jurant que les riches sont maudits de se réserver seuls la fraîcheur et l'onctuosité qu'il y avait dans cette bière.

— Tu dis si moi je viens dans ton lit, tu ne vas pas refuser la grossesse dans ton ventre, relança le Cheminot après la dernière gorgée.

Clothilde ne répondit pas. Chantale forçait ses grandes lèvres à faire un sourire provocateur.

— Moi je suis ton mari, si je te pose la question, tu réponds la question. Tu sais que moi, je n'ai pas payé les parents de Chantale, mais tu vois elle, elle fait les enfants, même si j'ai la dette de sa dot, toi, je t'ai épousée cash, mais tu fermes les enfants dans ton ventre, moi je demande si tu vas être une femme. Si une femme elle ne fait pas les enfants, est-ce qu'elle est une femme ? Dis-moi ! Si moi je t'épouse avec tout l'argent que ta famille elle demande de payer et puis toi tu refuses avec les enfants de ton ventre, est-ce que c'est normal ?

— Je peux t'apprendre à bouger le bassin ! intervint Chantale avec le même sourire coquin.

Clothilde ne leva pas les yeux sur elle. Ça ne valait pas la peine, se disait-elle. Cette femme est bête. Elle ne lui en voulait pas. Si elle n'avait pas été belle, Chantale ne serait rien, avec toutes les balourdises dont elle était capable, il faut croire que Dieu partage bien les choses. Il enveloppe de beauté une tête qu'il a oublié de fournir en jugeote.

— Docta, Docta ! appela le Cheminot en regardant les tôles.

— Quoi ? répondit le médecin autoproclamé de l'autre côté du mur. Sa voix semblait venir du toit de la maison. C'était cette voix que fixaient les yeux du Cheminot.

— Est-ce que tu peux faire la gynécologie de ma femme Clothilde ? Moi je pense elle doit avoir peut-être les problèmes qui étranglent les bébés dans son ventre.

— Ça demande des appareils spéciaux. Moi, je vais regarder demain dans son trou. Si ça va, c'est bon. Mais je pense que je ne verrai rien dedans. Est-ce qu'elle a dit qu'elle a mal quand tu la frottes ?

— Elle est là, tu peux lui demander à elle-même... Hein, Clothilde ! Est-ce que moi je te fais mal ? Quand tu pleures, c'est les problèmes que tu as dans le ventre ou quoi ? Le docteur il peut te donner les médicaments, comme ça tu vas faire les enfants comme Chantale, alors dis si tu as le mal dans le ventre...

Un silence se leva à la manière d'un grand vent sur la mer. C'était un silence froid et rugissant. On l'entendait jusque dans les orteils. Depuis sa chambre, le Maître rigola d'un rire différent de celui qu'il avait rigolé dans la journée. Un rire de la résonance d'un froufrou de tissu lourd ou de celle des gouttes d'eau qui tombent sur du carton.

— Ah! finit-il par s'exclamer en attirant les yeux de tout le monde sur le toit, les enfants, c'est pareil aux minerais, ça vient quand ça vient, mais ça vient nécessairement.

— Mais moi je te dis que ça fait longtemps les enfants ils ne sortent pas dans le ventre de Clothilde, riposta le Cheminot.

— Le cuivre non plus ne sort pas de la terre au premier coup de bêche, ni au deuxième, ni au troisième. Il faut oublier de compter les coups et simplement désirer le cuivre qu'on attend de la terre.

— Donc tu dis que moi je continue à faire les coups dans la terre?

Clothilde déborda d'un rire qui entraîna la maisonnée. Le toit se mit à vibrer de la rigolade de tout le monde, mais la nuit empêchait quiconque de voir les larmes qui coulaient discrètement le long des joues étirées de la voisine. Son rire était un signe que personne ne put percevoir.

Chers auditeurs, nous recevons dans ce studio notre confrère Sabin Mambweni pour les informations sportives. Sachez en résumé que le chef de l'État a annoncé la construction d'un stade moderne et multisports dans chaque province de notre grande nation. Dans l'actualité également, cette mauvaise blague qui a voulu égaler le combat du siècle organisé sur notre sol en 1974, souvenez-vous quand Mohamed Ali a terrassé le colosse George Foreman. Le boxeur américain, cette baudruche de Floyd Mayweather, a été déclaré champion dans une farce qui se voulait aussi un combat du siècle contre le boxeur philippin Manny Pacquiao. Plus de détails dans ce journal des sports.

Le micro à notre consœur Beauté Nationale pour la suite
de la lecture.

Notes de l'auteur inconnu
La pluie du Maître

Pendant toute la journée, la bande de Pako avait exigé d'être
seule dans le trou. Au début, le Cheminot l'avait bien pris. Cela
lui semblait une éternité depuis qu'il avait écorché le sol d'un
premier coup de bêche suivant le bon conseil de son voisin
Kafka qu'il avait en estime, même dans des moments où tout
le quartier semblait avoir raison contre lui, parce qu'ils avaient
refusé de le suivre aveuglément dans une entreprise ingrate de
toutes les sueurs sales qu'il leur avait demandé d'y mettre, les
yeux fermés, comme un troupeau de moutons. Le doute avait
failli s'emparer de lui le matin où ils avaient tous découvert
que l'eau était si abondante dans le trou qu'un adulte de deux
mètres s'y noierait tout aussi facilement qu'un nourrisson.
Là encore une solution avait été trouvée. Le lendemain, Tutu
Jean, le bonhomme chez qui on creusait, très connaisseur et
très avide de l'argent dont accouchent les puits, avait proposé
de disperser les eaux en faisant d'autres petits puits à l'intérieur du premier et cela fit mouche. Maintenant, les petits
voulaient rentrer tout seuls dans le trou.

Le Cheminot se disait que cela tombait à point nommé et
qu'il comptait bien en profiter pour se reposer, si ces gamins
tenaient tant que ça à se taper tout le boulot, ce jour-là. Il
déchanta lorsque, à peine deux heures plus tard, Pako lui
annonça qu'ils avaient trouvé du cuivre et qu'ils l'avaient déjà
chargé dans des sacs. Il ajouta qu'il connaissait quelqu'un dans
le quartier, un forgeron qui pouvait fondre tout ça dans la

même journée. Pako voulait que le Cheminot prévienne Kafka sur-le-champ, parce que ce dernier avait dit qu'il connaissait des gens susceptibles de mettre le bon prix pour avoir des concentrés, mais aussi parce que sa bande et lui-même en avaient marre d'attendre l'argent de ce trou interminable. L'argent, ils le voulaient à la tombée de la nuit pour aller s'envoyer des bières assaisonnées des filles de l'avenue de la Révolution qui coûtaient plus cher que celles de l'avenue Mitwaba de la Kenya, en face du Bronx, eu égard au fait qu'elles étaient de loin plus propres, plus chic, plus sexy, et qu'elles parlaient français au lit. Avant qu'il ait pu comprendre ce qui s'était réellement passé, le Cheminot vit disparaître ces petits voyous avec chacun un sac de ce cuivre miraculeusement apparu en deux heures et qui avait disparu aussitôt, car deux hommes, attirés par les sacs qu'ils avaient vu les jeunes gens bourrer de soi-disant minerais, avaient accouru et étaient rentrés dans le trou avec la précipitation désespérée qu'on voit dans les arrêts où le bus tardif n'a pas assez de place pour tout le monde. Ils n'y trouvèrent pas la moindre poussière verdâtre de malachite.

Kafka piaffait de revoir les petits voyous qu'il avait engagés dans son puits de cuivre. Un tollé s'était levé dans le Bronx et tout le monde accusait ces jeunes gens d'avoir vu un féticheur. Quelqu'un avait prévenu le chef de quartier qui lui-même avait fait appel au prophète Zabulon, «parce que, disait-il, il faut à tout prix empêcher ces gamins de sacrifier leurs parents». L'hystérie montait. Les gens s'étaient massés devant la coupole de la pharmacie qui jouxte l'épave du bus où des femmes louches vendent ces liqueurs interdites qu'on appelle affectueusement *lutuku*, ou *Café*, ou *Ciel*, ou *Vie éternelle* en tétant un bout des sachets qui les contiennent, sans la possibilité, pense-t-on, qu'un microbe survive à autant de pureté. Les rayons du soleil s'y reflétaient en éclairant le sachet d'une lumière que les voisins tétaient elle aussi, afin d'éclairer les chagrins, les malaises et les doutes qui s'entrechoquaient aveuglément à l'intérieur de leurs biologies revigorées. Des gens avaient donc déboulé du bar avec ces petits sachets dont ils tétaient lascivement le bout. Les chrétiens de l'Église des Vivants avaient décidé de lapider les gamins, si jamais ils refusaient de se laisser convaincre et convertir par le grand prophète Zabulon. Des voix scandaient que les petits voyous devaient aussi se faire baptiser avant la tombée de la nuit, afin que le Christ, triomphant dans le pourrissement de leurs cœurs si jeunes pourtant, les délestât du maléfice de l'argent sale. Ils s'étaient mis à chanter des cantiques sur la résurrection des morts en tenant dans la main des pierres et des morceaux de brique destinés aux biologies de ces gamins impatients de s'enrichir et que tout le monde accusait à haute voix et avec la rage de l'indignation d'être sur le point de sacrifier pères et mères, «parce que les féticheurs ne te font pas apparaître des minerais mirifiques dans un puits inondé pour tes beaux yeux, nasillait une petite femme dans la foule en retenant son pagne où un Christ en noir et blanc pleurait les yeux fermés. Quand ils te donnent le cuivre, c'est pour que tu combles la place qu'il occupait sous la terre du diable avec la chair de quelqu'un qui n'est pas un tas de caca pour toi, donc ta mère, par exemple, ton père, ta sœur, ton frère, ta femme, ton enfant, l'enfant de ton enfant, ou même l'enfant de ton voisin...» Une équipe de volontaires avait été larguée dans le capharnaüm des bicoques du Bronx, en vue de trouver les parents des gamins et, au cas où ceux-ci tenaient à la vie, de les assurer de la détermination du quartier qui était de leur côté pour barrer la route aux combines diaboliques de leur progéniture, car cette bande de gavroches ne savait pas que les richesses d'ici-bas ne valent pas le moindre soupir humain.

Devant le Capitole, prophète Zabulon prêchait déjà les béatitudes du *Sermon sur la montagne*, quand les premières gouttes de pluie commencèrent à tomber. Kafka s'impatientait face à l'hystérie collective de tout ce monde rassemblé devant sa porte et qui lui reprochait d'avoir prêché le désespoir et dévoyé des gamins au point de les pousser à livrer leurs parents au ventre d'un féticheur. «La dictature de Mobutu, la guerre, le chômage et la pauvreté ont fait moins de mal à ce quartier que cet homme. Je demande à Notre Seigneur de le confondre!» tempêta prophète Zabulon à la fin des béatitudes et en pointant Kafka du doigt. «Et mon Dieu va tous vous confondre avec la pluie de sa colère divine, je vous promets un déluge...» riposta Kafka, les mains dans les poches. Il avait pris l'habitude de fourrer ses mains dans les poches, pour ne pas avoir à tomber, lui aussi, dans la bassesse des gens, «ces bâtards qui n'ont pas appris de leurs mamans qu'indexer son interlocuteur est mal élevé», disait-il. Comme si le ciel n'avait attendu que son mot d'ordre, les gouttes de pluie se firent plus grosses, plus nombreuses, plus serrées, opiniâtres, oppressantes, plongeant la foule dans une débandade trempée dans la boue qui s'était formée aussitôt après dans les ruelles du quartier. Ils abandonnèrent chacun la brique ou la pierre avec laquelle ils avaient prévu de lyncher les enfants de leurs voisins, ces gamins parricides «qui s'imaginent que la vie est facile», et tous couraient vers leurs maisons en criant que la vie n'est pas facile. Quant aux soûlards, ils se consolaient d'avoir à téter ces petits sachets dont le liquide éthéré était un feu et un soleil qu'on envoyait éclairer son ventre sous la grisaille du ciel comme dans celle plus pesante de la vie dans le Bronx dont le nom, à la phonétique abrupte, était lui-même un concentré de désolation.

Il plut des cordes. Chaque maisonnée s'imaginait depuis sa niche que les autres voisins au-dehors devaient se faire griller vifs par les fortes foudres que le ciel lançait dans sa rage ou sa détermination à en finir avec ce quartier d'incroyants avides des béatitudes d'ici-bas. Certains pissaient dans leurs culottes à l'idée que la pluie était peut-être le fait de ce mystérieux Maître qui avait tapé du pied pendant toute la prédication du Prophète et qui, pour finir, était en train de promettre un déluge, lorsque le ciel s'était mis à couler sur la foule des habitants du Bronx et des fidèles de l'Église des Vivants. La pluie ne s'en priva pas. Elle se fit annoncer dans les foyers douillets en larguant un vent féroce sur les toitures des maisons, avant d'y rentrer elle-même pour mettre les familles dehors. Elle emporta les biens des uns, couvrit de boue la vaisselle et le linge des autres. De tout petits enfants furent enlevés à leurs familles par les flots de la rivière insolite et zigzagante dont les eaux du ciel balayaient les ruelles. La pluie convoita même le dénuement de la petite école primaire où le Maître dispensait son enseignement révolutionnaire. Les coups de tonnerre étouffaient les cris de détresse dans la profondeur de la courbe enragée d'un ciel gris, apocalyptique.

Une petite interruption pour saluer notre ministre de tutelle et le DG de notre chaîne nationale à qui il a plu d'autoriser cette diffusion à notre rédaction dans le but d'amener tous nos compatriotes à tirer des leçons citoyennes de l'aventure ambiguë de ces moins-que-rien, ou même de cet idiot qui a écrit ces notes en s'imaginant qu'on écrit n'importe quoi sur tout un pays. Nous vous tiendrons informés en temps réel quand les services de sécurité l'auront identifié. Il est treize heures moins le quart, nous allons souffler un peu avec ce sketch d'explication de la TVA qui va remplacer l'impôt sur le chiffre d'affaires. Nous remercions d'ailleurs nos amis français qui ont aidé notre gouvernement à mettre en place ce nouveau système. Ce qui nous a fait rire à la chaîne nationale, c'est surtout l'histoire de ces prostituées de Pakadjuma qui ont ajouté la TVA pour les rouges à lèvres, le papier hygiénique, le vernis à ongles, la bougie, les bijoux, les mascaras et autres atours dont elles se servent pour être plus attrayantes.

Le micro à Sidonie Lutumba, *alias* Julia Roberts, *alias* Da Vinci Code, *alias* Beauté Nationale...

Notes de l'auteur inconnu
La pluie du Maître (suite)

Kafka était couché la tête posée sur la biologie d'une fille de l'avenue Mitwaba. Il pouvait en distinguer les galbes dans les faibles lueurs dont les coups de tonnerre fissuraient par moments l'obscurité de sa chambre. La fille respirait sournoisement, ce qui amena Kafka à se dire que les collines de sa biologie étaient bien des êtres vivants à part entière. Un peu comme certains illuminés disent de la terre qu'elle est vivante, lorsqu'elle convulse en séismes magmatiques. Des rêves lui trottaient dans la tête depuis qu'il avait appris que les petits avaient trouvé du cuivre dans le puits. N'était cette maudite pluie, il serait déjà allé négocier avec Xhi Ping, le vieux Chinois à qui il avait donné des cours de français et de kiswahili, parce qu'il projetait d'ouvrir un petit dépôt de concentrés. Le vieux lui avait dit un jour qu'il achetait le cuivre à seize dollars le kilo, contrairement aux autres négociants qui le payait quatorze ou quinze balles. Dix sacs de métal, cela n'avoisinait-il pas la tonne, donc les mille kilos, donc les seize mille dollars. Plutôt que de se frotter les mains, il caressait le ventre de la fille. Ses seins généreux, on aurait dit deux biologies à part entière, portaient le poids de toutes ses cogitations. La pluie grondait au-dehors et les traits de foudre semblaient des coups de poing sur la table qu'elle faisait pour dire son mécontentement indéchiffrable. Kafka pensait à tout ce qu'il ferait avec cet argent. Contrairement à lui qui n'attendait pas grand-chose de la vie, ses enfants étaient avides de ses saveurs, de ses voluptés, ses frissons et ses mouvements. Cela faisait des années qu'il leur imposait son austérité, la conscience lourde de cette injustice. Il s'était aperçu plus tard qu'il n'avait pas assez de moyens, pas d'argent à investir dans la satisfaction de leurs désirs de jeunesse, dans leur besoin de monde ou de confrontation au monde qui lui était bien passé. Il n'avait pas le droit, depuis son piédestal de père, de leur imposer un parcours similaire. Mais il espérait plus que tout que l'argent du puits de cuivre l'aide à déshabiller la vanité des choses du monde aux yeux de ses enfants. Que l'argent leur fasse faire un détour vers la poésie, vers l'esprit... Dès lors qu'ils auraient compris à la suite de leur père que les saveurs de la vie ne sont pas dans ce vers quoi tout le monde court désespérément, parce que quelqu'un à la télé, dans un film, dans une chanson ou dans une publicité, a préconisé qu'il faut courir ou on n'est rien. Il se surprit à dire «Ah!». D'une voix si perchée et où se lisait son accablement face aux choses qui lui trottaient dans la tête.

Tandis que la jeune femme de l'avenue Mitwaba s'efforçait de comprendre pourquoi son amant avait beuglé si fort, ce dernier la retourna, lui griffa les fesses et les seins, lui lécha la fente de sa biologie sensible, griffa encore, comme pour s'accrocher à cette biologie qui allumait la sienne, mais le Maître sombrait dans une marre gluante de faiblesse, de lâcheté, de peur et de morbidité. Chaque griffure dans les collines de l'humilité, dans les seins, dans le dos ou dans les cuisses de la jeune femme était un effort dans la lutte contre son propre anéantissement. Pour la première fois depuis une éternité, il fit l'amour toute la nuit, comme un adolescent et sans boire une goutte de ses décoctions habituelles de virilité à forte dose de gingembre, de noix de cola, de Congo bololo, de testicules de bonobo, d'aloès, de faux sang de perroquet et de mutozo.

En deux mille huit, le ministre national de la Santé publique a mis en garde contre ce que font les hommes dans leur volonté d'être coûte que coûte performants au lit. Certains produits consommés par nos compatriotes dans le but de s'améliorer dans l'intimité sont tout simplement une calamité. En plus, comme vous le savez bien, pour retarder votre éjaculation, certains voyous n'hésitent pas à s'attaquer à des animaux protégés par notre Constitution! Méfiez-vous donc de ces produits. Le ministère de la Santé publique a tout de même reconnu le rôle primordial que jouent les aphrodisiaques, ou les produits dits aphrodisiaques, qui sont tirés des plantes, ceux-là soignent quand même, autre chose que vos problèmes sexuels, mais ils vous soignent, ils préviennent même des maladies et peuvent être particulièrement nutritifs.

Le matin, prophète Zabulon fut le personnage le plus important du Bronx. Tous les voisins se ruaient vers sa maison miraculeusement épargnée, alors que l'Église n'avait pour seul vestige qu'un mur de bâche ballotté par le vent. Le peu de biens, le peu de vaisselle, de garde-robe ou de meubles que les gens possédaient avaient coulé. Le ciel avait envahi leurs maisons avec ses eaux salies par la poussière des ruelles du quartier et par la mélasse noirâtre du Grand Caniveau, laquelle, de coutume, charrie de la merde de bétail et de petits enfants, des détritus, des rognures de boucherie, des copeaux de menuiserie, des raclures de vaisselle, des restes de nourriture, les déchets du grand marché de la Kenya... Tout cela confondu dans ce Grand Caniveau qui démarque le Bronx du reste de la ville et qui avait ce matin-là disparu sous les eaux, comme pour joindre les destins des indigents du quartier à ceux des autres habitants de la ville. Prophète Zabulon annonça aux voisins que le Dieu d'Israël était mécontent de leurs agissements dans sa Nouvelle Jérusalem, de la lourdeur de leurs péchés, de la démesure de leur lâcheté. Il qualifiait ça de péché par omission devant, notamment, les monstruosités gomorrhéennes qui se passaient chez Kafka. D'autres personnes virent dans la férocité de cette pluie toute l'impatience de ce maître obscur qui révélait par la même occasion que ses miracles à lui étaient de loin plus redoutables que les pâles délivrances au cours desquelles le prophète Zabulon faisait vomir la sorcellerie aux petits enfants sans défense. Kafka avait défié le Dieu de Zabulon, il fallait compter avec lui dorénavant. Lorsqu'il apprit de son fils qu'une petite foule s'était agglomérée dans les eaux de pluie qui stagnaient devant sa porte, Kafka ne s'empêcha pas de sourire ironiquement. Son garçon lui avait glissé au passage que tous ces bons voisins espéraient entendre de sa bouche qu'il leur pardonnait leurs médisances, leurs méchancetés envers sa fille alitée dans la pharmacie, parce qu'ils s'étaient déchaînés sur elle avec des calomnies impardonnables de cannibalisme sur les biologies fanées d'autrui, en somme, ils souhaitaient qu'il promît de préserver ce qu'il restait du quartier, vu qu'il n'y avait plus rien à soustraire de leurs dénuements respectifs.

Chaque fois qu'il devait prendre son bain, Kafka se disait que c'était là une perversion que l'Afrique civilisée portait avec une plaisante douleur. Un jour, il avait décidé de noter cela dans un carnet pour pouvoir s'en souvenir quand il serait en classe, devant ses élèves : *Les Occidentaux nous ont tellement niqués... non... froissés, enculés à sec, gondolés... non... trempés dans la bouse... non vraiment niqués qu'ils ont fait de nous de perpétuels endeuillés. Nos grands-pères ne lavaient entièrement leur biologie qu'après l'enterrement d'un proche. Pour conjurer la mort. Nous, c'est tous les jours que nous bégayons à la mort qu'elle n'a pas droit de cité dans nos rêves qui ont beau être une farce aux yeux de ceux qui ont fait un pas de plus que nous dans la réussite de leur vie, chacun est ridicule pour celui qui se tient sur la marche suivante de l'escalier de la réussite sociale mondialisée, mais ça, voyez-vous, chers enfants, on s'en fout.* Il y allait quand même, savourant à cœur joie la douche dont il disait que c'était, tout compte fait, son seul masochisme. Il prenait tout son temps, ce qui ne manquait pas d'irriter ses voisins obligés d'attendre un peu plus d'une heure, un seau d'eau à la main, pour pouvoir se laver à leur tour. À sa sortie de douche, Kafka s'aperçut que deux personnes l'attendaient derrière le rideau de bâche que son fils avait placé deux jours plus tôt en guise de porte sur le cagibi qui servait de douche.

Les gens se tenaient en équilibre sur les morceaux de briques que l'attroupement de la veille avait envisagé de larguer sur les biologies des gamins mercantiles soupçonnés de tentative de parricide et qui avaient été abandonnés dans la ruelle lorsque le ciel avait commencé à vomir son orage dévastateur que tout le monde reprochait à Kafka avec une certaine appréhension. Ce dernier vint à la rencontre de ses voisins contrits et s'aperçut qu'il était triste de ne pouvoir leur tenir un propos rationnel. En un autre temps, cela lui serait passé comme de l'eau sur le plumage d'un canard, mais en ce moment, il avait envie de leur dire toute la rage attristée qui parcourait son ventre avec des soubresauts assourdissants. Les voisins rassemblés dehors étaient silencieux, les yeux fixés sur lui, durs et pleins d'espoir. Il eut l'impression de ne plus être un homme sous l'insistance de ces regards implorants et qui le mettaient de ce fait sur un piédestal. De là, ses voisins paraissaient une masse humaine infâme et informe, faite de la même boue minable que la pluie avait déviée du Grand Caniveau et ramenée dans la chaleur de leurs lits tout en les jetant dehors, rampant jusqu'à ses pieds déifiés par la naïveté de leur accablement.

— Sasa mweye bote mukona kimbiria kutoka mu Brondo, tout le monde veut quitter ce trou du cul de la ville, lança-t-il d'une voix éraillée qu'il dut éclaircir avant de poursuivre, parce que la vraie vie, pour vous, elle est de l'autre côté du Grand Caniveau. Je vous promets tout ce qu'il vous faut : le métal qui sommeille sous vos pieds et qui ne vous appartient que si vous décidez d'aller le réveiller et de le tirer de là où il paresse pour en faire quelque chose. Dans le cas contraire, il appartiendra à d'autres, et vous n'aurez que les inondations à cause des trous que les autres laisseront béants, après avoir fourragé dans votre sol. La pluie d'hier, je sais que vous ne me croirez pas, je n'y suis pour rien.

Lorsqu'ils finirent par montrer leur nez, Pako et sa bande semblaient ignorer tout de la croisade qu'ils avaient failli déclencher la veille dans le Bronx, pour avoir trouvé un cuivre dont personne d'autre n'avait pu voir ni flairer les miettes dans le puits. Depuis le *Sermon sur la montagne* du prophète Zabulon, le Maître avait calmé les ardeurs de son impatience pour ne pas perdre la face devant les chrétiens de l'Église des Vivants à qui il ne pouvait révéler que seul l'argent de ces sacs de cuivre lui importait et que le diable serait vraiment un chic type s'il pouvait faire apparaître de temps en temps des minerais et de la monnaie, vu que la misère du Bronx était de celles qui requièrent un miracle.

Les gamins se présentèrent sans le moindre sac. Ils n'avaient que deux brouettes vides. Kafka, dont les mains tout aussi vides des gamins avaient refroidi l'espoir et les calculs d'une nuit passée entre les chiffres et les charmes d'une jouvencelle aux seins qui étaient des êtres vivants à part entière, se dit en voyant les brouettes qu'elles étaient là pour une bonne nouvelle, qu'elles étaient vides parce qu'elles avaient vomi une bonne nouvelle, ou qu'elles s'apprêtaient à en porter une, à la manière de la pureté du vide dans le ventre d'une fille nubile devant héberger une grossesse messianique. Il décida de refréner l'explosion dont le souffle pernicieux lui montait dans la poitrine. Les petits comprirent tout de suite que le Maître les laissait s'exprimer les premiers.

— Cheminot ari mionesha, boss ? Il vous a dit, le Cheminot, que le trou a saigné hier ?

Le Maître se garda de répondre.

— Nous avons trouvé dix sacs. Quelqu'un les a fondus pour nous, maintenant, c'est à toi de jouer. Tu as dit que tes clients vont donner une forêt de dollars...

Nous allons laisser souffler notre consœur Sidonie, *alias* Da Vinci Code, Beauté Nationale, qui a fait là une lecture mémorable. C'est le lieu ici de déplorer par ailleurs la baisse de la capacité de lire chez notre jeunesse en scolarité. quatre-vingt-dix de nos jeunes tant à l'université que dans les écoles sont incapables de faire une lecture à voix haute. Son Excellence, notre ministre de la révolution de la modernité dans l'Éducation nationale, disait dans une interview à votre chaîne nationale que cela était dû au fait qu'il ne vient jamais spontanément à l'esprit d'aucun de ces jeunes d'aller dans une bibliothèque et de faire une lecture à voix basse. Alors, chers jeunes, que comptez-vous faire de ce pays demain, si vous n'apprenez pas à lire ? À propos, Son Excellence le ministre de la Jeunesse et des Sports, de la Culture et des Arts, dont vous savez qu'il est par ailleurs un immense écrivain, vient de frapper encore une fois, et de frapper fort, en publiant son vingt-cinquième roman intitulé *Le courage de la femme mère dans son village*. Nous invitons les jeunes à dévorer cet ouvrage d'un grand sage national bourré de profondeur et de beauté. N'allez pas dire que vous manquez de quoi lire...

Belladone
Il y a plus de dignité dans la condamnation
que dans la compassion

La semaine de mon internement, j'ai pu capter certaines choses. Je tendais l'oreille pour être sûre de comprendre ce qui se fricotait dehors. Il y avait des voix et j'avais compris que les voisins avaient embrigadé leurs biologies dans un quelque chose qui semblait les occuper beaucoup. Il coulait visiblement des dollars, de l'alcool et des filles. On parlait des fontes, des deals avec un Chinois bizarre à qui Kafka avait appris le français, parce que le gars voulait devenir un jour le premier fournisseur de son gouvernement en cuivre. Il y avait un Indien, sans oublier que les Arabes sont des Indiens à Élisabethville, les Turcs aussi sont des Indiens ici, les Maghrébins, tout individu de ce que les Blancs appellent Proche- et Moyen-Orient sont des Indiens à Élisabethville, l'Indien donc avait demandé vingt sacs de minerais et il devait envoyer quelqu'un contrôler leur traitement. Il y avait surtout les retards dans les livraisons de bukari que tout le monde déplorait en reprochant au Maître de s'en foutre comme un bébé de deux jours à qui on parle de poulet ou de saucisson. Une chose est sûre, en tout cas, l'argent avait commencé à couler à flots.

Pour ma part, j'avais commencé à reprendre ma biologie. Mes blessures n'avaient pas seulement cicatrisé, elles ne m'empêchaient plus de bouger. On nous avait séparées, la femme maigrichonne aux jumeaux siamois et moi. Elle était dans la pièce d'à côté. Je continuais à entendre des trucs, ou, si vous voulez, je continuais à être au courant de ce qui lui arrivait. Des gens lui rendaient visite pour prier avec elle, ou pour la bénir en prophétisant que sa prochaine grossesse serait la bénédiction de toute la nation, et toutes les biologies de ce pays lui feraient la révérence qu'on fait aux mamans des héros. J'ai essayé de me souvenir du nom de la maman de Lumumba et j'ai été surprise de m'apercevoir que je ne l'avais jamais appris. Son mari aussi venait de temps en temps. Il s'appelait Valérien. Au début, il était enragé, déchaîné, baveux de colère et de haine ou de désir de haïr quelqu'un entre sa femme filiforme et l'enfant resté en vie. Il en voulait au monde entier et il n'avait qu'une envie, c'était de tuer, d'immobiliser une biologie pour rétablir l'équilibre. On avait dû lui apprendre, dans sa famille ou dans son village, ou même prophète Zabulon, que la mort d'une personne ça brise l'équilibre et qu'il faut allonger une autre biologie, ou plusieurs biologies supplémentaires pour rétablir l'équilibre. Il disait encore qu'il allait acheter un couteau et qu'il commencerait par tuer sa femme, Eudoxie, ou l'autre bébé à qui il ne voulait pas donner un nom. Il se doutait bien qu'ils étaient à la base du déséquilibre. C'était eux les suspects principaux dans cette sorcellerie bizarre, il n'avait pas prié Dieu dans la mine où il travaillait pour avoir des jumeaux. Tout ce qu'il lui fallait, c'était justement le bébé mort, le seul qu'il avait demandé... le seul qui d'ailleurs ressemblait à son père. Par la suite, il avait convenu de ne tuer que la mère, parce que prophète Zabulon avait dit qu'il était possible que le bébé encore en vie soit le bon par la grâce de Dieu, et qu'il fallait tuer la mère pour l'empêcher de manger le bon enfant, celui que le Dieu d'Abraham dans la volonté de sa bonté grande comme le gouffre renversé du ciel avait daigné protéger. Enfin, il ne voulait plus tuer personne, parce que le Dieu d'Abraham n'est pas un irresponsable et qu'il devait faire son travail de Dieu d'Abraham dans des circonstances pareilles.

Docta a fait venir ses amis de l'Unicef, ceux qui avaient donné des lits et des médocs en prêchant l'hygiène des chiottes et de la biologie aux indigents du Bronx qui n'en avaient rien à foutre. Ils ont dit, les gens de l'Unicef, qu'il fallait présenter les enfants aux autorités de la mairie, en précisant que ce genre de naissance était une affaire d'État, une affaire de santé publique. Alors, maman Eudoxie a repris ses esprits, elle a dit que Docta devrait ouvrir une église et qu'il fallait avoir un cœur plus bienveillant que celui de prophète Zabulon pour s'occuper comme ça de quelqu'un qui n'est même pas la cousine de ton ami. Elle m'a dit à moi qu'elle me pardonnait tout. Son ancien pasteur lui avait révélé que les enfants à qui on fait bouffer la sorcellerie font des gaffes sans le vouloir, en toute inconscience, que c'est Satan qui les utilise, et, pour finir, qu'elle prierait souvent pour moi, à cause de mon oncle, le docteur qui prenait soin d'elle comme d'une parente. Sa sœur aussi est venue me dire qu'elle me pardonne mon somnambulisme cannibale et qu'elle me plaint, parce que, elle a ajouté, aucune personne ne devrait avoir à vivre ce genre d'horreurs où on t'enlève de ton lit la nuit sur une peau de bébé volante ou sur l'une des collines de l'humilité d'un voisin mort récemment dans le Bronx ou sur sa langue et qu'on te fait ingurgiter des morceaux de biologie humaine : fesses, seins, sexes, chiques, hernies, foies, reins, abcès, pancréas, ascaris, poumons... durant toute une nuit que tu aurais pu passer à rêver... Bref j'étais vraiment à plaindre, et Dieu, s'il veut bien qu'on croie de temps en temps qu'il existe, il doit faire quelque chose pour une pauvre fille comme moi, anthropophage sans le vouloir, malgré elle... et, elle a précisé, bouffer les testicules des gens ou des tranches de cuisses des bébés des gens ou des bouillons de sexes des gens aux poireaux, ou même de vieilles hernies des gens poêlées, ça ne peut pas être drôle, ni réjouissant, ni jouissif, ni rien...

Le regard pétri de compassion ou de pitié que les voisins ont commencé à me lancer était encore plus atroce, plus insupportable que celui des yeux torturés par la haine et par la colère du temps que le Bronx et les croyants de l'Église des Vivants voulaient en finir avec moi, de peur d'être tous mangés. Le prophète Zabulon était bien plus supportable, quand il annonçait aux fidèles : « Si vous ne faites rien, vous aurez pour sépulture le ventre de cette fille, ou les cabinets du Maître. » Le Maître dit de ne pas faire attention à la bêtise des voisins. Il y a bien des idiots sur cette terre des voisins que cela peut effrayer une enfant aussi sensible et délicate que moi.

L'autre chose qui a changé, c'est mon traitement. Les autres me gâtaient tout bonnement, tant et si bien que j'ai commencé à penser que l'argent ça peut rendre les gens bons, ou, en tout cas, créer l'illusion qu'ils sont bons, et d'être alitée m'a rendue heureuse comme jamais.

On nous signale que la rédaction de notre antenne d'Élisabethville vient de parvenir à joindre l'homme qui s'est
présenté comme un cheminot, ce qu'il ne doit pas être, car
les cheminots de notre Société nationale des chemins de
fer ont une éthique. Nous laissons l'antenne à la rédaction
d'Élisabethville. Suivez!

Le Cheminot
Cuivre et farine de maïs,
la recette du bonheur

Kafka il nous a dit quelqu'un, on n'a pas besoin de savoir qui
c'est, a donné l'argent pour le travail. Il a acheté le bunga pour
le bukari de quand on se repose. À partir de là, les choses sont
devenues ce qu'elles ont été jusqu'à la fin. Les petits fumeurs
de chanvre ont dit que nous allons amener nos outils et nous
avons continué à creuser chez Tutu Jean.

Le trou s'allongeait. La terre a commencé à être trempée.
Ensuite, il y a eu les eaux sales dans le trou. Elles étaient alour-
dies par la boue qui devenait difficile à remonter.

Les petits fumeurs se tapaient dans la tête pour les morceaux de poisson quand ils mangeaient les boules de bukari.
Après ils peuvent même cracher dans la cuvette. Et je te dis
si tu as les enfants qui mangent comme ça, il faut dire à l'État
de les prendre, il les met dans l'armée s'il veut, à cause que tu
peux mourir d'une crise cardiaque en réfléchissant comment
tu fais pour trouver la nourriture que tu nourris un seul de ces
petits-là. Après on dit les gens ils sont irresponsables quand
les shégués et les vagabonds deviennent nombreux dans les
rues du pays. Les parents qui n'ont pas les salaires ils vont faire
quoi pour remplir les ventres des enfants comme ça?

La femme de Tutu Jean était devenue sourire. Kafka lui avait donné le budget du bunga et tous les voisins ils venaient creuser de temps en temps, ou même pour nous voir creuser, à cause des histoires de leurs exploits dans le cambriolage que les petits voyous ils racontaient en travaillant, à cause du spectacle des bagarres pour le poisson encore, mais aussi à cause du bukari de la pause que Kafka il disait c'est l'appât, ça va attirer la main-d'œuvre. On a donc creusé comme ça, dans la même ambiance que les fêtes communautaires pendant plusieurs jours, comme si on enterrait quelqu'un dans ce trou interminable, ou qu'on baptisait l'enfant de quelqu'un dans les eaux sales. Plus tard, l'eau est montée plus haut. Les gens qui ne creusaient pas ils se sont moqués de notre travail. Ils ont dit que vous n'allez pas trouver le cuivre dans ce Bronx, ce quartier, c'est les deux collines de l'humilité du diable, c'est par ici il défèque sur le monde. Le chef de quartier il a pris la parole.

— On vous prêche qu'ici, en enfer, il y a les minerais à offrir aux pauvres qui l'habitent, et vous y croyez, parce que le diable est bon. Vos mamans ne vous ont pas appris que l'enfer, on est seulement autorisés à le meubler avec la diversité de nos misères? Moi, je vous ai accusés auprès des autorités compétentes, mais elles n'en ont rien à foutre de vous, de votre quartier, de ce que vous faites ni de ce qui peut arriver dans ce quartier, et je vous signale que nous sommes tous reconnus comme une véritable menace à la sécurité publique. Pour le reste de la ville, nous sommes un conglomérat de terroristes, de mafiosi, une Somalie, un État islamique.

Ce jour-là, personne n'a bavé sur le morceau de poisson de l'autre. On a mangé en silence. Petit Pako, le caïd des petits voyous, a commencé à donner des plans à sa bande pour rentrer à leur business de vendre les œufs bouillis qu'ils mettent le piment et les oignons dedans, de porter les marchandises des gens au marché de la Kenya et de te ravir l'argent quand tu te promènes la nuit dans le centre-ville, surtout dans les coins sombres à côté des bars ou des night-clubs. Les petits ils écoutaient leur boss en silence. Je voulais l'arrêter, seulement, j'avais la peur que ces petits fumiers ils me tabassent encore pour exprimer la frustration de la désillusion. Après leur avoir dit ils vont s'acheter les grosses voitures de ces Américains qui chantent en parlant tu dirais les perroquets et en portant les chaînes au cou tu dirais les chiens et les grosses culottes qui laissent les gros tee-shirts couvrir les collines de l'humilité à leur place, Kafka ne présente pas sa tronche maintenant ils planifient de rentrer faire les salades dans les poches des autres citoyens et de revenir dans la réalité de leur misère naturelle que le cuivre il refuse d'amener la lumière dedans. Je me rappelle mon père il disait si tu chasses ta nature, elle revient très vite tu dirais un chien pour te mordre le derrière.

Quand tout le monde a fini de manger le bukari que la femme de Tutu Jean a fait en montrant les cuisses aux enfants d'autrui, à cause que les petits fumeurs c'est les bambins et que là-bas au centre-ville, les gens de leur âge ils ne passent pas la jeunesse à rouler le chanvre dans le papier au lieu d'écrire sur ce papier, ni à creuser dans la boue d'un trou qui peut s'ébouler et faire tombeau sur eux, ni à se gifler et pichenettes sur la tête en mangeant le bukari montagneux qu'une femme montagneuse a pétri pour eux en les montrant ses cuisses qui ressemblent à des baobabs sénégalais.

Vieux Z, le fainéant du quartier et encore le plus casse-pieds, à cause qu'il a la gueule on dirait une vieille femme qui s'ennuie, il s'est mis à rire. Je me suis dit, si un mouton pouvait rire, il ferait ça plus joli que ce vieux con.

— Abakumionesha asema carrière, on étudie ça d'abord? On dit que c'est la prospection. Vous croyez les Blancs qu'ils se réveillent le bon matin chez eux en disant que nous allons creuser le cuivre du Katanga, n'importe où dans le Katanga, comme que le Katanga n'est rien d'autre qu'un cuivre ? Ça se prépare ce genre de chose...

Vieux Z il fait la sentinelle à la Société nationale de météorologie. Il va aussi torchonner dans les supermarchés du centre-ville. Il a le visage en peau de couilles, il a aussi cet air sec, asséché même que les plusieurs mois des salaires impayés, le soleil, le désespoir, le froid, l'ennui et la poussière ils donnent aux fonctionnaires de l'État. Cet air de fantôme avec les cernes, les plaques noirâtres sur le visage et aussi les veines qui sortent on dirait ta biologie c'est une feuille avec les nervures. Il a aussi les yeux malicieux, calculateurs, les yeux sans le cœur et sans l'espoir de tous les agents de l'État. Je ne dis pas ça seulement pour me moquer de lui. Je suis comme ça, moi aussi. Je ne vous dis pas combien de fois je me trouve minable dans les baies vitrées des bureaux de notre direction. C'est grâce à mes femmes je tiens tous les coups, même si Chantale elle dit que toi je t'aime, mais quand ta bouche ça pue, moi je doute, je doute si je t'aime avec ça aussi.

Vous avez dû constater que le texte claudiquait par endroits. La rédaction a supprimé des extraits qui sont empreints de mauvaise foi. Il s'agit d'affirmations calomnieuses et désobligeantes vis-à-vis de la fonction publique nationale que notre consœur Beauté Nationale ne vous a pas lues. Les agents et cadres des entreprises publiques ont vu leurs conditions de vie et de travail sensiblement s'améliorer grâce à des programmes politiques audacieux. Notons que ceux qui continuent de se plaindre, ce sont bien les corrompus qui ne parviennent pas à se défaire de leurs anciennes habitudes qui amenuisaient les entrées au Trésor public. En ce qui concerne la Société nationale des chemins de fer, sa situation est particulière et il a été demandé à ses agents d'être patients. Des travaux intellectuels sont en cours qui seront suivis de travaux sur le terrain pour la réhabilitation des infrastructures de l'entreprise, ainsi que sa réforme. Les citoyens devraient s'informer au lieu de «déblatérer» contre les autorités, pour reprendre le mot de la jeune fille qui a parlé un peu plus tôt.

Un jour ma femme Chantale elle m'a emmené à l'hôpital militaire de la Rwashi, et le colonel docteur a dit c'est cacosmie, il a dit que si tu veux finir ça tu peux commencer la cigarette, comme ça par exemple tu pues seulement la cigarette, à cause que l'odeur de la cigarette c'est trop fort, mais moi j'ai dit il est sorcier ce colonel docteur, il a même dit c'est vraiment très cher de soigner la cacosmie, tu peux vendre ta femme et tes enfants aux Blancs des ambassades qui font l'aide à l'adoption pour leurs compatriotes, mais ça ne va pas suffire, et Chantale elle a accepté de rentrer avec moi en catimini avant le docteur rentre dans la salle, et moi j'ai dit je ne sens pas leur cacosmie, alors désormais Chantale, quand elle sent ma cacosmie, elle soupire très fort et puis elle sort la tête de la couverture et nous faisons l'amour sans nous faire les bisous, d'ailleurs moi je trouve ça hygiénique, à cause que la bave de quelqu'un dans ta bouche, ce n'est pas romantique. Grâce au regard allumé par le désir mes femmes elles posent sur ma biologie défraîchie, moi je me sens mieux que Vieux Z quand même. C'est quand je me trimballe vers leurs cuisses écartées pour moi et pour ma biologie étiolée, moi je sens que ce pays n'a pas encore réussi à me tuer. Le fait qu'elles sont deux, deux femmes elles désirent cette biologie flétrie par la fonction publique, voilà ce qui me garde en vie. Vieux Z lui il n'a même pas une femme et c'est une femme qui lui a cloué son vieux bec de mouton. La femme de Tutu Jean, la seule à ma connaissance qui veut culbuter même les enfants des voisins à cause qu'elle s'ennuie dans son lit et ne repousse personne, la grosse vache de Tutu Jean qui montre ses cuisses de baobabs aux petits fumeurs pour réveiller leur petit cobra, elle a dit à Vieux Z que toi tu es un oiseau, tu n'as pas le matériel.

Là encore, la rédaction a demandé à notre consœur Da Vinci Code Julia Roberts de ne pas lire certains passages qui frisent la dérision vis-à-vis des autorités, en particulier du premier citoyen du pays. Vu que nos compatriotes sont des chrétiens dans leur majorité, nous les renvoyons à la Bible qui recommande le respect aux autorités. Nous vous donnerons les versets plus tard.

Tu sais que les étudiants du campus d'Élisabethville, ils déposent leur caca partout? Clothilde elle dit c'est comme les vieux du home de Kamalondo qui n'ont pas les toilettes propres, à cause que les soldats sont passés par là. Si tu passes la nuit dans le campus, tu marches dans le caca des étudiants, parfois tu vois une belle fille, et les étudiantes elles pomponnent leurs biologies avec les maquillages, les parfums et les habits propres, la fille tu la vois à côté d'une grosse boule que les mouches volettent et mangent dedans, et la fille elle est belle, elle sourit dans son téléphone, et elle dit que je t'aime, mon chéri d'amour éternel dans son téléphone, je t'aime comme Omotola Jalade elle aime dans les films, et quand elle bouge l'autre main pour toucher son nez qui est piqué par les odeurs, les mouches elles pensent que la fille elle va les taper, alors les mouches elles s'agitent dans l'air et tu te dis que mon Dieu, on peut tout voir dans la vie! Mais les autorités elles sont contentes, elles sont fières du caca des étudiants. Un jour le président même il est arrivé dans l'université et il a dit que je ne vois pas le caca des étudiants, donc l'air est grave.

Est-ce que quelqu'un il veut faire le coup d'État contre moi? Est-ce que moi le président, je suis dans le piège ici? Est-ce que vous affamez les étudiants pour ils se révoltent contre moi? Quelqu'un il veut s'asseoir dans ma chaise avant ma mort ou quoi? Et le président il a fait la réunion du conseil de sécurité, et le maire de la ville il a dit que président nous allons acheter demain la farine pour le bukari des étudiants. Et demain, on a donné le sac de bunga à chaque étudiant, avec le Thomson et l'huile végétale, et les étudiants ils ont recommencé à déposer le caca partout partout pour remercier les autorités, dans les allées du campus, devant et derrière leurs chambres, devant et derrière leurs auditoires, dans quelques auditoires, devant les bibliothèques des facultés et même dans l'arrêt des bus du campus, et le président dans son discours sur l'état de la nation il a dit que la paix elle est revenue, et que le maire de la ville il va devenir le ministre de l'Intérieur, à cause qu'il a sauvé la nation avec le maïs. Comme le maïs il vient de là-bas dans la Zambie, il ne faut pas faire les problèmes avec la Zambie. D'ailleurs, quand les Zambiens ils disent que nous aussi on n'a pas beaucoup de maïs et ils ferment la frontière, le président il appelle le directeur de la Société nationale d'électricité et il dit coupe le courant que nous donnons aux Zambiens, ensuite la Zambie, elle aussi elle coupe le courant qu'elle donne aux compagnies minières et les gens disent que nous avons mordu notre propre queue, alors ils se rappellent que nous donnons le courant à la Zambie et la Zambie nous renvoie un peu le courant pour les mining, à cause que la Zambie elle traite le courant, c'est comme le cuivre, nous on le produit, ensuite il va en Chine et nous on achète les câbles que les Chinois ils fabriquent dans le cuivre, donc quand la Zambie elle refuse avec son maïs, les gens ils peuvent chasser les présidents au pouvoir à cause de la faim, moi je te dis tu rentres chez toi le soir et tu regardes tes enfants qui te regardent avec les yeux qui te ramènent dans le ventre de ta maman à cause que tu ne peux pas être un homme si tu ne nourris pas ta famille, seulement les enfants ils ne suivent pas les infos, et ils ne savent pas c'est quoi salaires impayés, c'est quoi pénurie, c'est quoi fermeture de la frontière, c'est quoi crise diplomatique par exemple, et même crise tout court, les enfants ils ne savent pas que c'est la faute de l'État, ils n'ont pas mangé, et toi tu vois dans leurs yeux qu'ils te disent que nous allons rentrer dans le ventre de notre maman, et toi aussi d'ailleurs tu vas rentrer dans la biologie de ta maman comme ça tu ne viendras pas nous chercher encore dans le ventre de notre maman pour nous affamer dehors, un papa il doit rentrer avec le pain, il doit aussi donner le jouet, mais tu vois que nous on fabrique nos jouets avec les choses que les gens ils jettent, les cartons et les bibelots que personne n'a pas besoin, nous on va ramasser ça, les choses qui ont peut-être les microbes et on fait les jouets avec ça, ta fille elle fait les poupées avec ça et tes garçons ils font les robots de *Transformer* et les *Flash McQueen* et *Spiderman* et char de combat avec ça, est-ce que tu n'as pas honte ?

Le jour tu rentres sans l'argent mais tu as bu l'alcool par exemple, et les enfants ils ne savent pas que tu n'as pas acheté le sachet des mamans qui vendent le lutuku dans le bus mais tu as suçoté dans le sachet d'un autre voisin qui avait un peu l'argent. Quand on nous a donné les primes à la Société des chemins de fer c'était pour éviter la grève. Les travailleurs ils ont exigé à la direction que vous devez trouver les solutions pour les salaires impayés. Avec vingt-quatre mois d'arriérés, on avait le droit de rêver comme les enfants par exemple à tout ce qu'on pouvait s'acheter et acheter à ses femmes, si l'État décide finalement de nous payer l'argent de notre sueur qui doit faire maintenant un petit lac, une mer Méditerranée, si quelqu'un il a la volonté journalistique de la recueillir dans les chiffres de la statistique, depuis toutes les années nous on escorte gratuitement le cuivre dans les trains qui l'emmènent dans les poches des gens qui sont tellement contents de notre travail qu'ils oublient de nous payer, alors leurs enfants ils jettent chaque jour à la poubelle ce que nos enfants ils n'ont même pas pour vivre pendant l'année. La prochaine fois, on a dit qu'on fait la grève. L'argent, on prend seulement cette fois pour faire le stock du fufu de nos enfants qui ne vont plus à l'école et qui ne vont pas comprendre c'est quoi grève.

Moi, quand je ramène l'argent à la maison, je donne tout à ma première femme Clothilde. Kafka il dit elle a le sens de la bonne gouvernance, c'est à des gens comme elle il faut donner le gouvernement et le Trésor public si on veut que tout le monde mange trois poulets par jour comme ils avaient promis dans l'opposition de Tshisekedi quand Mobutu nous affamait. Ma deuxième femme Chantale elle dit c'est plutôt l'avarice. Je ne l'écoute pas. Je sais que Clothilde elle peut avoir les défauts comme ses lolos qui sont tombés plat ventre, au moins c'est la sainte du porte-monnaie. C'est pour ça je l'ai proclamée chef de notre famille, par intérim, pendant le temps moi je cherche le cuivre.

Malheureusement, elle en a profité. Elle m'a puni pour tout le temps j'ai déserté son lit en traînant dans les géographies de la biologie de Chantale qui a bien conservé ses reliefs, et elle en profite pour jouer à me faire fuir le lit de sa coépouse en montrant ses collines quand elle allaite son enfant. Je vous dis les lolos d'une femme qui allaite, ça peut te faire tuer quelqu'un. Il faut les femmes comprennent ça quand elles débarquent la biologie de leur soutif pour la larguer dans la bouche de leurs gosses en public, on doit interdire ça, à cause que tous les garçons à côté, ils voudraient prendre la place de ton bébé sous ces montagnes que le bon Dieu il n'a pas créées seulement pour le lait.

Donc, c'est à cause de Chantale Clothilde elle m'a acheté les slips très petits pour moi. Résultat : j'ai mal aux couilles. Les couilles, c'est des machins bizarres. Quand ça s'allume, tu maudis tout ce qui les entoure. Ton Antonov, tes cuisses, le reste de ta biologie, tes habits, la chaise sur laquelle tu t'assois, la maison où tu te trouves dedans, les avions et les oiseaux qui survolent ta tête. Les voitures qui narguent tes couilles avec leurs klaxons. Tu maudis tout. Même les arbres qui bougent gracieusement pourtant leurs feuilles providentielles pour tes couilles elles puissent avoir l'air frais. Le comble, c'est lorsque quelqu'un il te regarde. Tu as l'impression il voit tes couilles, il les dévisage, il les étudie la géographie qui te fait mal sous le ventre...

Le soir, Kafka il est venu me parler. Il était agité on dirait un petit garçon de deux ans qu'on a fabriqué une voiture en carton, à cause qu'il voulait écrire le poème que ses élèves étaient obligés d'adorer à cause que le poème avait la mission de les faire oublier *Le Laboureur et ses enfants* d'un Français qu'il dit il est la fontaine ou il s'appelle comme ça. Il a aussi parlé qu'il faut continuer à creuser. L'eau c'est normal. Il y a l'eau dans toutes les mines du monde. Nous on n'a pas les machines pour éva-cuer, mais ce n'est pas grave, on va quand même piquer notre cuivre, il sera un peu mouillé, mais ça sera le cuivre. Il a dit que demain je vais emmener mes élèves pour faire la récitation du poème devant vous, devant le trou, pendant que vous serez en train de dénicher la malachite. Il a dit que mon poème, c'est à la fois *Le Laboureur et ses enfants*, du Français La Fontaine, *Debout Congolais*, du prêtre catholique père Boka, *Si nous devons mourir* d'un Américain qui s'appelle McKay et *Cahier d'un retour au pays natal* d'un autre Français qui s'appelle Césaire. Je ne peux pas dire c'est bien d'écrire les choses et de les apprendre aux enfants des gens à la place du programme national, mais Kafka dit le programme national c'est la débine. Entre temps, moi, j'avais mes couilles qui sifflaient et je ne voulais pas réfléchir à ce qu'il est bien d'apprendre aux enfants d'autrui ou pas. J'ai dit que Kafka c'est bon je vais venir, mais lui, nous avons attendu sa gueule pendant trois jours, après c'est moi je suis allé le chercher à l'école qu'il enseigne des choses que l'État ne permet pas aux enfants des gens pour lui dire que tu vois le petit Pako et ses amis les fumeurs de chanvre ils ont dit ils ont trouvé le cuivre, moi je n'ai pas vu ça, mais je pense c'est le cuivre, si ce n'est pas le cuivre, toi tu penses que ça peut être quoi ?

La rédaction de la radio nationale a tenu à lever le voile sur un mensonge ou plutôt un obscurantisme millénaire : c'est d'un Noir, d'un Égyptien né au Soudan, que La Fontaine tient ses fables. Cet auteur français a plagié notre frère Ésope, en se contentant tout simplement de traduire ses textes depuis le grec ancien. Nous avons d'ailleurs plusieurs frères comme ça dont l'Occident a donné les mérites à ses propres fils. Notre frère Pouchkine qui a inventé la belle et puissante littérature russe, notre frère Alexandre Dumas qui a écrit le roman le plus lu de tous les temps (après la Bible) *Les Trois Mousquetaires*, notre frère Zénon qui a inventé le stoïcisme, notre frère Akhenaton qui a découvert qu'il n'y avait qu'un seul Dieu, notre frère Moïse qui a prêché le monothéisme d'Akhenaton aux juifs, notre frère Hamilton Naki qui a fait la première transplantation cardiaque, notre frère Lewis Latimer qui a inventé la lampe électrique à filament de carbone, notre frère Robert P. Scott à qui le monde doit la moissonneuse-batteuse, Alexander Miles, inventeur de l'ascenseur à portes automatiques, Granville Tailer Woods à qui nous devons l'antenne parabolique et bien d'autres belles choses tel l'interrupteur-régulateur automatique, notre frère Garret A. Morgan qui a donné au monde les feux de signalisation et les masques à gaz, notre frère Anton Wilhelm Amo qui a expliqué le fonctionnement des jugements *a priori* qui ont inspiré la *Critique de la raison pure* d'Emmanuel Kant, notre sœur Sarah Boone qui a inventé la planche à repasser, notre frère Benjamin Banneker qui a fait les études topographiques pour la création de ville de Washington, ou encore notre frère Percy Lavon Julian qui a appris à l'humanité qu'elle pouvait produire des hormones à partir des plantes. La liste est très longue en plus de nos compatriotes inventeurs comme le prof Kabasele Muamba détenteur d'un certificat de génie naturel de l'université de Kinshasa car le monde lui doit le pousse-café, mais aussi Honoré Ndeto qui a inventé le moteur à air.

Nous allons encore une fois laisser le micro à notre consœur Sidonie Lutumba Da Vinci Code pour la lecture de ces notes dont nous ignorons toujours l'auteur. Nous vous assurons, chers auditeurs, que cela ne saurait tarder. L'homme qui a écrit tout ça doit être une race dangereuse d'opposant, le genre de ces vermines qui prennent les armes et vont vandaliser et saigner les montagnes de l'Est et les montagnes de l'humilité des femmes de l'Est. À suivre...

Notes de l'auteur inconnu
Le fils prodigue

Aux yeux de son père, Séraphin avait un flair et un amour de l'argent qui avait souvent fait dire au Maître que la nature lui avait donné en abondance tous les défauts latents chez ses parents. Avant de mourir, sa mère avait exigé que l'on ne fasse pas de deuil onéreux, pas de deuil du tout, pour financer les études de son fils avec l'argent des cotisations d'amis et de parents venus la pleurer. Quant à son père, le Maître, il avait renoncé à tout, se consacrant à l'éducation des enfants de ses voisins. C'était avant de pouvoir éduquer le sien, Séraphin, qui lui serait confié après la mort de sa mère. Il le formerait aux côtés des autres gamins à qui il tenait à inculquer une culture, de sorte que sa vie entière se résumait à ces deux ambitions, le faisant passer pour une espèce d'illuminé aux yeux de tous, en particulier de ses voisins «ignares et sans véritable ambition» et dont il disait encore que le pays attendait «qu'ils meurent tous et que leurs enfants grandissent pour pouvoir avancer, progresser, se développer, ressembler à quelque chose, à un pays...» Lorsqu'il eut un diplôme de secondaire, Séraphin s'essaya au droit à l'université d'Élisabethville avant de tout arrêter de but en blanc, en vue de se remplir les poches, « parce que, soutint-il à son père, dans ce pays, il faut gagner de l'argent dans sa jeunesse, faute de quoi la société vous laisse vieillirv-comme une feuille de chou meurtrie au soleil». Le Maître en fut d'autant plus consterné que son fils lui renvoya à la figure ce qu'il avait toujours cru être le cas de son père : amené à enseigner de la bouillie à des gamins malpropres, dans un quartier à la périphérie de la vraie vie... Ceux de sa génération qui avaient songé à assurer leurs arrières habitaient les maisons de vrais quartiers, ils avaient des souliers qui ne gauchissaient pas en ramassant toute la poussière de la ville, des bagnoles respectables faisaient le déplacement à leur place. Au début, le Maître s'était replié dans l'affliction, mais il résolut par la suite d'offrir les frivolités matérielles du monde au jeune homme.

Séraphin ignorait tout des efforts titanesques de ce père déterminé à lui mettre le monde entier dans le porte-monnaie en guise de leçon de vie et de banalité des choses. Il s'aventurait déjà dans les méandres du «Qui cherche» comme disent les gens du Bronx quand ils vont vadrouiller à travers le centre-ville, loin de leurs bicoques, à la recherche des miettes que les bonnes gens là-bas jettent dans les petits boulots, les petits services urbains que les pauvres rendent aux riches, tels que cirer leurs chaussures, faire leur vaisselle et leur lessive, porter leurs courses, ou même putasser avec eux en racolant dans les bars où ils vont le soir se régénérer dans un verre de bière qui sert d'apéritif aux biologies des filles.

Au début, il s'enrôla dans un service de gardiennage et ce fut une réussite. Il commença à rapporter des provisions de nourriture à la maison, ce qui ne manquait pas à chaque fois de chiffonner le cœur de son père qui ne pouvait rejeter ces nourritures qu'on lui mettait à table en toute innocence, les enfants n'ayant pas toujours, à ses yeux, suffisamment de sagesse pour réaliser la torture que cela supposait pour un homme de devoir, plusieurs repas de suite, ravaler sa fierté en se gavant d'une nourriture arrivée dans sa maison par un canal dont il ne savait rien. Son fils ne lui avait encore jamais rien dit du lieu où il passait ses nuits et personne d'autre dans la famille ne semblait en savoir plus que lui.

Le jeune homme fut régulièrement affecté aux portes des immeubles de bureaux. Une agence immobilière. La nuit, il vendait des cartes prépayées pour cellulaires et des cigarettes à toutes sortes de noctambules qui pouvaient être des prostituées, des fêtards, des ivrognes, à des patrouilleurs de police ou de l'armée, à d'autres sentinelles, etc. Il apprêtait une literie de cartons dans un coin pour s'abriter du froid de la saison sèche, mais il en vint, pour se faire un peu plus de revenus, à la louer quelques minutes, voire des heures à des prostituées qui allongeaient les biologies des fêtards et des patrouilleurs sur les cartons. Cela fit des différentes affectations de Séraphin de véritables bordels fugaces. Les filles payaient également pour avoir le privilège de ne jamais faire la queue avec leurs clients. Ayant empoché l'argent de plusieurs mains, Séraphin dut innover en montant chaque nuit des compartiments en cartons, ce qui lui permit de dormir désormais tranquillos à côté d'une demi-douzaine de couples besogneux, couvert de leurs gémissements, de leurs soupirs, de leurs disputes quand l'argent ne suffisait pas, ou quand l'homme avait fait tellement longtemps qu'il devait payer double. D'autres couples s'aimaient en silence et le jeune homme ne remarquait pas leur départ. Parfois il se laissait prendre par les couinements et les soupirs et il voyait toutes ces biologies bouger, se tortiller et vriller leur nudité et leurs fluides autour de lui. Sa gorge se nouait d'une colère et d'un dégoût dont il se sentait par la suite ridicule et malheureux.

Une nuit, les couples qui s'aimaient sur les cartons et sous la fumée des cigarettes furent surpris par l'armée qui patrouillait exceptionnellement à la place de la police – c'était du moins le discours officiel car les limites entre l'armée et la police ne sont pas aussi claires. Tout le monde fut embarqué et fouetté dans sa nudité. Les filles passèrent la nuit toutes nues, à côté des garçons, les collines de l'humilité contre le froid pierreux de l'asphalte. À se demander si des soldats qui avaient la crade réputation d'outrager des paysannes après des batailles qu'ils ne remportaient même pas n'allaient pas récidiver devant la vulnérabilité captivante de leurs biologies offertes, dans tout leur dépouillement. Il n'en fut rien. Par le fait, aux premiers rayons du soleil, les soldats leur rendirent leurs vêtements en disant : «Cela vous apprendra à venir satisfaire vos besoins secondaires sur la voie publique, alors que la ville a des problèmes de sécurité. Imaginez une seconde, si les rebelles vous avaient trouvés à notre place, ils vous auraient coupé les seins et les sexes et ils les auraient boucanés pour en faire des gris-gris. Allez suivre la radio, vous apprendrez ce qu'ils ont fait aux autres. Qu'est-ce que vous avez de plus que les chefs traditionnels des villages du Nord ? Ils se sont partagé leurs boyaux sans prendre la peine de les cuire avant, vous le saviez, ça ? On vous a dit que le monde tourne autour de vos bas-ventres ? Hein ? »

La nouvelle s'ébruita dans les milieux des habitués de ses services nocturnes et les cartons de Séraphin se reposèrent plusieurs mois des fluides monnayés de ces amants fugaces. Il perdit patience et décida de passer à autre chose. Il pensa aux mauvais whiskys que des Asiatiques distillaient dans la ville en prenant soin, pour faire sérieux, de marquer un *Made in India* ou un *Made in South Africa* qui devait rassurer consommateurs et autorités sanitaires. Ils marquaient ainsi une différence avec la lavasse insalubre que des femmes immondes distribuaient dans des sachets à téter, elles les vendaient au noir à des gens qui n'avaient pas le choix, à cause des tarifs des brasseries qui sont une insolence pour le porte-monnaie des honnêtes buveurs. La lixiviation de l'âme ça se fait au prorata des stress, des frustrations et des déceptions quotidiens de la vie, pas du porte-monnaie, ou même de la loi. Qui sait? Plus tard, il pourrait bien ouvrir un bar, un hôtel, une brasserie, ou même un supermarché. « L'argent, se disait-il, on le fait comme on fait une nation... Une femme d'abord, donc une unité, puis des enfants, puis les enfants des enfants et ainsi de suite jusqu'à devenir Bill Gates et pouvoir nourrir un pays comme le Burundi avec ses revenus d'une journée.» Là encore, Séraphin devint une plaque tournante de l'ivresse sur la voie publique. Les chauffeurs des fourgonnettes qui font le transport en commun déboulaient avec leurs receveurs et ils firent de son poste de travail un détour obligé, chaque nuit, quand ils devaient rendre les véhicules à leurs maîtres. Des élèves, très souvent mineurs et qui n'avaient pas le droit de se fournir en alcool dans les bars ou en boutiques, le surnommèrent Quartier Général et les gens venaient prendre quelques gorgées de son philtre à la vertu aussi admirable que celle de préserver votre porte-monnaie des dépenses pharamineuses de la bière. On prenait une ou deux mesures des liqueurs de Séraphin, et on n'avait plus besoin de beaucoup de flotte dans le ventre pour avoir la tête au chaud. On était assuré d'envoyer tous ses soucis dans les urinoirs des bars ou des boîtes de nuit. Même de les larguer depuis sa braguette pour qu'ils se noient tout seuls dans les eaux sales des caniveaux. L'argent plut comme de la grêle. Cependant la renommée croissante de Séraphin vint jusqu'à l'oreille de son employeur qui le mit à la porte de peur de perdre les clients dont Séraphin profanait les locaux.

Vu qu'il était un dépensier maniaque et un amateur de femmes aux croupes monumentales, celles qui ne font pas semblant au lit, celles qui s'épuisent pour de vrai, qui soupirent et feulent et couinent de fatigue. Le jeune homme vécut lubriquement des bénéfices de ses liqueurs frauduleuses, jusqu'au soir où, n'ayant plus rien, il craqua et rampa vers sa sœur devenue un as, elle aussi, du «Qui cherche».

Belladone était une fille à qui la vie n'avait pas fait de cadeaux. Elle ignorait d'où elle venait et un jour, elle s'était retrouvée dans le Bronx où tout le monde l'avait prise pour une sorcière. Elle était encore plus sale que les enfants de ce quartier immonde. Ça ne pouvait pas être normal, une enfant aussi crasseuse. Par-dessus le marché, il arrivait malheur chaque fois qu'elle squattait dans les parages. Un enfant se mettait à respirer comme un vieillard, une chèvre tombait dans un puits, une abeille, une guêpe peut-être, surgissait d'on ne savait où pour piquer un paisible voisin dans l'œil, le mur d'une maison tombait tout seul sur un nourrisson innocemment endormi, ou encore, un bon chrétien de l'Église des Vivants se mettait à boire, à téter les liqueurs que des femmes lubriques vendent dans une épave de bus, au lieu d'aller louer le Seigneur au culte du dimanche. Tout le monde en voulait à Belladone, sauf une personne, Kafka, qui ignorait jusqu'à son existence, ou, plus précisément, sa présence dans le quartier avant la nuit où il la surprit qui essayait de se faufiler dans un hangar de menuisier, de crainte que ce ne fût là un autre des hommes qui lui reprochaient toutes les imperfections, les insuffisances et les mochetés de leur existence. Kafka l'avait suivie discrètement sous une lune irrésistible et qui déployait dans un ciel conquis les atouts lumineux d'un charme tout ce qu'il y a de féminin et de revigorant. Elle s'était *anguleusement* repliée derrière un meuble inachevé qui était une sorte d'armoire pas bien rabotée et aux formes frustes d'où il semblait impossible que le monde, ou même ce quartier de zombies avides de son sang, puisse l'atteindre et l'extirper avant de la dévorer.

— Bazazi baleo ni bamisorio, si tes parents ne veulent pas de toi, viens dormir chez moi. On verra s'ils auront le culot de se présenter demain matin.

Kafka avait dit ces mots avec une pointe de colère dans la voix, ce qui eut pour effet d'effrayer encore plus l'enfant qui ne pouvait se fier aux seuls mots face à toute la rage qui les rythmait.

— Allez viens, ajouta le Maître, en adoucissant son timbre. Il y a bien un lit chez moi. J'irai parler à tes parents demain...

Le lendemain, il découvrit qu'il n'y avait pas de parents. La petite resta et Kafka la nomma Belladone, quand il s'aperçut que cette petite chose était l'incarnation injuste de la malédiction aux yeux des voisins tétanisés par sa seule présence dans les parages, il la nomma ainsi d'autant plus qu'en devenant son père, il décidait de prendre sur lui tout le venin que le monde entier attribuait à sa biologie minuscule et poisseuse, de la même manière que le Christ de l'Église des Vivants avait pris sur lui toute la merde que renfermaient les cœurs obstrués des fidèles. Elle grandit avec le sceau de la disgrâce et de la damnation que les voisins lui crachaient au visage en lui reprochant les nombreuses petites misères quotidiennes de leurs vies. Son nouveau père dut souvent se mettre en ligne de mire, lorsque, excédés, les voisins ramassaient des pierres et les lui jetaient avec la détermination de qui veut se libérer de quelque chose, comme si le projectile venait de leur ventre, lancé par leurs tripes soudainement déroulées et étirées comme une fronde à force de souffrances causées par le venin que la jeune femme instillait dans leurs existences assoiffées, affamées et demandeuses de grâces et de vengeance. Il dut aussi renvoyer les coups portés à l'innocence de sa fille.

Un jour qu'elle avait traversé le Grand Caniveau, Belladone réalisa que des garçons du centre-ville la regardaient différemment. Sa biologie n'était plus comme là-bas, chez les pauvres, le réceptacle des malédictions mais un sanctuaire d'amour et de désir. Face à tous ces hommes qui se retournaient pour mieux photographier de leurs yeux avides les courbes de ses hanches dansantes, ou encore ce que les mouvements de son blouson donnaient à imaginer du creux de ses lombes, la jeune femme sut que sa biologie dégageait et répandait une désirabilité absolue. On ne s'habitue pas à un tel changement, un virement existentiel aussi étourdissant, et chaque fois qu'elle avait fait un tour en ville, Belladone passait une nuit insomniaque à pleurer, les larmes ayant depuis toujours été sa réaction à l'incompréhension du monde. Le comble, ce fut un soir où, dans une dispute entre Kafka et le chef de quartier, elle entendit ce dernier déclarer, en brandissant ses prérogatives étatiques, que le Maître ne pouvait être le père d'une fille qui était de toute évidence la bâtarde d'un Japonais avec une Somalienne, ou d'un Brésilien avec une Polonaise, ou même d'un Boer avec une Hottentote, et pas du tout, sauf si les mouches avaient commencé à pondre des grenouilles, l'enfant d'un Kafka qui pouvait être le frère de n'importe qui dans le quartier. Contrairement à la petite, le Maître ressemblait à tout le monde dans ce Bronx où elle avait débarqué un beau jour, de nulle part, avec sa peau claire et ses cheveux de sirène, tout juste comme si elle avait été vomie par les eaux du Grand Caniveau dont elle portait la poisse sur sa frêle biologie de poisson serpent.

Une énième fois, la jeune fille décida de s'arrêter à l'appel du regard d'un homme qui semblait dégueuler son âme et ses boyaux par les yeux. L'homme prenait une bière devant un petit bar où il était ironiquement écrit Take Away au-dessus du dessin d'une bouteille escortée par un verre moussant de bière brune. L'homme s'était aussitôt levé, ajoutant au malaise de Belladone qui eut l'impression terrible et désagréable que c'était bien elle qui avait fait le premier pas. Mais l'homme était affable et bien élevé, le genre d'individus libérés dont le Maître disait qu'ils ne devaient avoir rien à foutre de l'histoire de la ville. Il tira une chaise et lui fit signe de s'asseoir. Il paya aussi avec l'humanité de qui a conscience qu'on ne peut acheter la biologie de l'autre. Ce ne fut pas le cas pour les autres à qui elle prêta par la suite cette biologie dont ses voisins du Bronx avaient su lui communiquer l'horreur et le dégoût. La prostitution fut comme un refuge, car elle y voyait un exutoire inattendu pour le venin et la malédiction, lesquels sortaient d'elle en filtrant à travers les sueurs, les salives, les cyprines et les larmes. Ils allaient se loger dans les biologies des hommes qui l'aimaient avec l'acharnement des condamnés, des mourants... Elle les empoisonnait, et elle pleurait désespérément, ce qui ajoutait au charme de la partie. Tous les hommes aiment que les femmes sanglotent au lit pour rassurer leur malheureux ego. Plusieurs fois, elle alla au lit comme on va au baptistère, avec la joie amère d'une guérison prochaine qui entraînait des dizaines d'hommes, ensuite des centaines, et plus tard elle ne savait dire combien d'hommes, dans sa mort à elle.

Lorsque Séraphin vint lui dire qu'il voulait qu'elle l'initie à son business dont il ignorait tout par ailleurs, Belladone pensa que c'était une mauvaise blague. Mais son frère insistait et il semblait vraiment malheureux. La veille, elle avait rencontré des Asiatiques qui pouvaient être aussi bien des Indiens que des Libanais et ils lui avaient promis l'équivalent de dix nuits en dollars, si jamais elle leur ramenait un garçon pour leur patron qui était de mauvaise humeur et désagréable au travail. Il n'avait pas trouvé ce qu'il lui fallait dans la compagnie des filles que ses subalternes lui ramenaient le soir pour atténuer la nostalgie et les douleurs de la distance qui le séparait de sa famille restée au pays. Ils juraient que c'était un homme qu'il lui fallait. L'un des clients, que les autres appelaient Tarik, avoua que le patron avait été à deux doigts de lui baisser son pantalon, tellement le patron était triste, mais de la tristesse des gens délicats. Ceux à qui le sort semble n'avoir donné en partage que la solitude, l'incompréhension et l'impossibilité de prendre leurs rêves à bras-le-corps. Ils avaient été tellement rassurants que la jeune femme se dit qu'il n'arriverait rien à son frère. Le lendemain, celui-ci débarqua à la maison les poches plus joyeuses. Sa sœur avait passé la nuit à compter les lignes des tôles au-dessus de sa tête ; elle se reprochait tout le mal qui pouvait arriver à Séraphin. Mais, ce matin-là, le jeune homme soutint qu'il ne s'était rien passé et que l'homme était un fou. Il avait passé la nuit à s'amouracher de sa petite boule d'hémorroïdes qui, aux yeux de Séraphin, n'était pas aussi mignonne que son client le prétendait, et ce dernier n'avait pas arrêté de câliner gracieusement la petite bille d'hémorroïdes, en disant : « Oh, my God ! Oh, my God ! » et en lui collant des épithètes que les riches de la ville blanche utilisaient pour leurs enfants quand ceux-ci étaient tout petits et adorables, jusqu'à ce qu'il finisse par s'endormir la joue affectueusement posée sur un de ses fessiers et la main toujours sur l'« adorable bourgeon d'hémorroïdes ».

Chers auditeurs, la rédaction de votre radio n'a pas voulu commenter ce qui précède. Il est quatorze heures à Nkamba, Nouvelle Jérusalem, et quinze heures à Kolwezi et Kitsombiro, nous vous invitons à suivre ces informations en langues locales, votre émission Généalogie revient dans vingt minutes précisément. Déjà notre confrère Édouard Nkusu vient de s'installer pour le kikongo de l'État. Suivez! Retour dans cette Généalogie de l'incivisme avec notre Beauté Nationale Da Vinci Code Sidonie Lutumba.

Notes de l'auteur inconnu
À l'origine de la désobéissance

D'habitude, les bulldozers de la mairie viennent vingt-quatre ou quarante-huit heures après le jour où tout le monde les attend. Les autorités disent que cela est une preuve de plus, un bonus de leur bonne foi, de leur bonne volonté et de leur bonté. Quand ils doivent chasser des villageois pour préparer le terrain à la dynamite des compagnies minières, quand ils doivent élargir les routes de la voirie urbaine pour la « révolution de la modernité » ou simplement pour assainir le Bronx, les autorités ne lésinent pas sur les moyens. Il y avait eu plusieurs inondations, et chaque nouvelle pluie faisait pisser leur virilité aux pères de famille. Ce sont les femmes qui payaient les tôles et les quelques briques compensatoires, en amenuisant leur petit commerce de beignets, manioc, de biscuits zambiens, de bonbons kenyans, de pommades tanzaniennes, de légumes, de cigarettes, de kaolin ou de camelote chinoise. Les hommes séchaient un peu la dignité qu'il avait pissée dans le pantalon en rabibochant la maison, ils bafouillaient que la maçonnerie est un travail d'homme. Les bulldozers profitèrent du chaos d'un orage pour raser complètement ce que le ciel n'avait pas pu anéantir. En une demi-journée, un pan du quartier fut réduit en amoncellements archéologiques de vestiges misérables de ces vies en déroute que ni les autorités ni les habitants ne savaient exactement où elles devraient de nouveau se trouver un abri. Il s'étendait à perte de vue un déluge de briques, de planches, de ferrons, de vaisselle, de fripes et de bétails errants. Encouragés par la rage hystérique de leurs parents, un groupe de petits enfants jetaient des mottes de boue aux engins mastodontes de la mairie.

Pendant que la désolation et la poussière envahissaient le ciel du quartier, Kafka avait rassemblé ses creuseurs pour partager l'argent des sacs de ce cuivre qui avait apparu mystérieusement, faisant ramasser des pierres aux chrétiens de l'Église des Vivants, déterminés à lyncher les malheureux gamins qui avaient accompli le prodige dans leur impatience à voir enfin le monde les traiter avec la tendresse de son miel et de son lait ruisselants sur les flancs hâves de leurs rêves inextinguibles. Pendant que la déroute s'emparait de leurs voisins, les creuseurs implosaient d'euphorie face aux liasses de billets que le Maître avait répartis sur une table basse en expliquant pourquoi ils n'étaient pas censés toucher des sommes égales, ce qu'ils ne prirent pas mal ; et sur un ton qui n'était pas sans rappeler prophète Zabulon, il prêcha également le bienfait des trous dont les eaux sales n'étaient qu'une tentation du démon de la paresse et du découragement, à qui personne ne devrait jamais commettre l'imprudence de prêter une once d'attention. On convint de fêter ça et on le fit avec un cynisme insolent vis-à-vis de la peine des voisins à qui l'État, de connivence avec l'averse, avait ravi ce qui leur servait tant bien que mal de maison, les livrant à la bave que le ciel promettait cette nuit-là encore. Il tonnait des grognements salauds. Le ciel remuait, convulsait, s'agitait comme dans l'imminence d'un autre orgasme sadique.

Pako avait ramené du cannabis et Kafka, les papiers. Il chantait :
Furaha ya Katanga ni nini ba bwana ?
Kuria kunua na kuvaa[10]

Et encore
Furaha ya Katanga ni nini ba bwana ?
Kuria kunua na kuvaa

On roulait des joints et on se les passait entre deux ou trois gorgées de whisky, de vodka et des tétées de lutuku. Des bouteilles et des sachets s'accumulaient sur la table d'une manière qui rappelait l'attroupement désordonné, à quelques mètres de là, des voisins autour des mécaniques lourdes que la mairie avait envoyées faire une bouchée de ce qui restait de leurs bicoques. L'ivresse les emporta comme dans un cérémonial des Alévis turcs, car ils rendirent toute la nuit durant justice à leurs efforts dans le puits, espérant ainsi noyer leurs peurs et leurs inhibitions dans les urines et dans les dégueulis de cette saoulerie commune qui les enferma dans une bulle d'où ils ne pouvaient réaliser l'ampleur de la désolation des autres voisins.

Furaha ya Katanga ni nini ba bwana ?
Kuria kunua na kuvaa

Le soleil hésitait à montrer toute sa face apeurée et de gros nuages gravides d'orages crapuleux traînaient encore le pas dans une moitié du ciel. Les eaux du Grand Caniveau coulaient paisiblement, comme à leur habitude. Légèrement accidentées par les débris d'un peu de tout qu'elles font défiler vers Dieu sait où. Des hommes aux gestes atones s'étaient rassemblés, laissant derrière leurs femmes et de tout petits enfants blottis contre la biologie rassurante de leurs mamans. Leur regard était transi du froid et du désespoir d'une nuit passée dehors, sous un ciel agressif. Et les nuages se prêtaient inlassablement à un jeu glauque d'intimidation. Les hommes parlaient à voix basse. Au bout d'un moment, des bêches, des houes, des binettes et des pioches firent leur apparition. Des petits seaux aussi. On se les passait jusqu'à en faire un bon monceau bigarré au milieu de l'assemblée. Un homme qui portait un pantalon retroussé et un gros tee-shirt rouge se mit à les compter en les touchant de sa main droite, dans la gauche il tenait un petit sac recouvert par un sachet. C'était Valérien. Il avait gagné le respect et la crainte des voisins pour avoir repris sa femme Eudoxie avec lui après que celle-ci avait accouché des enfants collés. L'un des deux bébés était mort en couches, mais Valérien et Eudoxie l'avaient gardé avec l'autre pendant quelques semaines. C'est quand tous les deux furent morts qu'ils s'en débarrassèrent. Eudoxie, une grande maigrichonne qui avait des mèches sur une partie de sa tête, emboîta le pas à son mari. Pendant ce temps, les autres voisins observaient un silence gourmand et ils avalaient de la salive. On aurait dit que la seule présence des outils remuait leurs tripes tordues de frustration, d'insatisfaction, de foucades, de lubies, d'engouement et de désirs. Des larmes brûlantes avaient embué sa vue face à l'amas d'outillages et de Valérien qui les comptait avec sa femme. On envoya quelqu'un quérir Kafka.

— Tuta fuanya iyi kaji. On va creuser, tu prends un pourcentage, si tu nous trouves des clients qui paient mieux que les Chinois. C'est Valérien, toujours bardé de sa femme filiforme, qui avait pris la parole dès que Kafka s'était présenté en se frottant les yeux et les commissures des lèvres. L'homme ajouta :

— Moi, je travaille pour quelqu'un dans la carrière de Lupoto, il nous dit souvent que les Chinois s'imaginent que les minerais c'est des fretins de Kalemie, alors que nous on travaille même la nuit pour avoir la moitié d'un sac.

Il avala deux fois et difficilement une salive qui le fit toussoter.

— Tes Blancs, eux, nous sommes sûrs qu'ils payent plus cher que les Chinois.

Les Blancs en question, c'était des gens que le Maître ne connaissait pas vraiment. D'ailleurs, ce n'était pas que des Blancs. Il y avait aussi des Noirs ou des métis si raffinés qu'on avait la conviction qu'ils avaient arrêté d'être des Noirs. Ils n'étaient pas différents des Blancs et ils étaient si éloignés des voisins du Bronx que le Maître se sentait humilié rien qu'à les avoir en face de lui. Il en avait souvent croisé quelques-uns dans les vernissages organisés au musée par Katlijn, l'amie de son amie Maureen. C'était des gens qui saluaient et qui passaient. D'autres accompagnaient leur « Bonsoir monsieur » d'un grand sourire, comme si ça les amusait d'appeler Kafka « monsieur ». Comme si c'était drôle qu'il puisse être un « monsieur ». Il avait l'impression désagréable qu'on lui souriait comme à un enfant. C'était des gens qu'il ne voyait que dans les vernissages. Ou dans leurs voitures qui filaient sur l'asphalte, sans laisser leur regard dissimulé derrière des lunettes de soleil rencontrer celui du Maître. Ils étaient venus au vernissage que Katlijn avait organisé dans le Bronx. On avait planté des piques qu'on avait reliées par une corde. Ça empêchait les gens de se mélanger. La crasse ne touchait pas à la délicatesse des invités qui avaient eu l'amabilité de venir dans ce quartier immonde. Le remugle ne se mêlait pas aux eaux de parfum. Les voisins étaient sagement restés derrière la corde. Seul Kafka était passé de l'autre côté. Les autres invités lui demandaient combien de gens vivaient dans une maison du Bronx, et comment ils appelaient déjà ces maisons si atypiques. Combien d'enfants font les femmes du Bronx ? Est-ce qu'il avait l'idée d'une moyenne ? Y avait-il beaucoup d'hommes en âge de travailler ? Des costauds ? Ah bon ? De quoi les gens mouraient-ils dans le Bronx ? Pouvait-il réunir vingt gaillards à la biologie dure pour faire une formation technique ? De derrière la corde, une petite voix s'était méfiée de pareille présence des Blancs et de Noirs devenus des Blancs, pas comme dans *Peau noire masques blancs*, mais plutôt qu'en ayant beaucoup d'argent on devenait nécessairement un Blanc. La petite voix était convaincue que ces Blancs du Maître étaient venus voler quelque chose, les voisins ne comprenaient pas, c'était très subtil, ce vol, très malin, il fallait être de leur monde pour piger et pointer du doigt les choses qu'ils volaient. La voix s'écriait que le Maître était un traître, cependant que les voisins se disaient que ce Kafka parlait si bien avec les Blancs et les autres Noirs qui étaient devenus des Blancs que cela serait utile un de ces jours. Les Blancs n'étaient pas des hommes aux yeux des voisins. Ils étaient l'argent que tout le monde dans le Bronx pensait qu'ils avaient. C'est pourquoi il fut demandé au Maître de négocier le prix du cuivre des voisins...

Valérien était une montagne de chair et de détermination. D'agitation, devrait-on dire. Il avait quitté la campagne après que les autorités nationales avaient vendu son village à une compagnie minière. La compagnie avait l'obligation de construire aux paysans de nouvelles maisons plus loin, et elle le fit. Un ensemble rangé, rectiligne de pavillons identiques de part et d'autre d'une grande avenue où il leur fut demandé de faire le commerce de leurs cultures aux camionneurs de passage. Valérien trouvait que son nouveau village ne ressemblait à rien. Il se tira. Sa femme, Eudoxie, disait qu'il était constamment porté par quelque chose de destructeur : l'argent. Les billets donnaient à sa main la sensation jouissive de palper la toute-puissance, comme si elles tenaient là le Graal, la pierre philosophale. Il avait impression d'avoir inventé quelque chose, ou même d'avoir créé le monde. Eudoxie avait pleuré un matin dans la pharmacie du Capitole en disant tout ça à Docta. Son mari ne touchait jamais aux liasses de monnaie qui s'accumulaient dans un carton enfoui sous leur lit conjugal, et un jour, en la couchant, il avait murmuré, dans une sorte de béatitude, qu'il avait la sensation mystique de faire l'amour à l'argent gardé sous leur lit. Elle n'avait pas le droit d'y toucher pour payer des médicaments, de la bouffe, ni des vêtements pour leur ribambelle. Pire, son mari était aussi malade. Une sorte de fièvre typhoïde et de diarrhée. Mais il s'interdisait de plonger la main dans le carton. «À quoi ça sert, tout l'argent du monde, si tu ne peux pas te soigner avec ? Si tu ne peux pas t'en servir contre les saloperies qui détruisent ta biologie ?» Pourtant, quand les eaux de pluie ont envahi sa maison, Valérien a pensé tout d'abord à mettre sa famille à l'abri, avant de revenir chercher l'argent du carton. Au péril de sa vie. Les voisins l'en dissuadaient, et il leur rétorquait que sa famille était la chose la plus précieuse à ses yeux. Venait nécessairement après l'argent qu'il réunit pour que sa famille soit heureuse un jour. À la toute fin, lui-même qui trouvait cet argent. Il est rentré dans leur petite maison à la nage et il en est sorti en protégeant sous l'aisselle droite ce qu'il dit avoir épargné depuis trop longtemps pour qu'une stupide pluie l'en dépouille. Plus tard, il a mis l'argent dans un petit sac bleu qu'il a recouvert d'un sachet de courses.

Chers auditeurs, vous allez suivre quelques pages publicitaires. Il ne s'agira que de produits manufacturés localement depuis le lancement de la révolution de la modernité dans l'industrie. Retour de Généalogie dans environ quinze minutes.

Notes de l'auteur inconnu
À l'origine de la désobéissance (suite)

Les maisons qui avaient été broyées par le ciel et la mairie furent laissées par terre. Les voisins construisirent des abris au-dessus des décombres. Le quartier ressemblait à un camp de réfugiés. Des humanitaires occidentaux avaient ramené des bâches et quelques planches. Ils promettaient aux habitants du Bronx qu'ils n'étaient pas différents de ceux du reste de la ville qui sont devenus des Blancs. Malgré le fait qu'ils partent de cet enfer tous les matins pour cirer leurs chaussures et laver leurs sous-vêtements et nettoyer les collines de l'humilité de leurs enfants, quand ceux-ci ont oublié d'enlever la culotte avant de faire leurs besoins. Ce que les Occidentaux des ONG ignoraient, c'est que les trous qui se multipliaient à côté des abris en bâches n'étaient pas destinés à répondre à l'absence d'adduction en eau potable. Les voisins s'étaient rendus à l'évidence un jour, sous la menace et les intimidations du ciel, qu'ils avaient une autre soif, et que cette dernière était encore plus ardente que les simples assèchements du gosier sous l'inclémence de ces soleils piquants dont on dit, à Élisabethville, qu'ils ont été fourvoyés par la fumée des fonderies de cuivre et de cobalt.

Les semaines qui suivirent, les gens passaient plus de temps sous la terre que dans les abris en bâches. Beaucoup avaient préféré travailler en famille. La mère creusait, le père remontait la terre en surface et les enfants ramassaient ce qui était susceptible d'être de la malachite. Ceux qui avaient encore une maison debout creusaient dans un coin de leurs petites parcelles dont l'irrégularité et les bornes arbitraires commencèrent à poser problème. Tant qu'ils ne faisaient qu'y vivre, ça leur importait peu de savoir jusqu'où allait leur terre, ou même de s'assurer que le voisin, en se levant le matin, n'avait pas jeté ses urines de l'autre côté de la ligne de démarcation ; maintenant qu'il était question d'argent, tout le monde voulut s'assurer que le trou du voisin ne débordait pas sur sa propriété, ce qui impliquait qu'il devrait prélever un tribut, un pourcentage sur le minerai de l'imprudent. Seulement, durant plusieurs jours, personne ne put sortir de terre la moindre poussière de malachite. En jurant que la « communauté internationale » ne pouvait laisser passer l'injustice d'un État qui traumatise son peuple en le privant d'intimité, en lui arrachant la sécurité d'un toit au-dessus de la tête, ou de quatre murs pour couver les tendresses, les rires, les pleurs, les ébats (amoureux ou simplement pour la procréation comme cela arrive souvent, même les bagarres conjugales), les repas en famille et les rêves des pauvres, les Occidentaux des ONG ramenaient de la nourriture aux sinistrés de la pluie fatidique et d'un gouvernement de rapaces insoucieux de tout ce qui ne se rapportait pas directement à leurs ventres. Comme ils pouvaient nourrir leurs enfants avec la pitance de la générosité des humanitaires, les habitants du Bronx ne virent pas passer le temps, ils ne purent même pas s'apercevoir de l'abondance de la sueur qu'ils avaient mêlée aux eaux sales des pluies qui squattaient leurs trous. Il y avait des tertres disséminés çà et là, et de jour comme de nuit, ils augmentaient prodigieusement de volume. Le sol étouffait le son des outils, ce qui donnait au quartier une sorte de quiétude anxieuse, sans doute parce qu'on n'y voyait plus grand monde, les habitants étant tous occupés à fourrager dans la terre.

Une petite interruption pour vous lire ce communiqué du cabinet du président de la République. Le président de la République chef de l'État vient de décréter le limogeage de l'équipe de direction de la Société nationale d'électricité. Ceci fait suite à un manquement grave et à une démonstration rare d'incompétence. La rédaction de votre radio vous rappelle que la Société nationale d'électricité a osé mettre la présidence de la République dans le cycle des délestages après avoir coupé le courant au bureau du premier citoyen de la nation pendant deux semaines. Le directeur général de la Société nationale d'électricité a prétendu que cela était dû à la baisse du niveau des eaux dans le fleuve, elle-même due au réchauffement climatique, tandis que son directeur technique affirmait que le problème venait plutôt de l'envasement du grand bassin du barrage d'Inga, et qu'il suffisait de draguer. Quelle contradiction ! La rédaction de la radio nationale en profite pour saluer de toute sa chaleur patriotique le couple présidentiel et remercier la première dame pour l'inauguration des matériels qui nous permettent d'émettre désormais sans faute sur toute l'étendue du territoire national. Nous pouvons affirmer à cor et à cri qu'il faut être Barthimée ou Homère pour ne pas voir la transfiguration de la nation. Notamment pour la révolution de la modernité dans les médias.

Vieux Z, qui portait mal ses cinquante balais, avait été le seul à bouder la corvée et il passait ses journées à faire paître ses pourceaux en attendant que le soleil redescende à l'horizon pour aller nettoyer un supermarché du centre-ville et garder les vestiges des machines de la Société de météorologie. Il observait en cela une sorte de rituel. C'est lui qui accueillait les ONG en donnant l'impression d'être un vieillard fatigué et malade qui restait au village avec les enfants, pendant que les autres allaient tôt le matin chasser la chauve-souris dans la forêt ou gratter le sol des champs. Vieux Z avait lui aussi travaillé dans une ONG et dans les campagnes de coopération occidentale. C'est pour ça qu'il savait lui aussi parler avec les Blancs des ONG et des coopérations. Il connaissait leur vocabulaire : un mélange impressionnant et qui se veut équilibré, pondéré, entre indignation, condescendance, compassion, révolte, complexe de supériorité et détermination à changer le monde. Mais lui c'est sa propre vie qu'il avait décidé de changer. C'était au cours d'une mission dans le Kivu. Des miliciens rwandais avaient chassé des paysans de leur petit village encore plus misérable que le Bronx. Lorsqu'on leur avait apporté de la nourriture et des bâches pour fabriquer des abris, ces paysans étaient devenus hystériques. Comme des chiens enragés, des gnous en transhumance ou des fourmis à qui on verse une cendre ardente. Ils ne voulaient pas toucher à cette honte, déclarant que tout ce qu'ils attendaient, c'était que quelqu'un aille rabattre le caquet aux kalachnikovs des voyous venus du Rwanda voisin et qui les avaient dépouillés de leurs vies. On ne pouvait bâtir une maison, une vie, un sens à son existence avec les rêves, le sel, la musique ou le cœur arrachés aux autres. Les déplacés de guerre ne souhaitaient rien d'autre, déclarant qu'ils se tueraient de chagrin, si un bout de biscuit pouvait leur procurer la traîtresse sensation d'un plaisir, serait-il minuscule, ou d'un bonheur fugace, aussi longtemps qu'ils ne seraient pas rentrés chez eux. Vieux Z avait pris ça pour lui, et il était revenu vivre ici. Chez lui. Sans plus rien espérer d'autre du monde que de voir ses pourceaux se goinfrer en attendant que le soleil se couche. Ensuite, il partait en ville nettoyer le pavé d'un supermarché avant d'aller dormir dans la guérite de la Société de météorologie. Il y dormait si bien qu'il n'avait pas besoin de récupérer son temps de sommeil le lendemain. Vieux Z était une sentinelle qui n'avait rien à garder, personne, se disait-il, n'avait intérêt à se couvrir de la nuit aux fins de voler les ruines technologiques qui disaient le temps après des acrobaties qu'on pouvait lire dans la sueur abondante des techniciens efflanqués qui les faisaient tourner. Kafka lui avait souvent dit que c'était un médiocre. Dans un pays eugéniste, on lui aurait déjà arraché la tête, ou les couilles, pour être sûr qu'il n'allait pas se reproduire et donner à la nation d'autres faibles du même acabit. Mais Vieux Z n'en avait rien à battre. C'était, tout bonnement, le genre d'homme qui ne rêve pas de conquérir le monde. Il se contentait de peu. La seule chose qui l'alertait étant le dérèglement de sa biologie, ses petits problèmes de santé qu'il présentait au faux docteur du Capitole comme un cataclysme. Une guerre civile dans sa biologie chambardée. D'abord, il avait perdu ses dents, sans qu'aucun autre médecin ne pût lui expliquer rationnellement ce qui arrivait à sa gueule. Lorsqu'il passait près du bus des lutuku, Pitchou Turbo le retenait, le dragouillait, le suppliait quasiment de déguster quelques fines tranches de viande. Il se pâmait des légers crissements de caoutchouc que produisaient les gencives vides de Vieux Z en mastiquant. Pitchou Turbo rapprochait alors sa grosse tête taurine et dodelinante de la bouche de Vieux Z. Il fermait les yeux sur un sourire effronté pendant que le voisin fournissait des efforts titanesques pour venir à bout des graisses lourdes ou du cartilage. Pitchou Turbo en dissimulait sous les filets de chair qu'il lui tendait. Ça prolongeait le bruit dans la bouche du voisin et ça le rendait plus indiscret. Ensuite, c'était les rhumatismes et là encore, on ne trouvait d'autre cause que l'âge. Vieux Z s'agaçait de devenir un légume. On ne pouvait le soigner et il savait que le sort d'un légume, c'est de pourrir lentement, jusqu'à l'anéantissement qui le ramène à la boue. À défaut de s'assécher, de craquer et de rejoindre la poussière originelle d'où prophète Zabulon affirmait que son Dieu avait tiré tous la gueusaille spirituelle du quartier. Cela avait fini par le convaincre de la vanité de l'existence, laquelle n'était qu'une courte parenthèse entre deux néants, ou entre deux inconnus qui le déprimaient, parce qu'ils n'étaient pas à la portée de son imagination. Il regardait donc manger ses pourceaux avant de les faire égorger et d'en vendre la chair à Pitchou Turbo et ses salissons qui vadrouillent avec des plateaux de grillades. Ça palliait les vrais jambons et les steaks que le bon Dieu de prophète Zabulon, encore une fois, ne promettait qu'après la mort des voisins, et à condition qu'ils fussent sages.

Il régnait une ambiance bon enfant autour des installations fumantes de Pitchou Turbo. Son rire gras était d'une forte sonorité, un rire de stentor, disait le Maître, et la seule violence qu'on lui connaissait était celle de ses couteaux dans la biologie ouverte des cochons, des dindons, ou dans les chiens que lui rapportait la bande de Pako. En revanche, un jour, il avait mis une baffe à Docta qui doutait publiquement de l'hygiène de ses grillades de porc et de chien en parlant comme les Blancs des ONG et mettait ainsi des bâtons dans les roues du business de Pitchou Turbo. Après l'avertissement du médecin, les voisins avaient arrêté de manger ces viandes en public. Quelques accros venaient acheter des morceaux qu'ils fourraient dans leurs poches, de peur que Docta ne soit déçu et ne soigne plus leurs diarrhées avec le sourire. Pitchou Turbo était venu voir Kafka et lui avait exposé le grand malheur qui s'était abattu sur son commerce depuis que Docta s'était méfié publiquement de son hygiène. Le Maître ignorait-il qu'il y avait plus d'hygiène dans ses installations que dans les cuisines des voisins? Même les tables dans leurs maisons n'étaient-elles pas des infections? Des fermes à microbes? Et lui-même, Pitchou Turbo, qui ne le voyait pas bien laver ses couteaux et ses assiettes avec du savon? Il était prêt à tremper la viande dans du détergent ou dans de l'eau de Javel pour peu que Docta déclare qu'il y avait moins de microbes maintenant, qu'il ne restait que des microbes utiles, ceux qu'on pouvait manger sans craindre une éruption dans le ventre. Et Docta accepterait-il de bien vouloir montrer l'exemple en mangeant publiquement le morceau de la bête de son choix? Préférait-il les chiens plus que les dindons? Pitchou Turbo promit de mijoter ça avec les épices qu'un bon Indien avait données à sa défunte grand-mère longtemps avant sa naissance. C'était un bon Indien qu'on avait chassé de la ville à une époque où les Blancs n'étaient pas les bienvenus. En guise de souvenir, il avait laissé cette boîte magique à sa mère, ça transformait la cuisine en vie éternelle. Le Maître estima lui aussi que Pitchou Turbo faisait un peu plus d'hygiène autour de lui que certaines femmes du Bronx dans leurs propres cuisines. Ce qui ne tuait pas les voisins dans leurs maisons ne pouvait rien contre eux dans l'épave du bus. Les installations de Pitchou Turbo avaient en plus l'avantage d'être à l'air libre, aéré, purifié quotidiennement par le vent, pendant qu'une colonie de poussières s'établissait et se renforçait au jour le jour dans les bicoques des voisins. La poussière de cette ville est on ne peut plus embêtante. Il faut lui accorder du temps, comme on tend une oreille attentive. Elle aime causer, la poussière de cette ville. Si vous l'ignorez, elle vit avec vous, elle vous envahit alors petit à petit. Elle accueille des protozoaires et des moisissures, elle cumule radiations et autres merdes chimiques, et un jour, paf, elle vous démolit, elle engloutit votre biologie. Elle la mange.

Mais avant, elle prend le soin de manger tout ce que vous avez, les papiers, les meubles, les appareils. Le Maître entendait souvent des gens qui ont des voitures raconter que la poussière de la ville mange aussi les moteurs en un rien de temps. Pitchou Turbo était une menace bien plus petite pour les biologies des voisins. Docta autorisa la consommation de ses gourmandises contre un bon bout de quelque chose pour accompagner les tétées du Maître dans le vieux bus, avec du piment et les épices de l'ami indien de la maman de Turbo, qu'on avait pris pour un Blanc.

Vieux Z allait crier du haut des trous pour prévenir ses voisins de l'arrivée de leurs hôtes si généreux et si bienveillants. Des biologies sales surgissaient alors de la terre, faisant dire à prophète Zabulon que le quartier était définitivement perdu. Pour lui, les voisins anticipaient l'ambiance biblique de la résurrection des morts. Hommes et femmes en haillons, presque nus, flapis et dégoulinants de boue s'avançaient, le visage illuminé malgré la crasse, et les Occidentaux des ONG voyaient là une sorte de dépression collective – de *pannévrose*. Le gouvernement était d'une culpabilité exacerbée par son indifférence. Il y avait une jeune femme aux cheveux de miel qui était déjà venue donner un lit spécialisé à la pharmacie du Capitole. Elle s'essuyait les yeux avec un mouchoir. Lorsqu'elle finit par ouvrir ses fines lèvres roses, au bout d'un effort perceptible et dont toute l'assistance avait guetté l'issue, il sortit de sa bouche des paroles de révolte. Les mots étaient crachés par les torsions que faisaient ses tripes à la vue d'une population entière que l'effroi de la violence d'État avait amenée à vivre dans des terriers. Les voisins se présentaient devant elle couverts de boue des cheveux aux orteils comme les vers de terre qu'ils étaient devenus. Il venait ainsi plus de nourritures humanitaires et plus de médicaments humanitaires contre la malveillance des amibes, des filaires et de toutes sortes de petites merdes nichées dans la poisse du Grand Caniveau. Comme si elles n'avaient rien à foutre des propos de ces bonnes gens, les eaux du Grand Caniveau continuaient à faire défiler sous leur nez et leur barbe, lentement, paisiblement, des immondices de toute origine animale, végétale, humaine, ou même provenant de la nature morte.

De mémoire de voisins, Vieux Z n'avait jamais manifesté un quelconque bouleversement intérieur qui ressemblât à de la joie ou à de la tristesse. On l'avait vu de temps en temps en colère, il souriait et riait aux éclats avec toujours la même pointe d'ironie, de suffisance ou de moquerie, et tout le monde l'évitait pour sa malveillance supposée qui était déduite de sa froideur et de son indolence sans égales. Les voisins ignoraient que vivre, pour cet homme, c'était une manière désespérée de s'abriter du néant. Et il avait conscience qu'aucun abri n'était éternel. Il mettait un point d'honneur à savourer chaque instant de la journée, d'où son apparente paresse qui était en fait une tension et une attention à outrance dans sa biologie qui ne voulait rien rater de la moindre saute de vent, des battements d'ailes des bergeronnettes du marécage qui limite le Bronx, des mouvements de nuages dans le ciel ou de la poussière que soulevaient dans les ruelles les pas des voisins dont les babouches claquaient comme si elles avaient essayé de faire musique. Vieux Z n'était pas loin de ce qu'on appelle un fou ; il aurait eu la maîtrise d'un langage, il aurait été un grand artiste. Exceptionnellement, un matin, il vint trouver le Maître, bredouillant dans une hésitation dictée par la honte (ou par la confusion) qu'il souhaitait que ce dernier lui écrive une sorte de poème. Dans le style de ceux qu'il rédigeait pour ses élèves dans le but de les convaincre que tout le monde pouvait écrire et que les noms qu'on lit dans les livres avaient un jour désigné un tas de chairs, d'os et de fluides pas différent de celui qu'ils avaient le devoir de trimballer tous les matins jusqu'à l'école.

— Je veux que tu écrives quelque chose que je peux dire à une fille... Mi nta kuripa, dis-moi combien je paie et je paie !

— Ha ! Tu veux séduire une fille ! fit un Kafka emballé. Pour ça, il faut avoir des dents, mon ami. Les filles ont horreur des bouches vides. Ça ne dit rien, une bouche vide, et ça ne peut pas mordre dans le cœur ou dans une biologie cuite au lyrisme et à la magie des mots. Mais je vais te le faire ton texte. Ça me fait plaisir de participer, si tu vois ce que je veux dire...

— Il faut que ça soit drôle... et beau... Tu sais, les filles, elles aiment pas vraiment les épaisseurs métaphoriques ni les allitérations des poésies qui n'ont pas de rimes.

— Ne t'inquiète pas, mon ami, je te ferai des mots qui vont mordre à ta place.

Un communiqué de l'hôtel de ville de Kinshasa vient de nous parvenir. Il est strictement interdit de jeter des immondices dans les caniveaux en cours de construction. La population de la ville de Kinshasa donne beaucoup de travail aux ingénieurs chinois qui trouvent tous les jours des objets jetés sur les chantiers de voirie urbaine. Ceci est plus que de l'incivisme, c'est de la sorcellerie.

On revient à la belle voix de notre consœur Julia Roberts, *alias* Da Vinci Code, *alias* Black is Beautiful, pour la poursuite de la lecture des notes.

Notes de l'auteur inconnu
Les chemins vers le Bronx

Le Maître, comme la plupart des gens qui échouent et qui râlent dans leur coin, raconte que la ville ne connaît que deux réalités. Deux espaces de vie. Deux possibilités d'être empli de sa terre, de rentrer dans son histoire, elle-même faite d'agitations silencieuses. Revendications, hargne murmurée ou jouissances morbides des gens qui de part en part se gorgent le mou depuis un siècle et se passent le flambeau pour la conquête de la ville. Ils la possèdent alors comme une chimère, ou comme la biologie d'une prostituée, ou comme une femme à qui on ne demande pas son avis, une à qui on arrache ses charmes et qui ne sait rien de ce qu'on en fait par la suite. Une ville minière, somme toute. Où l'on ne se contente pas de venir vivre, parce qu'on a le sentiment, illusoire peut-être, d'y construire un sens. Une ville qu'on tisse en même temps que les autres fils de sa vie, une ville qui vit dans votre ventre, dans vos poumons. Elle vous possède comme un démon, et, pendant ce temps, vous vous battez désespérément pour la posséder. Pour en posséder une portion qui donne un sens – tout aussi illusoire peut-être – à votre existence. On dit aussi de cette ville qu'elle n'appartient à personne, et l'État pareillement se bat pour y trouver sa place. Lorsqu'elle a été créée au tout début du vingtième siècle, le petit groupe d'aventuriers qui y avaient planté des chaumières en rêvant de s'enrichir et d'enrichir leur roi se sentaient bien sur leur propriété ici. En 1885, une conférence à Berlin avait tracé pour leur destinée les contours de nouvelles possibilités. Leurs rêves furent exaucés. La fortune les submergea de bien plus qu'ils n'avaient osé espérer et ils se prirent d'affection pour cette terre, et pour le roi qui les y avait envoyés. Ils se sentirent chez eux. Tout le monde peut imaginer ce que ça fait, la quiétude naïve d'être chez soi. Ils donnèrent à leurs hameaux le nom de la femme qui assaisonnait de sel et de lumière les nuits de leur roi : ce fut la naissance de la splendide, insaisissable et non moins illusoire Élisabethville. Plus jamais il ne devrait être question pour eux de repartir, de crainte de revenir à la monotonie et à la fadaise de leurs vies d'avant cette aventure. Ils avaient inventé un monde dans lequel ils jouaient des rôles qui les délivraient de l'impertinence et des mesquineries de leur ancienne existence. Les autres habitants de la ville, ceux qui vivent dans la deuxième sphère, selon le Maître quand il ronchonne dans son coin, c'est la masse de biologies indistinctes qui avaient travaillé pour les premiers. Ils avaient porté leurs bagages et les avaient portés eux-mêmes en tipoyes et sur le dos à travers brousses, fourrés et rivières. Ils avaient chassé les moustiques qui se posaient sur leurs peaux délicates, ils avaient éventé leurs peaux délicates, ils avaient enterré la chiasse qu'ils déféquaient sur le sol... Plus tard, ils avaient commencé à creuser à leurs côtés. Pour extraire les promesses de fortune que la terre offrait. Ils furent longtemps le décor et le support de la nouvelle vie des premiers qui, malgré tout, les tenaient à distance, en délimitant leurs quartiers différents, leurs villes noires et blanches, par le Bronx notamment qui n'était pas encore le Bronx, mais le cordon sanitaire, la zone neutre. C'était contre le troupeau de microbes qui pâturaient dans les ventres des deuxièmes. Contre leurs divertissements tumultueux aussi : les tam-tams hystériques, les cris sauvages, les fêtes tapageuses... Mais tout cela finit par communiquer aux seconds les mêmes rêves corrosifs d'opulence et de pouvoir. Les premiers venaient de loin, les deuxièmes surgissaient d'alentour. Ils jaillissaient de la terre. Nombreux, telles des fourmis. Et il en vint de plus en plus. Au demeurant, ils ne faisaient que venir, la ville leur échappait. La ville était une nébuleuse éclatante qui glissait entre leurs doigts, à chaque tentative d'en attraper l'enchantement et de le manger, cet enchantement, avec toute sa magie, comme on savoure une pizza arrosée par la viscosité d'un œuf cru ou une patate craquante, faussement sèche, ou un mangoustan moelleux, soyeux, ou un steak spongieux, grinçant... C'est au bout de quelques années que les premiers décidèrent d'intégrer une petite partie des deuxièmes dans à la périphérie de leur vie. Ils les qualifièrent d'*évolués*, parce qu'ils avaient choisi de ne plus manger accroupis ou assis la poussière, mais de servir leurs repas sur une table et de le prendre en famille avec salades, potages et tous les à-côtés. Ils donnèrent une carte de mérite civique à celui qui ne mettait pas sa cravate de travers, dont les chaussettes n'étaient pas trouées et ne puaient pas la pourriture, dont l'épouse savait ne pas déborder son rouge à lèvres, et dont les enfants avaient définitivement arrêté de chasser les rats dans la brousse pour aller apprendre l'hygiène corporelle et l'hygiène de l'environnement à l'école des bons missionnaires salésiens de don Bosco. Ils furent le deuxième cordon sanitaire. Les Blancs n'avaient plus besoin d'espace vert entre les villes blanches et noires, les biologies de ces évolués firent bien ce boulot d'enclos fortifié. Ils furent une frontière biologique. Ceux qui n'avaient pas eu la carte de mérite civique, soit qu'ils ne s'étaient pas suffisamment décrottés, soit qu'ils s'en foutaient et qu'ils n'avaient pas la moindre envie de faire le clown toute leur vie, soit qu'on leur en avait caché l'existence, étaient demeurés à des années-lumière du pactole que la terre vomissait au jour le jour. Ils ne voyaient que la fumée de la cheminée des usines de l'Union minière du Haut-Katanga. Longtemps après, l'apartheid se poursuivit, l'apartheid devint une culture, le Maître avait choisi de vivre dans le Bronx. C'était la sphère dont il pouvait s'accommoder : la sphère des exclus. Il se disait que les voisins étaient dans la totalité de l'exclusion. Exclusion totale était moins juste à ses yeux, et totalité de l'exclusion rendait la marge plus abyssale, comme si elle avait été abstraite, et plus vertigineuse à cause de cette abstraction apparente. Il savait que, tôt ou tard, il lui aurait été demandé de choisir d'être un évolué, ou de rester accroupi parmi la boue des biologies massées disgracieusement dans la marge et qu'on appelle la population de la ville. De plus en plus de gens s'affairaient entre les deux sphères, celle du pouvoir, de l'argent et des évolués, et celle de l'exclusion ignorante ou consciente, exclusion tout de même, les premiers n'en avaient rien à battre que les seconds soient au courant de leur exclusion ou pas. Les gens du milieu avaient profité du roulé-boulé de la machine économique pendant les crises politiques pour prendre pied dans la ville. Le Maître racontait aussi qu'il ne voulait pas vivre dans l'à-peu-près de ces gens qui ignorent les frontières entre les deux sphères jusqu'au jour où on leur demande de choisir. La plupart du temps, cela signifie que vous devenez une personne utile, susceptible de troubler l'ordre établi, de l'égratigner tout au moins.

Un beau jour, c'est comme ça, en tout cas, qu'il racontait son histoire, le Maître avait pensé qu'il perdait la tête. Il avait espéré, il avait voulu, il avait désiré demeurer un fou. Il était allé balader sa folie à la place de la Poste au centre-ville. Les fous qui passent par la place de la Poste ne guérissent plus, à

cause de tous les esprits qui rôdent par là en quête d'une biologie pour incarner leurs lubies. Ils viennent de toute la ville
dans l'espoir de trouver là-bas une biologie vide, vidée par
son âme. Le Maître avait espéré accueillir tous ces esprits-là,
ceux des accidentés de la circulation urbaine, ceux des mal-
soignés des dispensaires et centres de santé moyenâgeux
de la ville, ceux des fusillés pour refus d'obtempérer à l'ordre
établi, ceux des suicidés, mais aucun esprit n'avait voulu de
l'aridité de sa biologie. Il s'était dit qu'il avait encore une
âme et il avait pris deux pantalons, une chemise, une brosse
à dents, une casserole, deux paires de souliers, de quoi écrire
un poème, de la lecture, et sa propre biologie encore habitée
par un peu d'âme, et il avait marché jusque dans le Bronx. À
ceux qui lui posaient la question de savoir s'il essayait de se
suicider, le Maître répondait qu'il voulait plutôt voir partir les
gens. Voir de près comment les voisins quittent une vie pour
se loger dans l'illusion d'une autre, car le Bronx a toujours été
un chemin, une étape dans la vie, et non l'accomplissement
que le Maître voyait en lui. Il n'imaginait pas d'autres possibilités. Il n'y avait que les évolués dont il ne voulait pas faire
partie, et le Bronx qui était loin de cela et loin de lui-même,
une sorte d'hors-monde, pour la simple raison que personne
ne le considérait comme son monde. On y vivait avec les yeux
ailleurs, on n'y vivait même pas, on venait y rêver d'un ailleurs.
Le Bronx était un nid, et ses habitants, des oiseaux en attente
que le temps assouplisse leurs ailes et les garnisse de plumes
suffisantes pour pouvoir se perdre dans le bleu du ciel. Mais
le Maître avait trouvé dans le Bronx des gens qui avaient tellement attendu de pouvoir voler qu'un peu de cette marmelade
poisseuse des misères du quartier avait fini par dégorger dans
leurs rêves. L'homme n'est pas étanche, il est d'une porosité
inévitable, sournoise, mais inévitable.

Quant à Tutu Jean, il avait été chauffeur. Distingué chauffeur du président de la République, avec les cravates, les chemises blanches, les chaussures bien lustrées par un cirage et les courbettes référentielles qui vont avec. Les autres chauffeurs de la présidence de la République lui avaient jeté un sort : il avait subitement envie de faire caca, chaque fois que le Président montait dans le véhicule. Sa biologie lui échappait, elle se déréglait et les fluides grondaient comme du tonnerre dans son ventre. Un autre chauffeur le remplaçait. Tutu Jean rentrait chez lui et il tapait sa femme. Il racontait que ça le détendait de taper sa femme. C'était un ouragan qui rentrait toute sa fougue dans la maison, brinquebalait les objets en même temps que la biologie de sa femme dans une crise clastique qui tourbillonnait, roulait, grondait, un cataclysme phénoménal dont la rage le portait devant leur radio ; il en arrachait le câble d'alimentation, le repliait et le lançait sur la biologie de sa femme, pareil à une foudre dans le ciel, il dessinait des sillons électriques sur ses seins, ses cuisses, son ventre, ses collines de l'humilité, il frappait sur ses cris comme on frappe dans l'eau, et le moindre gémissement était accueilli par l'étreinte et le sifflement du câble, sa femme gigotait de ses jambes mortifiées, il lui secouait la tête en la tenant par les tresses qui se défaisaient et sa femme hurlait, feulait, griffait les biceps de Tutu Jean, s'agrippait aux draps en désordre sur leur lit, tandis qu'il la tirait par les pieds et lui tordait les chevilles et les orteils, il essayait de lui arracher les ongles sans y parvenir à mains nues, il criait qu'il allait acheter une pince bon marché dans les petites quincailleries des Chinois. Les hommes du Bronx sont pareils à tous les autres, quand la vie les humilie, ils se retournent contre leurs femmes, et ils tapent comme si ça n'était qu'une montagne de biologie. Ce fut ainsi durant plusieurs mois, jusqu'au jour où il s'entêta et qu'il choisit de défier les sorts et la malveillance des chauffeurs rivaux qui ne voulaient pas de lui, de sa biologie à côté de celle du Président. Le Président recevait un autre président et ils avaient pris le même véhicule pour discuter sur le chemin de l'hôtel où les attendaient les autres membres du gouvernement, un banquet et des journalistes pour la suite du programme de cette visite officielle. D'abord, le Président demanda à Tutu Jean de baisser les vitres. Mais l'odeur était trop forte, si forte qu'elle étouffait Tutu Jean lui-même.

— Tutu Jean, ume nyamba? Est-ce que tu as sali ton pantalon?

— Oui, Président!

— Arrête la voiture.

Le Président invita alors son distingué visiteur éclaboussé par la puanteur du rectum de Tutu Jean à descendre pour changer de voiture, et ils prirent la voiture suivante. Tutu Jean eut très peur d'être éliminé par les services secrets. D'être jeté dans l'un de ces grands trous qui le terrifiaient dans les récits qu'en faisaient les fantassins de la division présidentielle. C'était là qu'on envoyait crier autant qu'ils le pouvaient tous les défenseurs des droits de l'homme qui ne voulaient pas mettre de l'eau dans leur vin, les opposants inattendus qui venaient brouiller les calculs là où d'autres opposants couvraient les véritables grenouillages politiques en facturant leurs prestations dans les médias et à l'Assemblée nationale, ils s'appesantissaient sur le banditisme urbain, tandis qu'un détournement important avait été dénoncé par des humanitaires, ils s'arrachaient la barbe et se tiraient par les cravates pour le meurtre d'un jeune homme fusillé par l'amant de sa petite sœur, pendant que le pouvoir triturait la Constitution, ils critiquaient énergiquement l'état des routes pendant que quelqu'un gagnait des élections sans avoir convaincu ses propres cousins, ni ses peurs de perdre, ni l'Église, ni la société civile, ni les ONG, ses lieutenants affirmant que dans certains villages de la province d'où venaient ses parents, les bureaux de vote affichaient qu'il avait eu cent trente pour cent des voix, cent dix pour cent des suffrages exprimés. Même les morts, ses ancêtres, étaient venus voter. Celui qui rigolait publiquement d'avoir entendu ces rapports, on le jetait dans l'un de ces trous interminables. Là-bas, il pouvait se bidonner à satiété, en laissant les vrais opposants faire leur travail d'opposition institutionnalisée, incorporée, officielle, car le discours de l'opposant fait partie du discours officiel, pour la simple raison qu'il ne doit pas troubler l'ordre public. Tutu Jean avait garé la voiture de l'État dans le parc automobile aménagé devant l'hôtel et il était venu se cacher dans le Bronx qu'il n'avait plus jamais quitté. C'est sa femme qui allait en ville, c'est aussi elle qui représentait Tutu Jean aux deuils de leurs amis, aux mariages des enfants de leurs amis et à tout ce qui se passait chez leurs parents restés de l'autre côté du Grand Caniveau. Le Cheminot disait de Tutu Jean que c'était un arbre, que les autres chauffeurs du Président l'avaient planté dans le Bronx et qu'ils l'avaient engraissé avec sa propre merde. Tutu Jean était en effet une plante qui ne bougeait pas du quartier. Il avait échafaudé un petit commerce pour sa femme devant leur propriété. Un hangar sous lequel on mesurait de la farine de maïs dans un petit seau, du sucre dans un verre, du kaolin, des huiles de cuisine et des arachides dans une petite boîte de conserve pour tomate. On y rechargeait aussi les téléphones, on y achetait des cigarettes et des rouleaux de cannabis, même les cheveux en plastique qui enlaidissent les têtes de toutes les femmes à travers la ville. Pako, le maître de l'électricité dans le quartier, autorisa qu'on installe une table recouverte de prises afin que les voisins à qui il n'avait pas encore donné du courant puissent charger là-bas les batteries de leurs cellulaires. C'est aussi là-bas qu'on venait revendre les appareils électroniques que les petits voyous du quartier volaient dans le centre-ville pour le compte de Pako. On vous filait pour trois mille francs un smartphone qui coûtait huit cent mille francs dans les boutiques du centre-ville. Tutu Jean passait ses journées à palabrer avec les voisins dans l'épave de bus où tout le monde allait se verser des tétées de liqueur, véritables flots torrentueux, dans l'espoir qu'elles emportent les boules amères qui nouaient sa gorge, ou les autres fumées chagrines qui embuaient son ventre séché à force d'attentes et d'espérances perpétuelles d'un retournement du monde. Dans ce bus-là, le Cheminot avait dit, en remuant sa cuite, que le lutuku, au moins, il permettait parfois de voir les nuages sous ses pieds et de marcher sur le ciel.

La femme de Tutu Jean avait demandé à un cordonnier de lui fabriquer une chicote tranchée dans les pneus de voitures d'où il extrayait les filaments dont il rafistolait les souliers de ses clients, elle avait dit au cordonnier que c'était pour ses enfants, personne n'ignore qu'il faut la méthode forte quand on élève des gamins dans un quartier aussi pourri, le cordonnier avait sans doute les mêmes problèmes qu'elle, des gamins qui vagabondent, polissonnent, se grillent le cerveau et le système nerveux avec des joints, pissent leurs gamètes dans les filles d'autrui après les avoir tabassées, le cordonnier ne pouvait ignorer ces choses-là, et il lui fit une jolie chicote, finement coupée, avec des bifurcations et quelques petites punaises sur les bouts des brins. Elle attendit Tutu Jean qui était sorti téter les liqueurs du vieux bus et ce fut un coup dans la figure qui l'accueillit au retour. Sa femme tempêtait qu'elle en avait marre de son vomi, est-ce qu'il savait ce que c'était que de dormir à côté d'un enculé qui empestait l'alcool et qui te vomissait sa merde sur le visage, est-ce qu'il ne savait pas qu'elle était un être humain et non une partie du lit dans lequel il venait cuver ses tétées servies par des femmes malveillantes qui attendaient de saouler les maris des gens pour leur baisser le pantalon et se moquer de l'intimité de leur femme, est-ce qu'il n'avait pas entendu tout le quartier raconter qu'il ne serait même pas en mesure de satisfaire une lapine tellement son entrejambe était une farce, et paf et paf et paf, et Tutu Jean qui hurlait... Les voisins vinrent voir ce qui se passait. Elle les renvoya s'occuper de leurs propres oignons qui pourrissaient dans de vieilles marmites, en les priant de la laisser gérer son foyer. Les femmes qui font le commerce sont devenues les cheffes de leurs familles, elles peuvent désormais tabasser leurs hommes, parce que c'est elles qui les nourrissent, les vêtissent, paient leurs tétées dans le vieux bus, paient leurs cachets contre la malaria, la syphilis, les amibes, l'éjaculation précoce ou la fièvre typhoïde à la pharmacie du Capitole. Pourquoi s'affolait-on de la voir remettre son homme sur le droit chemin ? Il avait fait des bêtises, elle le traitait comme quelqu'un qui s'enlisait dans ses bêtises. Et la parité, on pensait que c'était quoi, hein ? Les hommes tapent leurs femmes depuis la nuit des temps, l'égalité entre les hommes et les femmes, ça suppose qu'il faut s'habituer désormais à voir des femmes qui matraquent leurs hommes. Tutu Jean fermait les yeux, il avait si mal et si honte de pleurer devant les voisins que ses paupières en tremblotaient.

Notre Beauté Nationale Da Vinci Code n'a pas pu lire quelques phrases pour cause d'hyperbole calomnieuse. Le chef de l'État, le raïs charismatique, l'homme de son temps, a été honorablement élu. Aucun bureau de vote n'a jamais affiché un score allant au-delà de cent pour cent. Certains villages du Katanga ont en effet présenté un score de cent pour cent des suffrages exprimés, en la faveur du premier citoyen de la République. Cela ne prête pas du tout à rire, bien au contraire, quand on connaît l'histoire récente du pays et la détermination des populations à sortir définitivement d'un cycle de violences inutiles, en vue d'entamer le développement durable prôné par le programme politique phare intitulé «Révolution de la modernité et nouvelle citoyenneté». Nous commençons à avoir la certitude que l'auteur inconnu est un opposant. Les services spéciaux que nous avons tantôt priés de le débusquer devraient commencer par vérifier au sein de l'opposition.

Le micro est à maman Julia Roberts Black is Beautiful
pour la poursuite de la lecture.

Notes de l'auteur inconnu
On attend d'un mort qu'il donne une leçon

Quelques visages aux traits burinés et rétifs à la caresse d'un petit vent matinal étaient plantés comme un amas de chagrins devant la porte de la pharmacie. Il avait plu dans la nuit. Le matin portait le manteau gris que lui tissaient les faibles lumières d'un ciel encore maussade. Des cris d'enfants répondaient plaintivement aux chants d'oiseaux. La porte de la pharmacie restait fermée et personne n'osait frapper. Une consigne non déclarée interdisait à la file, tantôt gémissante tantôt bavarde, d'en arriver là. Le vent et les oiseaux semblaient agacer terriblement ceux qui gémissaient, tandis que les autres papotaient joyeusement des longueurs des trous où ils n'étaient pas encore parvenus à repérer une seule trace de malachite. Pas le moindre filon. Le petit vent était froid et humide, il piquait dans les narines et les gens préféraient respirer par la bouche, faisant sortir de la buée même quand ils ne disaient rien. La porte s'ouvrit dans un effort qui la faisait grincer et arracher un soupir bruyant à Docta. Il salua ses patients en tirant par-derrière sur son slip qui lui était rentré dans la raie des collines de l'humilité. Comme tous les matins, il y eut une petite bousculade, c'est par elle que la ligne vers le médecin finissait par s'éclaircir, par s'affiner, ceux qui étaient assis s'étant mis debout. Maintenant ils se retournaient pour poursuivre leur bavardage matinal. Ils commentaient la santé des enfants, leurs difficultés à dormir avec un ventre qui se ballonne en se fendant d'une veine verdâtre, ils s'épouvantaient de la prolifération du kamondo, cette espèce de bouton sec qui poussait dans la gorge des nourrissons, leur faisant vomir tout ce qu'ils essayaient de se mettre dans le ventre, parfois on parlait d'untel qui ne pouvait plus s'asseoir du tout, étant dans la mauvaise période de ses hémorroïdes, ils se racontaient les sommeils agités par les mouvements opérés le long de la journée avec les bêches et le fil accroché au petit seau qu'on remonte avec de la boue, car il a plu pendant qu'on creusait, et ces gestes revenaient hanter leurs nuits comme s'ils étaient condamnés à les répéter continuellement, sans arrêt. Ils déploraient la mésaventure d'un voisin qui avait beaucoup tété dans le vieux bus avant d'aller dormir du sommeil des bébés dans une ruelle ou dans le Grand Caniveau. Ils parlaient et parlaient, et ils retenaient leur souffle, quand des cris parvenaient de la pharmacie où l'on piquait un enfant, où l'on massait le ventre constipé ou diarrhéique d'une vieille femme, où l'on versait de l'alcool dans l'entaille qu'un homme avait faite dans sa biologie en bêchant de travers... La voix de Docta s'élevait pour dire à ses malades de ne pas bouger, ou de tenir un tampon, de pisser dans un petit flacon, d'aller déféquer un échantillon de leurs selles liquides ou aciérées sur un bout de carton, de tousser fort, d'ouvrir la bouche, d'écarter les jambes, de lever ou d'ouvrir leur biologie sensible, de respirer lentement, de tenir le bout de leur sexe, de cracher, de lever les bras... Les voisins remarquaient, sans trop s'y attarder, que le lit où il était de coutume d'allonger leur biologie pendant la consultation et le traitement avait été soigneusement dissimulé derrière un rideau étiré et noué à l'un de ses pieds métalliques, ce qui vous faisait comprendre qu'il n'était pas convenable d'attarder votre regard sur cette installation insolite et sur le lit qui chômait ce jour-là. Dehors les bavardages reprenaient après une pause compatissante, et les gens pouvaient même rigoler en se tenant le ventre pour ne pas tousser ou dégueuler. Un monsieur qui était entré pour une hernie hésitait à baisser son pantalon et montrer son bonus de biologie au médecin. Il demandait à celui-ci de lui trouver un produit à boire ou qu'il pouvait piquer dans sa protubérance à travers le tissu du pantalon, parce que, précisait-il, il en avait mis un dont la texture légère devrait faciliter la manœuvre. Ceux qui attendaient dans la file le plaignaient avec des sourires tristes, quelqu'un s'exaspéra que cette chose fût aussi paradoxale, elle qui aurait dû être l'aubaine de la toute-puissance pour un homme en faisait plutôt un môme rabougri dans sa culotte inutilement bouffie. L'homme insistait sur la laideur singulière de son bonus de biologie, il évitait de le sortir à l'air libre, non pas qu'il en avait honte, mais parce que lui-même répugnait à en voir le déploiement dans l'espace et qu'il risquait de vomir dans la pharmacie, ou carrément de s'évanouir.

— Sasa, mi ntayuwa djé, Docta, comment je saurai que vous m'avez soigné, si je m'évanouis ?

— Vous verrez les incisions que je vais pratiquer, vous verrez aussi les comprimés que je vais vous prescrire, et puis, si vous vous évanouissez, c'est encore mon rôle de vous ranimer...

Un deuxième groupe se constitua un peu plus loin. Des gens y débarquèrent en pleurant à chaudes larmes. Ça voulait dire, pour ceux qui attendaient de voir Docta, qu'un voisin ou l'enfant d'un voisin était décédé dans la nuit. Des hommes avancèrent qui apportaient un cercueil recouvert d'une nappe blanche en direction de la pharmacie. La nappe avait été laborieusement brodée d'une croix bleue et de pitoyables petites fleurs si mal faites que tout le monde s'en indignait sans pouvoir le dire : on ne fait pas ce genre d'observation aux funérailles de l'autre. Docta dégagea le rideau et le hernieux comprit pourquoi il n'avait pas été permis aux malades de se prélasser sur le lit duveteux que les ONG dans leur bienveillance légendaire avaient cadeauté au Bronx, quelqu'un y était mort la veille, il y avait aussi passé sa première nuit de mort. C'est lui que ces hommes venaient chercher pour le déposer dans la petite bière qu'ils avaient recouverte d'une nappe pour le présenter aux prières de prophète Zabulon avant d'aller l'enterrer à la hâte dans l'un de ces cimetières dont l'État interdit l'accès aux indigents. Les autres cimetières étaient trop loin de la ville et nécessitaient de porter le mort sur un vélo, ce qui empêchait de l'accompagner en nombre, avec la dignité et l'humanité qu'il fallait pour dire toute la gratitude qu'on éprouvait envers sa vie qui s'achevait. Une équipe avait déjà été envoyée creuser en catimini. Il fallait trouver une toute petite place dans la foule des morts qui s'entassaient dans le terrain municipal, s'échangeaient les os en confondant ce qui avait été leurs chairs dans une terre faite aussi du bois de leurs bières respectives que les voisins retournaient avec les mêmes bêches qui servaient à creuser les puits de cuivre dans le Bronx. Les os qui revenaient à la surface étaient rassemblés en vue de les enfouir sous la terre un peu plus loin. Les hommes se remplaçaient dans le trou et ceux qui en sortaient pour souffler se mettaient à téter les lutuku en sachets qu'ils se passaient comme ils auraient pu se passer la mamelle de leur maman, l'alcool partagé est un mortier qui fixe une fraternité sincère, encore plus face à une tombe creusée à la dérobée et qui rappelle la vanité des choses qui ne consolide pas votre sentiment d'être vivant et vous pousse à jouir, à profiter autant que vous pouvez de votre tour d'être en vie. Les voisins se passaient la mamelle en sachet dans une convivialité qui célébrait à sa manière la vie du défunt. Pako ne manquait jamais d'aller creuser la tombe des morts du quartier. C'était, à ses yeux, une manière de déclarer à sa propre mort qu'il n'en avait pas peur. Mais il répétait souvent aux autres qu'il était convaincu que personne ne se donnerait la peine d'aller creuser sa tombe. La nuit, dans ses rêves, il voyait la croix rouge, ou la mairie, le mettre en terre. Il ne doutait plus de l'ingratitude et de l'indifférence vertigineuses que les voisins, ces épaves humaines, qui n'avaient d'humain que leur biologie, nourrissaient à son égard quand il n'était pas question de son courant, et même là, ils le flattaient avec une maladresse écœurante.

Dans le quartier, on avait dressé un petit podium qui pouvait accueillir et la biologie du défunt et le Prophète, mais ce dernier était en train de faire scandale en déclarant qu'il ne dirigeait pas une Église de croque-morts, qu'il n'était pas un catholique pour dire l'Évangile devant les oreilles glacées d'une biologie tapie dans sa mort et qui n'en avait rien à foutre, aussi les saintes Paroles de son Seigneur, ça ne se sème pas dans une poubelle ou dans des chiottes qui sont, avec les biologies mortes, les seuls endroits où nichent les vers et les imbéciles. Le Prophète se désolait de ce quartier encore plus damné que Ninive, Gomorrhe ou Sodome, ce conglomérat de vers de terre qui se moquaient de Dieu et ne soupçonnaient nullement qu'ils s'attiraient les foudres de sa sainte colère pour tout le temps qu'ils passaient sous la terre à chercher l'argent et les joies d'ici-bas. Ne leur avait-on pas révélé que le prince de ce monde, le diable, avait établi son enfer sous la terre, la même d'où vient le magma des volcans qui est une préfiguration du feu où ils iront rôtir, après leurs vies de faibles d'esprit impénitents qu'ils passent à désirer ce monde fugace et ses délices charnels et périssables. Docta que l'on respecte autant que le Prophète dut intervenir en demandant à la famille et aux proches de témoigner des choses comme la bonté ou la personnalité exceptionnelle du défunt, il affirma que c'était ça le meilleur deuil possible. On n'avait pas le choix, on suivit le conseil. L'homme était mort dans un éboulement causé par la dynamite avec laquelle il avait voulu accélérer le travail dans son puits de cuivre. Quelqu'un passa devant l'assemblée et s'élança tout de suite dans une diatribe sur la colère des esprits face à la terre qu'on défigure en la creusant malencontreusement, il ajouta que les anciens Katangais avaient refusé de rentrer sous les galeries, «car la terre est notre mère, elle ne doit pas être violée par des gens qui frétillent d'ambition mercantile». C'est pour cela que le colonisateur avait été obligé d'aller chercher de la main-d'œuvre ailleurs : la malédiction des esprits de la terre ne devait pas retomber sur les enfants du Katanga. Quelqu'un d'autre s'avança pour dire que le mort avait donné une leçon à tout le monde et que les gens devraient éviter la paresse, mieux valait travailler une année et cueillir les fruits de son travail, plutôt que de crever sous la terre. Un autre, qui fut annoncé comme un chef coutumier, vint enfoncer le clou du premier intervenant en disant qu'on n'avait plus aucun respect pour la terre, «a-t-on oublié que l'identité de chacun part du village de ses parents, c'est-à-dire d'un bout de terre qui a un chef coutumier, des arbres poussant dans la chair des ancêtres et des esprits claniques? Ignore-t-on que sans cela, on n'est rien que des biologies qui ont des jambes et une bouche?» Il ajouta que même la guerre carburait à cette irrévérence vis-à-vis de la terre. «On ne peut pas pisser sans conséquence les fluides de sa biologie là où les autres ont enterré leurs aïeux.» Le quatrième, ce fut Kafka. Lorsqu'il s'avança, certaines personnes écarquillèrent les yeux. Pour cause : elles ne savaient pas à quoi s'attendre de la bouche de cet homme, réputée médisante et acide. «L'actuelle société congolaise, proclama-t-il sur un ton d'oracle, est à vocation libérale, parce qu'elle est entièrement la création de la machine économique coloniale, cette vaste campagne d'exploitation du pays qui avait converti nos ancêtres en chercheurs d'or, en bêcheurs de richesses, en Américains en exode vers un Far-West paradisiaque... Que voulez-vous? Il y a longtemps qu'on a pourri cette terre en donnant à la vie une valeur marchande. Au début, c'était la nécessité de payer les impôts de l'administration coloniale, maintenant, c'est pour nourrir ses enfants de tout ce que le monde d'aujourd'hui peut offrir comme confort, parce qu'il faut bien qu'ils vivent la vie de leur temps, plutôt que de barboter dans la même boue que leurs ancêtres. Nos coutumes et nos valeurs là-dedans, c'est de la bouillie de manioc, un tas de fausses pudeurs purulentes dont nous nous évertuons à habiller le malaise de notre déracinement. Il faut dire les choses telles qu'elles sont : nous ne sommes plus enracinés, et plus jamais nous ne le serons. Nous sommes des arbres que quelqu'un a coupés et qui pourrissent en surface. N'attendez pas que les grumes bouturent nécessairement. Même les souches de la forêt que nous avions été ont été arrachées. De certains d'entre nous on a fait des meubles, laissez-les jouer leur nouveau rôle de meubles. Est-ce que vous demandez à votre tabouret de donner des noix de coco? Sachez-le, honorable chef, bien d'autres chefs traditionnels sont allés travailler pour les mining, à Fungurume par exemple, et ces gars-là ont tout compris, ils ont pris leurs couilles à deux mains et ils ont plongé dans la mine. Il n'y a jamais eu d'autre valeur ici que celle de notre sueur lorsqu'elle attendrit le sol d'où nos mains arrachent ce métal rouge comme un sang de sacrifice, ou comme les chairs pourries de nos ancêtres qui doivent être au courant que nous marchandons nos âmes en même temps que la terre où ils ont abandonné leurs os, et rien d'autre que leurs os. C'est comme ça, honorable chef, nos ancêtres étaient exactement comme nous, leur mort ne devrait pas les rendre meilleurs à nos yeux et en faire des modèles de je ne sais quelle vertu. J'ai la conviction qu'ils confessent eux aussi que rien ne vaut la splendeur rouge de ce métal. Sa brillance fade nous avait tous condamnés dès le jour où ils avaient posé leurs pieds sur cette terre.»

Le chef se leva sans mot dire et s'éloigna, tandis que le Maître sentait un nœud se tortiller dans sa gorge, il n'en revenait pas d'avoir dit des choses pareilles avec force conviction, il se désolait de réaliser qu'il était prêt à tout, au parjure, à la perfidie et à la perversité, pour maintenir ses voisins dans les trous. Le cuivre était désormais la seule boussole de sa vie et son unique justification.

Le cercueil avait été oublié le temps des joutes oratoires. Tutu Jean s'avança en tapant dans les mains pour attirer l'attention d'une assemblée qui était déjà silencieuse. «Je pense que ce qu'il faut dire avant d'aller enterrer notre voisin, c'est que personne d'autre ne devrait utiliser des explosifs. Lui au moins il a crevé tout seul, et nous lui en sommes très reconnaissants. La prochaine fois, qui sait combien de gens mourront en plus du gars qui fera éclater ses merdes dans son trou? D'ailleurs, vous allez attirer l'attention des autorités avec le bruit que ça fait. Je vous rappelle que c'est la ville ici, et que nous y avons établi des carrières illégales. Vous allez nous faire coffrer, à défaut de nous enterrer vivants.» La seule voix qu'on entendait pendant que les orateurs se succédaient au petit lutrin était celle d'une femme qui pleurait. Elle répondait aux inflexions des voix, cela semblait être sa manière de réagir aux envolées des parleurs ainsi qu'aux sursauts d'adrénaline de la foule. On ne fit attention à elle qu'après la mise en garde de Tutu Jean. À présent, deux autres femmes l'aidaient à se lever, et une escouade d'hommes soulevait délicatement la bière. Ils la posèrent sur le porte-bagages d'un vélo et l'attachèrent au moyen de cordes rêches issues de la segmentation des pneus d'auto. Docta demanda aux femmes de chanter un cantique quelconque, ce qui leur venait tout de suite, ce qu'elles voulaient…

— Bamaman, muimbeko kamwimbo, vous ne trouvez pas ça mauvais de marcher derrière lui, accompagnés seulement des pleurs de sa femme ?

— On pourrait chanter un psaume, convint une petite mère qui marchait d'un pas lourd en faisant téter son enfant.

— Ata vile, quelque chose comme ça, mais chantez, y en a marre de la voix de sa veuve, dit un homme au pantalon retroussé au-dessus de babouches de différentes couleurs. Il avait sorti une cigarette de sa bouche pour parler, il la remit aussitôt que la femme dont le bébé tétait à moitié endormi entonna quelque chose dans une langue qui semblait être le français mais dans laquelle on ne pouvait entendre distinctement que les mots : *Jésus, Dieu, Christ, Agneau* et *mort*. Ils marchèrent longtemps en évitant les grandes artères où la police et les autorités auraient pu les soupçonner d'être sur le point d'inhumer leur mort illégalement. Un voisin qui conduisait un taxi-bus dans le centre-ville avait promis de les piquer quelque part sur le chemin des cimetières, mais personne ne vit poindre le museau de son auto.

Le vélo et son escorte qui chantait faux zigzaguaient dans les petites avenues de quartiers, ensuite dans les grandes qui n'étaient pas goudronnées, en évitant les flaques d'eau laissées là par la pluie. La police était surtout cantonnée le long des rues où elle pouvait se faire régulièrement un petit pactole en interceptant un chauffard ou un incivique qui n'avait pas payé sa vignette et ses autorisations de rouler sur la voirie de l'État congolais. Il n'était pas commun de voir un mort à vélo dans certains quartiers de la ville. Plutôt que de louer le corbillard du service municipal des pompes funèbres à la mairie ou même la luxueuse jeep qui traîne le cercueil dans une niche vitrée et sur laquelle il est écrit : *Archidiocèse d'Élisabethville*, comme si l'Église s'en servait pour conduire les morts en grande pompe auprès de Dieu, avec des sirènes triomphantes qui exigent priorité sur la route. Les éprouvés qui n'avaient pas réuni suffisamment d'argent dans les cotisations familiales du deuil, ajoutées aux dons des amis, des voisins ou des collègues de travail, ils s'en allaient enterrer leur mort dans un taxi-bus. Comme le bus du voisin qui avait les couilles bouffonnes de poser un lapin à une biologie devenue sacrée à cause de la mort. Interloqués de voir un mort à vélo, des gamins suivaient les endeuillés ; mais ils ne pouvaient aller loin. Quand les premiers s'arrêtaient pour retourner chez eux, d'autres galopins prenaient la relève, et ainsi de suite jusqu'au trou dans lequel on largua la petite bière.

Belladone était debout derrière la veuve. Elle voyait la nappe se maculer progressivement, jusqu'à être complètement salie par les bêches qui renvoyaient de la terre boueuse dans le trou de la tombe. Les chansons ne purent couvrir les cris que la veuve lança. C'est à ce moment, pensa Belladone, que l'amour est le plus fort. Il devient une connerie qui ne tient plus qu'aux souvenirs des moments où des bras s'ouvraient pour accueillir une biologie vivante et qui désire, où des regards s'affrontaient comme des vents chauds, où des soupirs sentaient le jus de fruit que l'autre avait bu avant de monter sur le lit pour faire l'amour. Tout ça partait dans la terre boueuse de ces bêches qui faisaient résonner bruyamment la bière et qui allaient servir au sortir de là à ramasser le caca des gosses, à creuser dans un puits de cuivre ou à repousser les immondices du Grand Caniveau. De même, les amis et le reste de la famille pleurent à cet instant. De plus en plus de mottes de terre lancées par les fossoyeurs font retentir toute la solennité impudente de la mort sur le cercueil. Aussi des gens dont on n'avait pas entendu le moindre soupir le long du chemin de croix de la veuve vers la tombe hurlaient-ils au son des bêchées irrémissibles qui salissaient et salissaient la nappe blanche, et tambourinaient sur le caisson qui était à présent implacablement englouti. Belladone avait les larmes aux yeux face à autant de preuves d'amour, elle avait la vie de quelqu'un dont personne ne regrette l'absence et, pendant longtemps, tout le monde avait souhaité qu'elle n'eût jamais été là.

La foule rentra en silence. Un soleil taquin harassait Belladone. Il semblait qu'autour d'elle les voisins méditaient l'éventualité d'une mort collective par la dynamite imprudente d'un autre creuseur impatient de croiser sa bonne étoile sous la terre. Cet homme était bien mort seul, et personne n'avait entendu le bruit de son explosion. Sans doute avait-elle été étouffée par les grondements du ciel qui avait bavé sur la ville durant toute la nuit. Plutôt que d'être découragés par cette mort qui les renvoyait à la vanité de l'acharnement qu'ils mettaient à creuser des vies impossibles à sauver, à épargner de l'anéantissement vers lequel elles tendaient inéluctablement, les voisins marchaient d'un pas qui disait leur empressement à rejoindre l'inconfort des trous du Bronx. En queue de marche, Pako papotait à voix basse avec les autres garçons de sa bande. Ensuite, il y eut un homme et un deuxième homme dans les conciliabules qui se murmuraient et s'éloignaient de plus en plus des autres endeuillés à la démarche tout aussi leste. Quand tout le monde sembla d'accord en acquiesçant de la tête et des mains, Pako courut vers Kafka.

— Boss, boss, manjimu mbiri iri saigner njana, deux trous qui saignent en même temps, vous vous imaginez ? Est-ce qu'on peut apporter les concentrés à ton Chinois ?

— Ya pata kani? Combien de sacs?

— Hatuyue mbele. Ils ont pas fini de fondre les bruts. Ça peut faire vingt. Ata mingi ku pale...

Le Maître se retint au moment où ses lèvres s'arrondissaient pour hurler la joie qui lui montait dans le ventre et boutait dehors toute l'anxiété vertigineuse qui lui avait spontanément retourné les poumons après qu'il avait proclamé à l'attention de ses voisins, réunis par le deuil, la majesté du cuivre et la souveraineté du pactole qu'on en tire depuis la nuit du colonialisme. Il se dit alors qu'après tout cela pouvait être sa nature cachée, l'animal enchaîné qu'il avait toujours confiné quelque part à l'intérieur de lui-même, de peur de perdre face et de trébucher devant ses rêves, ou plus précisément son rêve d'un monde plus clément avec ses enfants, avec ses idées pour redresser l'Éducation nationale. Le Maître se consola du fait qu'il allait toucher du cash, et il appelait ça «du concret, de la matière palpable», en acceptant à l'occasion de se laisser fourvoyer par la savoureuse perversité de l'argent, du moins pendant un temps qu'il espérait court, et il se disait constamment que cela lui passerait, que c'était pour un temps, mais le temps passait et la petite satisfaction persistait, grandissait, fleurissait et l'enivrait avant de le métamorphoser en cette chose plus horrible à ses yeux que toutes les métamorphoses envisageables : il l'avait souvent appelé l'«homme moyen». Celui à qui manque cette noble aptitude qui consiste à regarder le ciel et à le désirer, à le convoiter et à agencer des artifices pour pouvoir le conquérir dans sa plénitude azurée et abyssale, puisque, pensait-il, ce gouffre à l'envers, cet abîme retourné qu'est le ciel devrait pouvoir le guérir de toutes ses peurs, et le ciel lui avait toujours paru comme une négation des abysses où la nuit l'envoyait s'abîmer dans ses cauchemars habituels. Il nourrissait une peur intime de vivre pour rien. Arrivé chez lui, il se coucha en pensant à l'argent que ses mains allaient bientôt tenir, palper, caresser, sentir comme il se saoule des biologies tièdes et brûlantes que lui offrent les jeunes filles de l'avenue Mitwaba qui défilent dans son lit et dans le trouble électrique de ses yeux fermés.

Petite interruption pour partager avec nos aimables auditeurs cette sage réflexion de l'honorable sénateur maître Jean-de-Dieu Salakeba : «La vie n'est pas facile. Interrogez celle des grands hommes et vous saurez qu'il faut y mettre de la sueur, du stress et de la patience. Chercher des raccourcis ne vous fait que mourir vite, sans avoir rien fait, car ce qui ne dure pas n'est rien, et ce qui dure se construit longtemps, dans la patience et l'endurance. Je suis en train de suivre en famille l'aventure de nos compatriotes d'Élisabethville qui ont fait comme si l'État c'était leurs cabinets. Cela vaut pour tous les compatriotes qui ont notamment bâti des maisons illégales sur les terrains publics, dans les écoles, dans les camps militaires ou sous les lignes à haute tension et qui mettent les mairies de leurs villes dans l'obligation de démolir et de réparer leur propre imprudence.» Merci, sénateur, pour la vastitude de votre sagesse.

Notes de l'auteur inconnu
L'épreuve, c'est d'être le père d'une fille

L'homme qui s'était étranglé dans la colère d'une terre agacée par sa dynamite avait empêché le Maître de convoquer les voisins ce jour-là. Il avait minutieusement préparé un discours sur trois papiers quadrillés pour eux. Un texte «taillé sur mesure», dans lequel il les exhortait à se cotiser pour reconstruire l'école. Maintenant qu'ils pouvaient mettre leurs enfants dans les murs d'une vraie salle de classe, maintenant qu'ils en avaient les moyens, ou qu'ils étaient sur le point d'en avoir les moyens, le Maître leur demandait de prendre la décision de créer ensemble les conditions d'un apprentissage qui se moquerait des manquements et du mépris des autorités qui n'avaient d'yeux que pour leurs embonpoints, sans autre souci que d'en entretenir la protubérance. Tout juste comme si le Bronx n'avait été qu'un point insignifiant juché, et en ballottement, quelque part entre la nuque et les lombes de leurs biologies grassouillettes, pas à la portée de leurs yeux bardés de lunettes grossissantes et trop occupés à se mesurer la bedaine, il lui semblait heureux que les voisins prennent en main l'enseignement de leurs enfants, ça pouvait commencer par une collecte pour reconstruire l'école et la transfigurer, l'argent avait le pouvoir achevé de convertir la farce de l'école primaire Hekima en une institution pilote, en un sanctuaire et en une pépinière de référence. Il leur disait dans son discours de confier l'argent au directeur qui était un homme respectable et dont l'estime et la distinction avaient la reconnaissance naturelle des parents d'élèves. Premièrement, il n'habitait pas le quartier, ensuite, il était catholique ou quelque chose comme ça (c'est-à-dire le genre de personne qui ne joue pas à être sérieuse et intègre, vu que, dans son église, contrairement à l'Église des Vivants, les fidèles se fichent les uns des autres), aussi, il était d'une vénérable rotondité bien contenue dans des vêtements soigneusement repassés, plus encore, personne ne l'avait jamais surpris dans une posture compromettante avec une femme d'autrui. Il ne troussait pas la biologie sensible des mamans d'élèves, et des élèves de l'école encore moins. Officiellement, il ne couchait même pas les enseignantes, parce qu'il aimait son prochain comme lui-même. Ça aurait dû lui valoir, et depuis longtemps, une décoration de la chancellerie des ordres nationaux, en considérant que les écoles étaient devenues des lieux où certains sociopathes allaient exercer leurs perversités sur les enfants de leurs voisins, de leurs concitoyens, au vu et au su de tout le monde et du monde, ils distillaient par les fluides de leurs biologies des problèmes, et sanitaires et sociaux et politiques, d'une gravité qui donnait presque autant de vertige à la nation que les guerres civiles dans lesquelles elle s'était déjà gondolée. Grossesses et avortements dans les égouts ou simplement sur le trottoir, ce qui portait le pays tout entier des moutards aux vieillards à très bien savoir à quoi ressemble un cadavre de fœtus, à maîtriser la géographie d'un mort-né exécuté par sa maman ou par les amies de sa maman, ou par sa maman et la maman de sa maman, ou par sa maman en connivence avec son papa, le «bébé» disait-on indifféremment, en les voyant si souvent, en se heurtant si souvent contre eux sur le trottoir ou dans les ruelles et les demi-brousses... Dans le Bronx, les voisins se désolaient pour les jeunes filles qui avaient banalisé la recrudescence de la violence à leur biologie dans l'exercice d'avortements solitaires. Ils s'indignaient des députés nationaux qui n'avaient pas obtenu à leurs électeurs la sécurité des filles qui avortaient dorénavant dans des hôpitaux, au cas où elles manquaient de moyens affectifs ou matériels pour pouponner, sinon on n'avait qu'à les laisser faire des bébés pour des couples préalablement identifiés comme ayant des difficultés, merde, ça n'est pas difficile à voter un truc pareil, comment peut-on voter contre des problèmes aussi costauds que la porosité du Trésor public, si on n'est pas foutu d'encadrer les naissances et les avortements? Et les voisins s'enflammaient en parlant des bébés trouvés dans les ruelles, dans le Grand Caniveau et dans le marécage qui délimite le Bronx. Le directeur de l'école primaire Hekima n'était le père, comme cela arrive souvent aux autres directeurs, d'aucun de ces gamins qu'on découvre dans la broussaille avec une cohorte de mouches qui leur mangent la figure. Il n'était pas non plus le père d'un rejeton entretenu par un autre homme, ignorant souverainement que sa femme avait fait culbuter sa biologie pour que leurs enfants ne soient pas «chassés», renvoyés à la maison en attendant que leurs parents soient foutus de payer le minerval. Le directeur n'avait jamais pissé des merdes telles que la blennorragie, la syphilis ou le sida dans le ventre des petites filles ni des petits garçons que l'on confiait aux enseignants dans l'espoir qu'ils les débarrassent de leur ignorance, si bien que ceux-ci ne se privaient pas également de tordre le cou à leur innocence. Les voisins savaient à quel point cela était une chance inouïe d'avoir pareil homme à disposition, et Kafka s'était convaincu que la proposition de son discours taillé sur mesure serait accueillie comme un évangile.

C'est en pensant à son discours et à la perspective de toucher du cash au lendemain d'une journée gâchée par un mort imprudent, c'est la tête alourdie par une sorte d'embouteillage de cogitations que le Maître entendit Belladone répéter les mots du poème qu'il avait écrit pour Vieux Z. Il appela sa fille et il lui demanda de répéter ce qu'elle avait dit tout à l'heure. Belladone comprit que son père avait dû deviner d'où venaient ces mots et l'enchaînement de déception, de douleur, d'abattement et de désenchantement que cela impliquait. Le Maître avait tissé des rêves et maçonné des ambitions pour ses enfants. Mais il les aimait encore plus qu'il ne tenait à ses visées pour eux. Avec le temps, Belladone l'avait vu ramener progressivement sur Séraphin et elle-même son espérance de pouvoir saisir le moment subtil où de fines fêlures de bien-être, de satisfaction et de quasi-bonheur brocardent la coquille dans laquelle la vie l'avait confiné lui. Le Maître vieillissait. Il ne rêvait et ne désirait que pour ces jeunes encore vigoureux, frais et au regard ouvert sur une multitude de possibles. Ils deviendraient tout ce qu'il n'avait pas pu être, tout ce qu'il n'était pas et ne serait jamais. La jeune femme avait la bouche séchée par le chagrin qu'elle lisait sur le visage dévasté de son père.

— Sema tena, redis-le, gloussa le Maître, et elle gardait le silence, et elle baissait les yeux, et elle sentait qu'elle allait pleurer à cause de la confrontation en elle entre l'envie de parler et la certitude qu'il était impossible de décrire à son père la beauté et la force entraînantes des sentiments qu'elle couvait dans son ventre. Vieux Z, elle en avait conscience, n'était pas de ces hommes qu'une fille brandit fièrement en guise de trophée. Elle vivait dans l'appréhension de la souillure torrentueuse des regards qui guettaient leur histoire à l'extérieur de la bulle où ils s'aimaient délicatement. Elle savait qu'elle perdrait son amant dès l'instant que les autres apposeraient des mots sur leurs sentiments. Elle savait qu'ils finiraient de toute évidence par nommer ce qui se passait entre eux...

— Redis-le, répéta le Maître au bord de larmes.

Mon cœur est un grain de maïs
Grillé... par l'ardeur de ton désir
Éclaté... par l'attente
Soufflé... par ton regard enfin posé sur sa misère
Car les cœurs amoureux
Sont des pop-corn !

Ainsi, face au Maître, dont le visage était à moitié éclairé par la lueur d'une lune qui semblait parader pour séduire les nuages, Belladone eut l'intuition qu'elle était libérée de son mal et de sa malédiction. Elle comprit qu'il y avait eu beaucoup d'amour dans sa vie. Depuis la bienveillance de la nuit qui avait mis cet homme sur son chemin. Elle revoyait son visage à moitié éclairé par une autre lune triomphante, pendant qu'il la tirait, avec d'autres mots, de derrière le meuble inachevé d'une menuiserie qui lui servait de refuge à l'occasion. Ensuite, il avait porté sur lui toutes les méchancetés dont le monde avait couvert l'innocence de l'enfant qu'elle n'avait pas encore eu l'occasion d'être. Ce fut son absolution, et la fin de son errance. Belladone pleura à chaudes larmes. Elle pleurait de joie devant l'homme qui lui avait ouvert la porte à la vie. Elle réalisait que le Maître était vraiment son père, puisqu'il l'avait accompagnée de sa prévenance paternelle jusque dans la découverte et dans la conquête d'un amour sur lequel il avait apposé des mots, le sceau de ses mots à lui. Il avait donné la clé, ou la formule magique pour les sortir de la bulle où les avaient relégués leurs sentiments. Des images de la maladresse de Vieux Z revenaient dans la tête de la jeune femme. Était-ce le trouble de posséder enfin cette biologie qui lui inspirait des gestes aussi gauches ? L'avait-il attendue depuis le jour où elle s'était accroupie sur son visage pour pisser dans sa bouche et lui sauver la vie avec son urine ?

Était-ce la frénésie de ses sentiments ou le carambolage de ses fantasmes pour une fille qui lui ouvrait enfin ses jambes, sous la lueur hésitante d'une bougie qui répondait à leurs soupirs ? Ou encore, était-ce le désespoir consolidé par la laideur et le dépérissement de sa propre biologie et par la laideur de sa vie qui le rendait aussi nerveux ? Il souriait de ses gencives qui évoquaient l'innocence et la vulnérabilité, et elle pouvait voir une lueur dans ses yeux, une lueur assombrie par le trouble, le désir, peut-être, ou la gêne...

À la manière d'une petite fille, Belladone se mit à attendre une punition du Maître. Elle se sentait pleinement l'enfant de cet homme qu'elle affligeait en trébuchant irréversiblement dans le cœur d'un individu aussi dégénéré, aussi étiolé tant physiquement que spirituellement. Un individu aussi peu recommandable que Vieux Z. En tombant amoureuse tout de même, ce qui lui faisait espérer de la compréhension, ou de l'abnégation comme il convient d'un parent aimant dans une situation aussi vertigineuse et ouverte sur des possibilités de destruction, d'achèvement ou même de bien-être, et donc qui brisaient la coquille où la guigne pouvait isoler de la jouissance et des réjouissances de la vie, cette vie qu'on donne à ses enfants sous le serment, la promesse et la détermination de les rendre plus heureux qu'on ne le sera jamais soi-même. Pour la première fois de sa vie, elle s'entendit appeler quelqu'un papa, et ce fut lui, le Maître, et elle sentit ses tripes convulser dans une décharge magmatique. En plein enchantement inopiné, elle découvrit toute la magie de ce mot que le langage courant avait banalisé dans la ville, en le collant sur la trogne de tout inconnu masculin d'un certain âge qu'on apostrophait sur son chemin, et elle pleura encore devant le regard lumineusement troublé que le Maître posa aussitôt sur elle. On aurait cru que, pour lui aussi, le mot « papa » avait été profondément transfiguré et autrement plus intense, plus fondamental, plus essentiel dans la bouche de Belladone.

Tandis que la jeune femme était envahie par une paix savoureuse, le Maître lui s'abîmait dans la perception et dans la peur de ruptures inéluctables qui n'auguraient rien de moins que la fin du monde. La fin de son monde. Il connaissait bien les morsures ascendantes de ce sentiment incandescent qui lui avait déjà étranglé le cœur, au moment où la maman de Séraphin l'avait quitté. Tout bêtement, un autre homme trônait impérialement dans son cœur. Après l'amant, c'était le père qui se mortifiait. Ses certitudes, ses ambitions et ses rêves de père se gondolaient dans une flotte de larmes inondant littéralement son ventre. Le soir, il ne put manger ni boire, ni coucher la biologie d'une fille de l'avenue Mitwaba, ni se toucher avec sa lotion au jus de citron, ni dormir... Le lendemain, personne ne le vit se raser la barbe au milieu de la parcelle comme tous les matins, de même on ne le vit pas aller prendre sa douche, ni se brosser les dents, ni se peigner les cheveux, ni téter dans le vieux bus. Il gardait les vêtements de la veille et leur état disait qu'il s'était vautré avec eux dans ses draps et qu'il avait couvé sa peine dans une insomnie tumultueuse. Son apparence était celle d'un homme qui avait passé la nuit à se retourner nerveusement dans son lit. Il n'était pas en colère, il était harponné par un vide, un peu comme si un djinn fumiste l'avait soudainement métamorphosé en un ballon et qu'il n'y avait que de l'air sous la fine couche de sa peau. Maintenant que Belladone se sentait pleinement la fille du Maître, ce dernier avait la conviction effarante qu'il l'avait irrémédiablement perdue.

Notre consœur Beauté Nationale Julia Roberts va devoir prendre un peu d'air pour nous revenir en force. Nous la laissons donc souffler et, pendant ce temps, nous allons suivre ce portrait historique de Kabasele Tshiamala, dit Grand Kallé, de l'African Jazz, l'homme qui faisait danser notre héros national en son temps, et tous les Pères de la Nation, l'homme qui a chanté la table ronde politique ainsi que l'indépendance de notre pays, «Indépendance Chacha».

TROISIÈME PARTIE

POUR LIRE LES NERVURES

> Au Congo, « [...] il y a deux sortes de problèmes :
> ceux qu'on ne résout jamais et ceux qui se résolvent tout seuls ».
>
> Manuel Scorza, *Roulements de tambours pour Rancas*
> (citant le président Manuel Prado).

Une petite précision s'impose : la rédaction de votre chaîne nationale s'est plu à maintenir le remplacement désobligeant du mot «Pérou» par le mot «Congo» dans cette phrase tirée de l'ouvrage subversif du Péruvien Manuel Scorza.

Notre consœur Beauté Nationale, Internationale, Intergalactique, *alias* Da Vinci Code, *alias* Julia Roberts ya Kin, l'Unique Vraie, est de retour après avoir reposé ses cordes vocales. Elle revient vous lire, chers auditeurs, les dernières pages des notes de cet opposant dangereux qui a cru s'essayer à la littérature, ignorant que cela est une sphère réservée aux âmes nobles. Nous n'avons toujours pas reçu l'annonce de son arrestation par les services compétents pour complicité dans un acte de sabotage de l'État. Généalogie, notre émission spéciale, tend vers son dénouement. Dans cette troisième partie, vous allez découvrir le salaire de la désobéissance civique.

Notes de l'auteur inconnu
La terre a toujours le dernier mot

La plupart du temps les gens sont impatients dans l'attente des choses qui sont pourtant déjà là, sous leurs yeux, à portée de leur main. Ils ont beaucoup attendu, ou ils ont été d'une impatience maladive qui a fini par les aveugler. Ils peinent à lire les signes. Ils s'enlisent dans leur exaspération face à ce qui a trop perduré. Et, lorsque les choses qu'ils ont désirées, voulues, espérées et convoitées finissent par poindre, ils ne les voient pas. Maureen Vanderstraeten contemplait les plantes de son jardin, elle en guettait la croissance qui était devenue sa boussole, son calendrier ou sa mesure du temps. Elle trépignait de voir fleurir un frangipanier, alors qu'un éventuel consommateur de ses fioritures végétales, qui avait promis de la rappeler dès le lendemain de leur rencontre informelle, ne donnait toujours pas de nouvelles. La floraison de ses roses trémières ou de ses gardénias lui procurait la bonne humeur dont elle avait besoin pour sortir de chez elle, ou pour ne pas s'effondrer, engloutie par sa débâcle financière qui n'en finissait pas de faire yoyo. Elle s'affolait devant les aiguilles tombées pour la troisième fois de ses mélèzes depuis qu'elle avait consigné dans son carnet les propositions à faire aux nouveaux patrons que les médias annonçaient et qui venaient prendre la relève des incapables qui avait mis à genoux l'économie du pays. C'était une aubaine que ces nouveaux investisseurs, à qui un programme d'ajustement structurel et des contrats signés avec des Chinois avaient astucieusement donné toutes les richesses du pays. Mais ils tardaient à frapper à la porte de Maureen pour solliciter ses services, son expertise unique dans la ville. De même, ils ne se montraient pas dans les soirées mondaines du cercle hippique ou du golf-club ou dans les vernissages de son amie Katlijn. Elle ne les voyait qu'à la télé. De temps en temps. Les bras lui en tombaient d'observer qu'ils étaient vraiment chinois. Elle se doutait qu'ils feraient venir de leur pays des jardiniers à l'encan. Dans les mêmes containers que leurs outils, les boutures, les graines et les engrais de pacotille dont ils allaient sous peu envahir sa ville. Et donner le coup de grâce à son business. Elle devint antichinoise : «Je ne suis pas raciste, clamait-elle en arborant sa prétendue naturelle soif d'équité et d'éthique dans les affaires, je ne suis antichinoise que dans cette ville, seulement lorsque des Chinois menacent mon business avec cette espèce d'effronterie, de cynisme et de mépris silencieux!» Elle avait la poitrine alourdie et enfumée par la maladresse et l'égocentrisme des politiciens qui gelaient son empressement de redevenir la reine de cette ville. Son royaume était menacé par l'instabilité de ces idiots qui se tiraient dessus, ignorant qu'ils n'étaient pas tout seuls dans la ville, cette ville créée par des travailleurs blancs, cette ville où d'autres travailleurs expatriés avaient été effrayés par leur sauvagerie et par leur légendaire incapacité à se mettre d'accord sur des futilités. Ils bataillaient pour ce qu'on ne saurait même pas appeler les miettes du business qui se fait ici et dont ils ignoraient tout, comme des bébés. Mais ils se battaient quand même. Des villageois venus de Dieu sait quelle cambrousse précoloniale, préhistorique déployaient la laideur de leur nudité crasseuse et ils se rengorgeaient dans les rues avec un nouveau drapeau, un nouvel hymne national et des couteaux en aluminium (ils les avaient fabriqués eux-mêmes en vandalisant les batteries des camions censés évacuer leurs productions agricoles vers les centres urbains, ils les avaient aussi taillés dans les épaves de ces mêmes camions, ou grossièrement forgés avec des déchets de cuivre). Ils prétendaient pouvoir chasser les Blancs, les Chinois, les autres Noirs non originaires, les Juifs, les Arabes et les Indiens. Cette terre avait vocation d'être un pays rien que pour eux. Ils vendraient le cuivre à l'envi, à qui aurait la poche plus généreuse, plus humaine à leur goût.

Le Bronx s'acharnait à taper dans la terre et Maureen n'avait pas revu Kafka depuis que celui-ci lui avait emprunté de l'argent ou, plus précisément, depuis qu'il lui avait demandé d'investir dans la sueur de ses voisins. Elle n'ignorait pas ce qui se passait. La radio ressassait que les voisins du Maître se convertissaient en «bestioles souterraines». Au début ça l'avait mise hors d'elle. Elle se sentait trahie, insultée, bernée, pigeonnée, bafouée... Elle était déçue au point qu'elle aurait mis une baffe au Maître, si ce salopard avait eu le toupet de ramener sa bouille taillée au ciseau devant elle. Par la suite, elle s'apaisa, ou peut-être oublia-t-elle son courroux. Il est vrai aussi qu'elle eut plus de crispation face au regain des activités dans les milieux mondains. Des expatriés des quatre coins de l'Europe et de l'Amérique faisaient la bringue dans des soirées où il n'était pas suffisant d'être présente, encore fallait-il y jouer un rôle, c'est-à-dire «être visible». La matrone se désolait et se morfondait de perdre du levier, «mon âme extérieure...» marmonnait-elle, à cause de ses problèmes de finances. Ses affaires comme le nom de sa famille avaient été relégués dans les antiquités coloniales. Il émergeait une nouvelle élite d'expatriés, lesquels, pour la plupart, n'avaient jamais mis les pieds dans la ville. Ils n'avaient pas non plus d'aïeux qui y soient jamais venus, ni du temps de la colonisation, ni avant, ni après. Elle avait le cœur enflé d'humiliation, de concupiscence et d'une appétence corrosive de revanche ou, mieux, de reconquête. Un soir, à l'open de golf, elle s'offusqua qu'un patron présent dans la ville depuis plus d'un an demande qui elle était et qu'il fasse une moue lorsqu'on la lui présenta. Une qui voulait dire que le nom des Vanderstraeten ne lui disait rien. Un autre soir, à la galerie d'art contemporain, elle fut agacée par un jeune couple, un coopérant et une humanitaire, qui conviait Katlijn à la réception de leur départ et qui, en plus de ne pas l'inviter, sembla n'avoir pas remarqué sa présence dans le petit cercle soudainement formé autour d'eux. Encore que, le reste de la soirée, tout le monde fût aux petits soins d'au revoir et de début de nostalgie avec ces deux malandrins. Un coopérant et une humanitaire, bon sang! ça sert à quoi, ruminait Maureen, sinon à se la couler douce, à vivre grassement avec l'argent que les contribuables européens mettent pour soi-disant développer ou consoler les tristes hères du Sud! L'artiste à l'honneur avait été mis de côté. Pire, quelqu'un, une fois, lui avait vanté avec un enthousiasme déconcertant les aptitudes de la ville à être quelconque la journée et presque féerique la nuit, à cause des lumières moites qui en éclairent nonchalamment les jolies bâtisses coloniales et les arbres en bordure de routes. L'homme, qui la prenait pour une nouvelle, l'avait presque suppliée de sortir voir cela de temps en temps : « Nous ne passons souvent que peu de temps dans ces villes africaines, et nous n'en retenons que les soleils épouvantables, les odeurs fortes et la turbulence contagieuse. Nous n'avons pas, voyez-vous, le réflexe de nous arrêter sur leurs atouts romantiques, leur côté attendrissant et quasi européen... » Elle avait failli sauter à la gorge de ce plaisantin irrévérencieux et iconoclaste qui s'entêtait à ne pas reconnaître en elle et en son illustre famille l'ascendance des arbres dont il encensait les silhouettes arrosées par le néon des lanternes à la tombée de la nuit ; un spectacle qu'elle voyait depuis plus de cinquante ans, puisqu'elle avait grandi dans ce décor, qu'elle pouvait lui dire depuis quand les ampoules à incandescence avaient été progressivement remplacées par ce néon dont il vantait maladroitement le bain laiteux où il plonge les ramures des ficus ou des flamboyants ou des pins parasols ou des jacarandas ou des acacias ou des cytises ou des albizzias ou des caroubiers soigneusement rangés sur les trottoirs par son père et ses ouvriers qui en gardaient une discrète odeur de crottin, du temps que cette ville ressemblait à quelque chose, parce qu'elle était dirigée par des gens qui avaient de l'ambition et du goût, « du très bon goût d'âmes nobles ».

— Je veux être sûre qu'il n'y aura pas de pépins, dit-elle à Kafka qu'elle avait demandé à voir. Elle voulait être sauvée du précipice où l'entraînait l'effacement et c'est Kafka qu'elle implorait de lui envoyer une corde de secours.

— Les gens creusent, madame, personne ne vient rôder par là. Les autorités ont été vilipendées par les ONG, à cause des démolitions, on est tranquilles.

Elle exigea qu'il l'appelle désormais Maureen tout court, sans ajouter le madame des boys qui avait survécu à la colonisation, vu que les Noirs de la ville n'avaient pas arrêté d'appeler mécaniquement madame toutes les filles, les jeunes femmes et les femmes pour peu qu'elles soient blanches ou métisses, arabes, chinoises, ou auréolées de pouvoir et d'argent. Depuis, les fameux évolués, tout ceux qui devenaient relativement riches, devenaient aussi relativement blancs. Dans le Bronx, on dit d'un tel qu'il est devenu blanc, puisqu'il a touché la tontine ; ou de deux voisins que l'un est plus blanc que l'autre, à cause de ce que ramènent les deux manseba qui conduisent ses motos, pendant que le deuxième n'a que les recettes d'une moto. Des Blancs devenaient noirs en se clochardisant. Dans le Bronx, c'était surtout de vieux Blancs qui n'avaient plus la force de travailler et qui recevaient l'assistance de leurs ambassades. Ils buvaient cette assistance dans le vieux bus, ensuite ils parlaient de quand l'Afrique se réveillerait, ils prenaient des tétées à crédit en attendant que leurs ambassades donnent l'assistance du mois prochain, et ils étaient des voisins comme les autres.

— Vous avez une bonne teneur dans les bruts que vous trouvez ? demanda Maureen, en écarquillant des yeux d'un bleu sale sur un visage si copieusement hâlé qu'il en était tavelé.

— La première fois c'était dix sacs et c'est resté dix sacs, les autres fois, je ne sais pas ce que ça a été au départ, mais c'est presque toujours satisfaisant après la fonte. Il nous arrive souvent de faire septante ou quatre-vingts sacs...

— Hum ! Et les ONG, elles savent que vous creusez ?

— Je suppose qu'elles ne doivent pas l'ignorer...

Maureen n'aimait pas les humanitaires. Elle détestait leur discours artificiel et captieux sur l'altruisme et la nécessité de sauver les pauvres et les victimes de toutes sortes de calamités lassantes avec quoi ils rebattent les oreilles de paisibles citoyens, à qui rien n'est encore arrivé, comme pour les effrayer de l'incertitude d'un futur où tout et n'importe quoi peuvent les détruire, eux aussi, comme si demain tout le monde pouvait mourir de sida ou de paludisme ou d'Ebola ou de faim ou même d'injustice.

— Je me méfie des ONG. Vous n'avez aucune idée de ce qu'elles vous font bouffer. C'est peut-être des OGM! Est-ce que vous avez envie de vous empiffrer d'OGM? On me traitera encore de raciste, si je dis qu'il n'y a pas d'État ici. Le rôle d'une organisation étatique est avant tout social, et donc, si les autorités, trop occupées à faire le vigile devant les indicateurs macroéconomiques et les cargaisons de minerais, détournent leurs yeux ou les ferment carrément face à des ONG qui disent prendre tout en main et qui vont gaver la population avec une bouffe suspecte, incontrôlée, peut-être avariée, mais dans laquelle vous avez tout de suite confiance, parce qu'elle provient des réserves de pays développés, c'est que vous n'avez pas arrêté d'être colonisés! Et je dois vous avouer, Kafka, que ce qui se passe dans votre quartier m'a paru au tout début comme une action politique, ou comme une réaction à la souffrance. L'incapacité à s'indigner collectivement dans ce pays m'a toujours impressionnée.

Kafka aurait voulu répliquer, seulement, il n'avait pas la tête à ça. La perte de sa fille était devenue une obsession aux fulgurations qui lui consumaient la fressure. Il aurait voulu opposer la mondialisation à cette affirmation outrecuidante sur l'absence de l'État. Les problèmes du moindre petit groupe humain dans un coin perdu de la terre donnaient des frissons à l'humanité tout entière, selon lui, la mondialisation déconstruisait la souveraineté des États sur les questions sociales qui se rapportaient à la survie, et les ONG aidaient les gens du Bronx à survivre, pas à vivre, c'était tout à leur honneur ; Kafka avait la certitude que cet argument tenait la route, mais il n'en sortit pas un mot, tellement ses lèvres étaient dolentes, à cause de l'affliction qu'il remâchait depuis que ses oreilles avaient entendu Belladone sortir ses propres mots pour dire qu'elle avait un cœur soufflé par l'amour et grillé par le désir d'une momie dérisoire, un zombie de l'insignifiance de Vieux Z. Ça commençait à le prendre un peu partout de réécouter avec amertume la voix de la fille qu'il venait de perdre et d'en être profondément malheureux. Il se coupait du monde, il se pelotonnait passagèrement, et de tout son être, autour de son malheur.

— Je vais mettre de l'argent, soupira Maureen. C'est ici qu'on se reverra chaque fois que vous apporterez ma part... Pas d'intermédiaire, ça se passera entre vous et moi... Notre deal ne doit pas s'ébruiter...

— Pas de souci, vous mettez combien ?

— Cinq mille dollars !

Tous les mois, Maureen Vanderstraeten attendait avec impatience ce qu'elle appelait sa petite semaine. Durant cinq jours, elle restait cloîtrée chez elle. Parmi ses fleurs, ses livres, sa collection d'œuvres d'artisanat et de peintures, de sculptures et de photographies achetées aux expositions de la galerie d'art contemporain organisées par son amie Katlijn, son chat, ses meubles, sa garde-robe, en somme tout ce qu'elle possédait dans le confort de son intimité. Elle faisait la ronde de ces possessions qu'elle époussetait en maugréant contre cette ville où la poussière se donnait des droits partout, et elle jardinait beaucoup. C'était aussi la période du mois où elle se permettait de petites cuites solitaires, pour ne pas avoir, se disait-elle, à se méconduire en public. D'habitude, avec des amis, elle ne prenait que deux coupes de vin rouge, deux flûtes de champagne, pas vraiment de vin rouge, «je me méfie de tout ce qui a tendance à tacher», et jamais de bière, «parce qu'elle pue». Dans sa semaine, en revanche, elle se servait du whisky au soda, ou simplement avec deux glaçons, «faut pas en faire de la lavasse non plus», et elle s'envoyait une gorgée pour dissuader les sueurs qui perlaient sur son joli front laiteux au bout de quelques grattages de binette et d'une bonne envolée de sécateur. Elle avait la passion des fleurs. Il se raconte dans la ville que c'est à son père qu'était revenu l'honneur de nommer les avenues du quartier Bel-Air, et il leur avait donné les noms des plantes. La mairie lui avait confié la besogne d'en orner les trottoirs. C'était le jour même où il mourut d'une pneumonie longue et qui avait sensiblement tarabusté les dernières années de sa vie. Il se raconte aussi que c'est encore lui qui avait conçu et réalisé tous les parcs de la ville. Cependant, Maureen avait toujours pensé qu'elle avait eu l'enfance malheureuse des gens qui vivotent autour de ceux qui ont le véritable pouvoir, celui de l'argent, de beaucoup d'argent! Elle ne l'avouait qu'à elle-même. Pendant longtemps elle racontait avec une fierté et une nostalgie feintes qu'elle avait grandi dans la féerie d'une multitude de fleurs, son père ayant été un homme au don rare de créer des paradis dont le premier et le plus beau avait été le jardin secret qu'il avait imaginé uniquement pour sa petite famille. Maureen se souvenait pourtant des visages badins des petits enfants qu'elle avait côtoyés à l'école et dans les cercles pour Blancs, qui la taquinaient en affirmant que son père faisait le tour de leurs domiciles pour s'occuper des jardins avec une bande de Nègres et que tous sentaient la crotte et la fiente qu'ils disposaient autour des plantules en guise d'engrais. Certains gamins rapprochaient leurs frimousses de sa robe et la reniflaient comme des chiots, en pépiant qu'ils voulaient s'assurer qu'elle ne puait guère le crottin et la fiente. Comme son père et ses Nègres.

Toujours dans les cercles pour cadres blancs, Maureen avait entendu d'autres personnes parler avec son père de sa propension à ne s'entourer que d'indigènes. La fifille en avait d'abord voulu à son père à qui elle reprochait de ne pas se saper de ces pantalons d'un blanc lumineux, comme tous ses compères qui se distinguaient, par leur pureté, de la crasse des Africains. Les salopettes et les godillots de son paysagiste de père apposèrent dans sa mémoire et dans son imaginaire le sceau de l'abjection. Longtemps après, alors qu'elle avait repris le business de son père, Maureen ne se départait jamais de ses robes de marque assorties de chapeaux, toujours aussi haut de gamme. Elle avait la passion des bijoux, sa préférence allant à l'or massif qui avait, disait-elle, la même couleur que ses cheveux, ce qui, par ailleurs, n'était que pure vérité. Elle entreprit aussi de réécrire l'histoire de sa famille. Le jardin privé et l'élévation poétique de son père firent leur entrée dans les récits de son enfance en un monde dont la perfection était le reflet des rêves lyriques de son père. Ce dernier devint l'homme parfait, le père absolu et total qui avait voulu montrer à ses enfants que des mains d'homme étaient bien à la hauteur d'un paradis. Les autres, ses clients, ne recevaient alors que des échantillons de ce jardin secret familial d'où le papa de Maureen prélevait quelques miettes de leur bonheur afin de les partager avec les autres colons dans les parcs urbains, ou dans le jardin de qui avait mis le paquet, car un paradis ça coûte la peau de ta biologie sensible ou de tes deux collines de l'humilité, tu ne l'obtiens pas pour tes beaux yeux. Dorénavant, tous les petits enfants qui avaient flairé sa robe mouraient d'envie de voir le jardin secret des Vanderstraeten où les fleurs exhalaient une buée fluorescente, où les arbres avaient la vertu mirifique de n'être pas que des arbres, le papa de Maureen leur ayant donné une forme voulue ainsi qu'une seconde vie. Un palissandre se déployait comme le bouffant duveteux, somptueux et éblouissant de la robe d'une princesse, un tulipier était son laquais, et un sapin se dressait comme le sceptre du roi bienveillant de ce conte de fées que la petite Maureen avait vu jaillir des mains de son père, ou encore une roseraie reproduisait l'enchantement d'un ciel étoilé que vous avaliez du regard sans vous martyriser le cou en levant débilement les yeux. La petite fille qu'elle était à l'époque découvrit qu'avec un peu d'imagination, on pouvait avoir de l'ascendant sur les autres et les maintenir à sa botte. Elle avait même surpris ses parents qui se disputaient et elle avait compris que son pouvoir n'avait pas de limite, il avait ouvert pour son père les bras et la biologie sensible d'une autre femme. Une bonne dame qui avait entendu ses filles rêver du « jardin secret » des Vanderstraeten. Son père, sans doute le dernier coup pour une femme dans la communauté blanche de la ville, devenait charmant, irrésistible, parce qu'il avait inventé un monde pour la femme qu'il aimait et pour les enfants qu'elle lui avait donnés. Il n'était venu à l'esprit de personne que la petite fille parlait d'un véritable jardin secret où elle-même avait projeté, rêvé ou réinventé sa vie loin des odeurs de crottin et de fiente que tout le monde humait sur la salopette de son père et que des bouilles pouponnes venaient guetter sur ses robes. Aussi, à seulement l'âge de neuf ans, Maureen était-elle déjà devenue la Matrone qu'elle serait toute sa vie.

Quelques phrases supprimées pour mauvaise foi outrageante. Notre nation a des jardins. Nous pouvons vous le confirmer, parce que nous les voyons quand nous descendons sur le terrain pour faire des reportages. Nous ne sommes pas obligés de les avoir identiques à ceux qu'on trouve à Bruxelles, à Paris, à Londres ou à New York. Les auditeurs se souviendront des articles dans les journaux occidentaux, visiblement des individus comme l'écrivailleur qui a rédigé ces notes. En panne d'inspiration, ils avaient houspillé nos autorités après la réhabilitation, à Kinshasa, du majestueux boulevard du 30-Juin, l'artère principale de la ville. Un bijou incontestable d'une modernité qui refroidit les velléités racistes de certains. Ces petits journalistes, depuis la solitude hivernale de leurs bureaux, la Russie leur ayant coupé le gaz, avaient osé prétendre que nos autorités étaient des barbares qui coupaient les arbres laissés là-bas par le colonisateur, alors que tout le monde était au courant que des jardins, bien plus beaux que ces arbres débiles, avaient été plantés le long des trottoirs de part en part. Si on n'a pas fait appel à vos services, c'est que vos services ne nous parlent plus. Ce n'est pas la peine de déblatérer, comme dirait encore la jeune fille plus haut. Les Chinois font mieux les choses que vous. En ce qui concerne les parcs urbains de l'époque coloniale, il avait plu aux autorités de notre nation souveraine de les lotir, et ça non plus ça ne regarde pas l'Occident. Pourquoi ces journalistes et ces petits écrivains ne charrient-ils pas les individus qui ont pris en otage cet espace vert au centre de la ville de Kinshasa qu'est le terrain de golf ? Pourquoi ne leur demandent-ils pas de céder ça à l'hôtel de ville pour en faire un parc urbain ouvert à tout le monde, à tous les Kinois ? Nous avons une grande forêt qui nous nourrit, et vous et nous et le reste du monde, de bien plus d'oxygène qu'un parc urbain. Alors, basta !

Maman Sidonie Da Vinci Code Beauté Nationale va reprendre la lecture.

Pile à l'instant où Kafka franchit la porte pour s'en aller, Maureen sentit quelque chose se rompre indistinctement au tréfonds d'elle. Elle ne put saisir tout de suite ce qui arrivait à sa biologie alourdie. Ses jambes semblaient s'enfoncer dans la terre et elle poussait comme un arbre, la lumière du soleil la traversait et la trempait, en plus de la fluidité de l'air frais des journées de jardinage qu'elle appelait affectueusement sa petite semaine, elle sut que c'était cela devenir un arbre, être planté dans cette terre et se nourrir de sa lumière et de sa glaise, des chairs pourries et des os décomposés des gens qui y sont morts, et elle se confondait à cette terre-là qui remontait dans ses veines pour faire d'elle un bloc immuable, identique à ce qui l'entourait, à la misère qui l'entourait... Elle devenait une misère maquillée et parée de bijoux, une misère parfumée, une misère habillée avec la classe de ceux qui savent distinguer le tissu du sac, la couture du tressage, le style des tristes coupes, ou l'art de l'artisanat, tout cela était porté par la boue qui ravalait les racines mêmes de la plante qu'elle était devenue. Quelqu'un lui avait donné une bouteille de vin rouge deux jours plus tôt, un expat à qui elle n'avait filé qu'une infime partie de son carnet d'adresses, car il ouvrait dans la ville un commerce qu'il appelait *La Cave aux vins*. Il prétendait importer ses pinards des meilleurs vignobles de France, d'Italie, d'Espagne ou du Portugal. Elle n'aimait pas les vins rouges, la possibilité qu'ils lui tachent les dents la terrorisait. Machinalement, ses jambes la portèrent néanmoins vers la planque où elle avait isolé la bouteille que le nouvel investisseur lui avait offerte en guise de prémices, elle comprenait qu'elle n'en avait plus rien à foutre des dents parfaitement blanches. Elle n'en avait plus besoin, à cause de ce quelque chose qui envahissait sa biologie à la manière d'un poison jouissif, ou d'un virus vivifiant, ou comme un liquide pénétrant dans du sable : c'était la honte. Elle se sentit proche des Africains de la ville, proche de Kafka, et elle fut curieuse un moment de s'apercevoir que c'était des problèmes d'argent qui l'avaient ramenée à cet état d'esprit, à cette condition de communion avec la partie réprouvée de la ville, cette marmaille indigeste, cette marée de biologies glauques et visqueuses dont elle se souvenait de l'odeur de crottin, quand ces gens bossaient avec son père dans les pépinières et dans les jardins. Elle revoyait leurs visages qui rigolaient en catimini, si le client n'était pas satisfait de leur travail. Elle les avait vus devenir de plus en plus fiers, naïvement fiers avec l'indépendance, ensuite arrogants et insupportables avec la dictature et son culte quasi communiste de l'authenticité culturelle et de l'homogénéité politique et vestimentaire, comme si l'abacost et le pagne étaient de véritables pendants culturels de la cohésion nationale dans le rêve d'une nation impossible qu'ils caressaient comme des bambins, elle les avait vus se morfondre de nostalgie pour la belle époque coloniale, devenir des légumes face à une camelote d'acteurs politiques et au délabrement de leurs vies et de leurs rêves. Une fois, elle avait dit à Kafka qu'elle n'avait jamais vu un peuple aussi mou, aussi docile, comment se faisait-il que le souci de leurs petites biologies insignifiantes les rende si spongieux et d'une aptitude unique dans l'histoire de l'humanité à absorber humiliation et douleurs politiques ou sociétales... Maureen rejoignait cette masse informe de biologies corvéables qui étaient devenues la population de la ville croupissant loin des cercles pour Blancs, lesquels deviendront des cercles pour Blancs et évolués, et aujourd'hui des cercles pour complexés, pour Blancs, pour assimilés, pour personnes qui ignorent la charge historique de ces cercles et pour personnes qui n'en ont rien à foutre de l'histoire de ces cercles mais qui sont devenus des Blancs en réussissant dans la vie. Le Maître avait révélé à Maureen qu'il y avait de plus en plus de gens dans la ville qui n'avaient rien à foutre de l'histoire de la ville et qui vivaient ici comme ils pourraient vivre ailleurs, sans attaches autres que celles que le quotidien ramène à d'autres individus et qui sont le décor de leurs journées de travail, de cuites, d'affaires juteuses, de folie, de quête ou de solitude... Maureen avait beau s'en horrifier et voir en ces nouveaux Blancs (qui n'étaient blancs que dans le langage des pauvres) des barbares qui violent les splendeurs de la ville, parce qu'ils n'en connaissent pas la précieuse histoire et ne se font pas chier pour cette histoire, le Maître affirmait que ça ne les empêchait pas de détruire les symboles de la ville à coups de dents tartreuses de toutes les sauvageries de leur absence de culture... Il en va ainsi, ajoutait le Maître, de la violence qui façonne les lueurs de toutes les civilisations, elles se font toutes vandaliser afin de recevoir leur absolution. Les Grecs à Troie, les Romains à Athènes, Alexandrie et Carthage, les Wisigoths à Rome, les Ottomans à Constantinople, le peuple français pour la cour des rois de France, les Français pour le Dahomey, les Portugais pour Mbanza Ngungu du Kongo, les Espagnols pour Cuzco, les Saxons pour les villes amérindiennes d'Amérique du Nord, les Belges pour Garenganze, les Allemands pour l'Urundi, et aujourd'hui l'immigration des anciens colonisés dans les anciennes métropoles qui s'étaient enrichies en tapant sur les collines de l'humilité déculottées de leurs ancêtres ou en leur mettant des pilons dans la biologie sensible. Le cuivre, les affaires et la belle vie dans la ville blanche taillée sur mesure, pour que les Européens se sentent chez eux dans la savane, avaient effacé le visage uniformisé des broussards venus vivre dans la ville et qui étaient soit ouvriers, soit dans la pépinière des ouvriers de l'Union minière du Haut-Katanga ; les garçons des ouvriers étaient engraissés en vue de remplacer leurs papas dans les usines de cuivre, les filles des ouvriers étaient rassemblées et formées pour devenir les épouses des ouvriers, les bonnes épouses des ouvriers, qui leur apporteraient la tendresse et le confort nécessaires à la productivité que l'entreprise attendait d'eux, en établissant aussi le cordon sanitaire et l'uniforme des boys, des balayeurs de rues, des nounous, des débardeurs et autre valetaille, de même que les combinaisons pour ouvriers qui devaient tous se ressembler, être réduits à leur fonction de domestique ou d'ouvrier, et sa ville avait toujours été une ville d'ouvriers, il y avait partout des mains abîmées, dans les taxis, dans les bureaux, dans les restaurants, dans les écoles et même en politique, partout ces mains disgracieuses et racornies, comme si la nature d'ouvrier se transmettait de père en fils, de mère en fille, de mère en fils et de père en fille, nul ne pouvait empêcher la nature de lui flanquer ces mains-là, même s'il avait choisi d'être avocat, ou médecin, ou même professeur des universités... Maureen n'avait pas de larmes à portée de son chagrin, elle n'avait pas mal, il y avait simplement une porte ouverte dans son ventre d'où s'échappaient ses tripes, sa dignité et l'honorabilité acquise à toute sa famille et à la face du monde par son père qui en avait eu le front levé pour le restant de ses jours, en Belgique comme au Congo, elle avait le sentiment sablonneux que la banqueroute lui baissait le front, comme si son père n'était jamais venu investir leur dignité dans la colonie, et elle se servit pour la première fois de sa vie du vin rouge, en espérant que cela tacherait pour de vrai, Maureen souhaita être marquée, pour toujours, du sceau de la déchéance et de la déréliction. Elle devenait une voisine. Il n'y a que l'argent qui sépare les gens. La différence et l'éloignement entre les hommes, entre les voisins et les autres proviennent de la possession. Maureen but à la possession, elle but au fric...

À la rédaction de votre radio, nous concédons que cet homme est un fou furieux, mais il peut parfois, juste parfois, avoir des idées lumineuses. Partant, nous nous alignons derrière son avis, notre nation ayant sur son sol beaucoup d'humanitaires et de coopérants étrangers qui assistent la population et les autorités incompé... heu...

compétentes. Nous tenons cependant à marteler le fait que ces gens vivent dans l'opulence, du même argent destiné à la population aussi, que notre pays a été tellement pillé et qu'il donne tellement d'air pur au monde entier avec ses forêts que nous n'avons même pas besoin de remercier qui que ce soit pour sa charité, aucune charité n'étant à la hauteur de ce que notre pays a donné et continue à donner. Nous ne vous disons même pas à quel point ces coopérants et ces humanitaires sont irrespectueux et insolents vis-à-vis de nos institutions, mais ça, c'est un autre débat. Ce qu'il faut ajouter, c'est qu'un peuple qui ne s'insurge pas contre les actions politiques de son gouvernement en est quand même satisfait. Pourquoi chercher à se soulever, si on est contents des prestations des autorités ? Ne dit-on pas qu'en démocratie, les peuples ont les dirigeants qu'ils méritent ? On nous dit que c'est le président américain Abraham Lincoln qui l'a dit. Le peuple est content, il est heureux, il est dans la félicité, laissez-le tranquille. En plus, quand un Blanc dit une chose pareille, c'est qu'il a signé un mauvais contrat avec l'État, que l'État lui a refusé un contrat, ou que ses affaires dans notre pays vont à vau-l'eau. Quelques déclarations ont tout de même été supprimées pour outrage à l'autorité, avec circonstance aggravante de complicité d'incivisme collectif.

Un communiqué de la Société nationale d'électricité vient de nous parvenir. Le centre-ville de Kinshasa va connaître une coupure générale de courant dans quelques heures, nous répétons : dans quelques heures, le centre-ville de Kinshasa va connaître une coupure générale de courant. Cela est dû aux travaux que les ingénieurs de la Société nationale d'électricité effectuent à la sous-station de Bandal.

Le micro à Beauté Nationale Black is Beautiful.

Notes de l'auteur inconnu
La vérité des entrailles de maman Clothilde

« Il faut se méfier des bonshommes irréprochables, marmonna le vieux Vincent de Paul. Les gens que tout le monde va voir pour les confidences, c'est mauvais signe. Vous trouvez ça normal qu'un seul homme ait la confiance de tout le quartier. C'est suspect. Il y avait à la télévision de la directrice des prêtres qui violent de petits garçons. Je pense que votre docteur, il fait des choses. Trouvez quoi. En tout cas, si j'avais gardé ma souplesse, j'irais l'espionner. » Clothilde était confuse. Elle voulait se faire examiner par Docta ainsi que l'avait souhaité son mari, elle en avait parlé aux vieillards du home dans l'espoir qu'ils prennent la décision à sa place ou, pour tout le moins, qu'ils lui donnent l'illusion de n'avoir pas été celle qui aurait décidé d'aller écarter les jambes devant son voisin et de le laisser avaler du regard et des doigts ses parties essentielles, sa biologie sensible. Elle avait peur du voisin plus que du docteur qu'il était. Son propre mari ne l'avait jamais observée par là, elle-même ne savait pas à quoi ça ressemblait vraiment. Devrait-elle permettre à cet homme de visiter sa biologie ? Allait-elle survivre à pareille traversée de son intimité, de surcroît par un homme dont elle endurerait la présence tous les jours qui suivraient ? On ne peut pas regarder de la même manière une personne dont on a tout vu. Une vieille femme lui prit les mains dans les siennes. Elle avait écouté les yeux fermés le récit de Clothilde auquel elle réagissait par moments, par des pincements de lèvres ou en serrant un pan de son pagne, en gloussant, en hoquetant aussi.

— Sasa, mutoto, mayani uripima? Pourquoi tu ne vas pas voir dans les herbes, ma fille?

— Il faut lui demander si elle connaît quelqu'un, les gens font de la sorcellerie en même temps que les décoctions et les pommades traditionnelles, dit une autre vieille qui arborait une belle scarification le long du nez.

— Na bwana yako, quelqu'un va regarder dans les jambes de ton mari également? railla Vincent de Paul.

— Ata! il a déjà des enfants avec sa deuxième femme.

— C'est un sacré garçon, ton mari, je suis admiratif, njo bwanaume! dit Vincent de Paul.

— Ah, les hommes, quels imbéciles! Vous êtes vraiment désespérants! se désola la vieille qui enveloppait de ses mains celles de Clothilde.

— Moi, j'envie sauvagement cet homme, sa vie me fait rêver, je voudrais la vivre, je veux la vie de votre mari, explosa Guilbert-Paul.

— Moi aussi! reconnut Vincent de Paul.

— M'irisema mbele... Pourquoi faut-il que tu envies ce que j'ai choisi le premier? rétorqua violemment Guilbert-Paul en se levant non sans peine. C'est moi le mari de Clothilde!

— Moi je t'avais dit que Clothilde c'est ma femme quand je me touche, c'est pour ça que tu la veux toi aussi, dit Vincent de Paul.

— Non, tu disais les déesses des Grecs... Et moi, maman Clothilde, je la veux avec sa coépouse, c'est différent... Mon idée, c'est d'être son mari qui travaille dans les trains...

Et le vieux Guilbert-Paul hurlait à présent. Clothilde était effrayée d'entendre les deux ancêtres, mais la vieille qui lui tenait la main la rassura:

— Ne t'inquiète pas, les hommes deviennent de petits idiots avec l'âge, c'est comme des enfants qui se battent pour les avions qui passent dans le ciel...

— Mais, maman Bérénice, vous êtes témoin, qui a dit le premier qu'il est le mari de Clothilde? les interrompit Guilbert-Paul au moment où Clothilde ouvrait la bouche pour dire quelque chose.

— Moi, quand je l'ai dit, maman Bérénice n'était pas là, tu te souviens, je venais du buisson qui est là-bas, dans ce coin, et tu m'as dit que j'avais du caca sur un bout de ma chemise, alors je t'ai dit que j'ai dû oublier à cause de maman Clothilde, je t'ai dit encore que je ne me souvenais pas sur quelle partie de sa biologie était son grain de beauté... Avoue!

Clothilde quitta aussitôt le home, sans savoir ce qui la mettait le plus dans un état d'anxiété et d'affolement, entre la folie dégueulasse des deux vieillards et l'exercice auquel elle se soumettrait en arrivant au Capitole. Elle marcha et marcha. Cette fois, ses yeux ne remarquaient pas les passants, ils défilaient sans couleur et sans forme attrayante, sans rien qui puisse la détourner de sa frayeur. Elle monta dans un bus et elle eut l'impression de se déplacer sur un nuage, ou d'être portée par une ombre, entourée d'autres ombres qui rigolaient, jasaient, jappaient, jacassaient, rigolaient encore et encore, jusqu'à ce qu'elle dise à une des ombres, ou à un nuage : «Déposez-moi ici!» L'ombre la vomit sur le trottoir, d'autres bus étaient alignés sur un côté de la route asphaltée qui faisait de petits trous squattés par des flaques d'eau qui réverbéraient des soleils éblouissants. Elle monta dans le deuxième bus et elle eut l'impression de changer de nuage. Elle avait la même sensation que les fois où le Cheminot lui ramenait des sachets du lutuku des mamans du vieux bus, elle planait dans les bras de son mari, elle avait l'impression qu'ils flottaient tous les deux sur une feuille de bananier emportée par la vague de la rivière Lubumbashi, ou comme sur un papier dans l'air, et ils faisaient l'amour dans l'air, ou sur la vague, et l'air ou la vague emportait les enfants que leur étreinte sortait des abysses de leurs biologies, pendant que les deux époux atterrissaient dans la calamité qu'était leur vie de tous les jours, et ils échouaient sur des draps humides, en désordre.

Le soir, ce fut Docta qui s'inquiéta le premier. Il vint frapper à la porte du Cheminot et lui apprit que maman Clothilde n'était pas passée pour son examen. Chantale les informa que maman Clothilde était sortie le matin et qu'elle n'était pas revenue. Personne n'avait des unités qui permettent d'appeler depuis son cellulaire la directrice du home des vieillards de Kamalondo. On alla frapper à la porte de Tutu Jean, mais sa femme refusa de quitter son lit pour prêter des cartes prépayées. Elle demanda aux voisins de revenir avec de l'argent, sinon ça ne valait pas la peine d'abandonner la chaleur de son lit et d'aller farfouiller dans ses affaires à la recherche de ces maudites cartes pour des gens qui n'avaient même pas de quoi les payer. On la supplia, on lui promit un joli deuil quand elle mourrait, on la flatta au sujet de la beauté dodue, sa biologie qui ne devait être que l'enveloppe en plexiglas, en or et en diamant d'un cœur bon, on lui dit qu'elle était hideuse si elle n'ouvrait pas et qu'on viendrait pisser sur sa biologie abandonnée aux mouches des ruelles, ou du Grand Caniveau, quand elle mourrait, elle répondit qu'elle avait de la famille, qu'ils n'avaient pas à s'inquiéter pour ses funérailles et qu'elle n'avait pas besoin de l'avis de pouilleux incultes sur la beauté dodue de sa biologie, tous ces zigotos qui ne juraient que sur les filles joufflues et aux visages en papaye mûre des telenovelas et des films indiens ou sur les ignames hypermaquillées des mauvais films nigérians n'avaient rien à lui apprendre sur la beauté d'une femme, on lui dit qu'elle avait des fesses pour quelqu'un qui se moque des biologies de Nollywood, ses collines de l'humilité étaient grosses comme des planètes, et elle rétorqua qu'elle avait des fesses, parce qu'elle avait l'argent qui donne les fesses, elle mangeait bien, contrairement à tous ces «crève-la-dalle» dont les biologies flétrissaient dans le quartier, elle enchérit que Clothilde aussi valait mieux que les pourritures humaines qui l'entouraient, à commencer par son mari, bien entendu, cet espèce d'imbécile ravi qui ne comprenait rien à rien, un idiot à qui elle-même avait failli donner son popotin que le bon Dieu avait mis du temps à sculpter, par conséquent, si Clothilde avait décidé de quitter cette racaille étouffante, pourquoi ne la laissait-on pas tranquille là où elle était allée, même si elle avait trouvé refuge dans la mort, pourquoi voulait-on la déranger même dans sa mort, pourquoi ne la laissait-on pas détourner les yeux une bonne fois de la connerie puante qui l'avait toujours entourée? Le Maître proposa d'aller demander au home des vieillards. Les hommes prirent de petites torches et franchirent le Grand Caniveau. Après une longue marche, ils s'aperçurent que Tutu Jean les suivait derrière.

— Moi je savais que c'est toi, Tutu Jean, tu es l'homme dans ta maison, dit le Cheminot, est-ce que la femme elle peut croire elle est cheffe dans la maison, à cause que les femmes elles gagnent l'argent de plus que les maris, depuis Mobutu et les guerres ils ont mis les maris dans le chômage et dans les salaires impayés?

Les autres voisins apprécièrent le courage de Tutu Jean dans le silence que leur dictait le froid épais et ténébreux de cette nuit de saison sèche.

Ils croisèrent des patrouilles militaires qui les dissuadaient à chaque fois d'aller plus loin. Le commandant de la première patrouille dit que ça n'était pas très malin de se balader de la sorte dans les rues de la ville, les rebelles du moment étaient des paysans qui avaient quitté leur cambrousse dans l'espoir de toucher la moitié des productions minières, ils prétendaient que l'État les avait oubliés, comme si l'État avait l'obligation de se souvenir de chaque individu perdu dans son petit village, quand il compte l'argent qui entre dans le Trésor public. Le commandant de la deuxième patrouille rigola avant de dire :

— Bozo kanisa ke boza na foire awa ? Mes hommes auraient pu ouvrir le feu sur vous, bordel de biologies civiles ! Vous venez d'où vous autres ? Et c'est quoi ces manières de lambiner en groupe la nuit ? Vous avez suivi la radio ? Des biologies qui vous ressemblent beaucoup ont quitté leurs villages pour s'en prendre aux institutions avec des couteaux... Mais il faut les voir, ces campagnards... Ils viennent se battre en portant leurs enfants sur les épaules, leurs femmes aussi sont avec eux... Est-ce que quelqu'un leur a dit qu'il suffit d'entrer dans une ville à pied, comme ils le font, pour prendre le pouvoir et contrôler les mines ? Nous on tire sur eux, on voudrait bien ne pas avoir à le faire... Et ils meurent comme des cons, avec leurs femmes et leurs enfants à qui ils ont doré la pilule en disant qu'ils viennent ici pour être riches, demandez à mes hommes, on avait pitié pour ces villageois, ils s'appellent Bakatakatanga[11], parce qu'ils veulent faire une deuxième sécession du Katanga... Ils pensent que c'est Moïse Tshombe qui a fait la première sécession, quels idiots ! Vous, au moins, vous savez que ce sont les Blancs de la ville qui ont fait la sécession de Tshombe ? Ils ne voulaient pas lâcher le cuivre, c'était pour ça la sécession... Pas pour partager avec vous le peuple. Qui a dit à ces paysans qu'il y a assez pour tout le monde, hein ? Demandez à mes gens si ça ne leur fend pas le cœur de tirer sur des idiots qui sacrifient leurs biologies à un rêve toxique...

Demandez à mes hommes s'ils ont été payés... Ou même depuis quand on les paie une misère pour que ces villageois les obligent à faire leur travail... Moi, je suis douanier, je serais en train de faire mon business, si ces paysans n'avaient pas rêvé de la mort. Et puis, s'ils sont fatigués d'être des campagnards, ils n'ont qu'à entrer dans l'armée. Nous, on recrute en ce moment. Le pays est immense, il faut sécuriser tout ça...

Le petit groupe reprit la marche.

— Il nous a vraiment pris pour des paysans ? lança Tutu Jean sur un timbre fiévreux et marqué par une buée cadencée.

— Nous sommes des pauvres, répondit le Maître, les pauvres des villes ne sont pas différents des pauvres de la campagne, à la vue, en tout cas, il lui a suffi de voir l'état des biologies, les peaux étirées ou disgracieusement empâtées, l'accoutrement maladroit... c'est aussi ça, un paysan.

Ils marchèrent encore en silence. Au home, les vieillards furent épouvantés d'apprendre que Clothilde avait disparu. Guilbert-Paul explosa le premier. Il raconta d'une voix tantôt grasse tantôt sifflante et en avalant des lampées de salive que sa petite-fille qui était médecin stagiaire lui avait rendu visite. Elle avait été bouleversée au cours d'une discussion avec les laborantins de l'hôpital général de référence Jason-Sendwe en découvrant que les malades traités dans les hôpitaux avaient tous le sida :

— Avouez que ça vous fait peur. Ma petite-fille dit que les gens viennent se faire soigner la malaria, les maux de ventre, les anémies, les grippes... Ils ignorent qu'ils traînent cette merde dans la biologie. C'est les médecins qui découvrent. Ma petite-fille dit qu'elle voit parfois la vie s'éteindre dans les yeux des gens à qui elle annonce qu'en plus du typhoïde ou des asca-ris, il va falloir s'occuper du virus. Elle dit, ma petite-fille, que c'est... entre soixante et quatre-vingts pour cent des malades qui trimballent le VIH... Vous qui savez faire les calculs, ça fait combien, si on considère que les hôpitaux c'est un échantillon de la population de ville ? Je ne vous parle pas seulement des gens qui y sont internés... Ceux qui passent pour les petits examens dans la journée, même bergerie dans la biologie... Les autorités ne disent rien. Ça ramollit les couilles, une nouvelle comme ça... Clothilde, ah, pauvre fille, Dieu te garde ! Comment ça personne ne sait où elle est partie ? Et vous dites qu'il y a des soldats dans la ville ? Les soldats, ça va toucher dans les pagnes des femmes. Personne ne les punit. Vous savez combien de bébés ils ont faits comme ça dans les Kivu ? La biologie d'une femme, quand ça passe devant eux, ils voient un beignet. Vous arrivez à imaginer tout ce qui peut tomber sur la biologie d'une femme seule dans la nuit ?

La respiration de Guilbert-Paul se dérégla et il eut un infarctus. Vincent de Paul pesta si fort que les voisins l'entendirent longtemps sur leur chemin de retour dans le Bronx.

— C'est qui son mari ? avait-il attaqué en toussotant pour s'éclaircir la voix. Avant cette nuit, j'avais de l'admiration pour toi, jeune homme. Maintenant, je comprends que tu es aussi stupide que tous les médiocres de ta génération. Être un homme ce n'est pas coucher deux femmes ou même garer les biologies de toutes les femmes du monde dans ta maison. Être un homme, c'est savoir apprécier les épices que la nature a mises dans l'âme de Clothilde, et moi je te dis que cette femme peut passer la nuit n'importe où, sous la lame d'une machette ou dans un canon, il ne peut rien lui arriver, la nature entière frissonnerait à l'idée que cette femme arrête de respirer, l'air en serait frustré... Qui oserait survivre à Clothilde ? Je vous dis à tous que rien ne peut survivre à Clothilde... Rien... Même pas Dieu... Alors, toi, le petit salopard qui est devenu son mari je ne sais comment, sache qu'elle ne mourra pas,

Clothilde! Est-ce que c'est son père qui te l'a donnée? Est-ce qu'au moins tu arrives à lui parler comme elle le mérite, hein, imbécile? Est-ce que tu lui as assez dit qu'elle est belle, qu'elle vaut mieux que toi? Parce que aucun homme ne saurait valoir une femme comme elle, parce qu'elle devrait être célébrée... C'est ça... célébrée. Il faut lire les chants des poètes grecs, petit illettré... Cette femme est une épouse pour les dieux, pas pour un babouin incapable de lire dans les amplitudes insondables de sa beauté. Et tu vas jusqu'à la bêtise de lui ajouter une autre idiote... Une coépouse aussi sommaire que son mari... et qui ne sait pas que tout ce que la logique naturelle exige d'elle en présence de Clothilde, c'est de lécher les pieds de Clothilde ou de se pendre, de revenir à l'obscurité de sa condition naturelle, c'est-à-dire à l'effacement... Alors moi je te dis, je vous dis à tous que Clothilde ne mourra pas cette nuit, parce que rien ne lui survivrait... rien... même pas moi... même pas le soleil... Allez téter vos mamans et laissez rayonner Clothilde, vous autres, pauvres imbéciles, incapables de supporter son rayonnement...

Le home des vieillards s'exaspéra toute la nuit. Certains vieux râlaient, d'autres faisaient les cent pas de leurs silhouettes vacillantes qu'éclairait faiblement une demi-lune barrée par un troupeau de nuages entassés comme des moutons dans un abattoir. La directrice dut intervenir vers les quatre heures, et les lits du home retrouvèrent la chaleur de ces biologies décaties qui laissaient petit à petit une part d'elles-mêmes dans les draps. Ces draps immondes faisaient dire à Guilbert-Paul que la vie était sans doute quelque chose de sale, car pour les vieillards qu'ils étaient, le lit était un début de tombe et la poisse dans les draps, la preuve qu'ils étaient poussés vers la sortie, que des parties de leurs biologies tentaient d'échapper à la débâcle et au naufrage vers lesquels l'ensemble tendait inexorablement.

Clothilde ne revint ni le lendemain ni la semaine d'après...

Les voisins du Bronx s'affairaient dans leurs trous. Ils remontaient des mottes de terre qui devenaient de plus en plus hautes, de plus en plus encombrantes. Incommodantes aussi. À cause des pluies qui les réduisaient en flottes déconcertantes de boue. Dans le home des vieillards, la vie s'écorchait davantage. Elle s'abandonnait en bribes sur les draps et sur les herbes folles autour de la vieille bâtisse coloniale du home. Les pensionnaires étaient physiquement diminués au jour le jour. Certains mouraient. Guilbert-Paul ne se releva pas d'un deuxième infarctus qu'il fit en présence de sa petite-fille. Elle était venue cette fois lui annoncer qu'elle laissait tomber la médecine. Ça n'était pas facile pour elle de continuer à soigner des gens qui avaient trop de mort dans la biologie. Il suffisait d'un petit moment d'inadvertance et paf, elle rentrait dans vos veines. Elle guettait partout, la mort, dans toutes les biologies qui se déployaient devant elle en sollicitant ses mains effrayées. Vincent de Paul parcourut sa mort à lui durant plusieurs semaines. Il s'était fait une plaie monstrueuse en glissant sur le caca liquide qu'il venait de déposer dans les herbes folles du home. Un autre vieux, qui avait été infirmier, lui fit un pansement et il fut cloué dans son lit. Vincent de Paul ne faisait plus que vieillir dans la crasse de son lit. Il ne vivait plus que pour vieillir. Lui qui avait longtemps vécu pour produire du cuivre. Au syndicat d'ouvriers, on leur apprit que quelqu'un en Amérique, avec qui il valait mieux que les chefs ne soient pas fâchés, exigeait d'eux qu'ils rabrouent l'essentiel du personnel de la Gécamines. Ils pourrissaient dans l'entreprise, ils se rouillaient de la même manière que les outils de production qu'ils avaient maniés, ils étaient en friche, et ils n'avaient d'ailleurs jamais été autre chose que des machines biologiques, comme des robots programmés. Ce qui devait arriver arriva. On leur apprit qu'ils partaient volontairement de l'entreprise, on leur donna de quoi se nourrir quelques mois, et ils furent boutés dehors, sous couvert du vocable « départs volontaires » qui biffait tout débat possible ; l'argent pouvait alors être à nouveau déversé dans les mines, et en dépeçant la dépouille de la vieille entreprise, on fit des compagnies minières plus petites, plus rentables, avec moins d'obligations sociales, plus d'affinités politiques, plus d'insouciance, pendant que le vieux Vincent de Paul s'abîmait comme un beurre qui s'abandonne dans les draps sales de son lit et c'était dans l'ordre des choses ainsi que l'aurait blésé son ami Guilbert-Paul. Il n'avait pas eu l'occasion de lui faire découvrir les statues des déesses grecques, et c'était là son seul regret. Ses autres regrets, il les avait oubliés.

À son retour, Clothilde ne dit jamais à personne où elle était partie. Elle savait que sa biologie était prête maintenant, elle aurait un enfant, des enfants, une famille, sa vie avait été nettoyée, c'est tout ce qu'elle pouvait dire. Elle était confiante, parce que sa vie avait été nettoyée à l'eau de Javel. Le Maître lui fit savoir qu'il décelait quelque chose dans ses yeux, qui ressemblait à une flamme de bougie par temps de vent ou à une goutte d'eau au bout d'une paille et qui peut tomber n'importe quand, et Clothilde souriait et souriait et souriait sans quitter la quiétude effervescente où l'avait plongée sa mystérieuse disparition...

Un communiqué du ministère de la Santé publique. Il est demandé aux mamans qui ont des enfants de moins de quatre ans d'aller demain matin dans les centres de santé les plus proches de leur domicile. Une campagne spéciale de rappel de vaccins est organisée à partir de huit heures trente minutes. Les enfants sont l'avenir de cette nation, il faut s'assurer qu'ils ne grandissent pas avec des fragilités qui nuiront demain au fonctionnement du pays. Notre DJ, l'incontournable Micki Mousse, Fils à Papa va nous mettre une chanson que vont savourer les tout petits afin de ne pas avoir peur de la piqûre du vaccin. On y va pour *Chocolat* du Grand Mopao, *alias* Songi ya Mbeli[12] *alias* Quadra Kora man, *alias* Benoit XVI, *alias* Nicolas Sarkozy, *alias* le Papa de tous les enfants, qui va rassurer tous ces bouts de chou de la nation qui vont recevoir courageusement leur vaccin. À demain, les enfants!

Maintenant que cette chanson du Grand Mopao a envoyé nos bambins et nos bambines au lit, nous en profitons pour vous chuchoter cet avertissement : «Enfants non admis. Vous pouvez baisser le volume de votre radio.»

Notes de l'auteur inconnu
La jouissance est une certaine mort

Le deuxième rendez-vous de Séraphin, ce fut un Américain qui avait exigé qu'il mette du rouge à lèvres et une culotte noire, avec dentelles, et qui laisse une bonne partie des reliefs de ses collines de l'humilité, sa biologie postérieure prendre de l'air ou de la lumière. Le client ne le sommait pas de se travestir, c'était pour le souvenir obsédant d'une fille qu'il avait aimée à s'étouffer les ventricules, il n'était pourtant jamais parvenu à en apprécier la biologie *disponibilisée*, tellement l'offre même de cette biologie, sa mise à disposition suffisaient à le tuer. C'était à cause de la plénitude de ce lyrisme muet, timide et animal que renfermait alors le sexe à ses yeux. La fille l'avait embrassé, ensuite elle avait relevé sa robe et descendu sa culotte le long de cuisses charnues, fermes et d'une blancheur et d'une tiédeur irréelles. Elle avait été la première personne à dénuder son sexe poilu devant lui depuis qu'il était devenu un adulte, mais aussi depuis toujours, car il avait grandi dans une famille de Témoins de Jéhovah qui lui interdisaient de reluquer, de désirer ou de fantasmer «en dehors de la volonté de Jéhovah, se plaignait-il, et ils commandaient qu'on se marie avant de se désirer mutuellement et de limiter le champ du désir à la biologie que vous mettez en laisse et dont vous acceptez la laisse, avec une bague, des vœux, un premier baiser officiel, les félicitations de la communauté et les cadeaux... » Aussi la communauté attachait-elle le bout d'une corde à votre laisse, et l'autre bout se nouait à ses principes, à sa foi et aux regards géométriques des autres croyants. Mais, plus les jours passaient, plus il s'était éloigné de la fille pour se perdre dans l'espérance, dans la quête et dans l'exigence démentes d'un autre moment comme celui-là, de ce moment précisément, qui était vite passé, sans avoir été d'une ivresse romantique traditionnelle, mais d'une soudaineté et d'une brièveté qu'il aurait échangées à tout moment contre son âme. C'est pour cela qu'il voulait revoir la magie du rouge à lèvres et de la petite culotte noire à dentelles dans les hommes qui lui ramenaient la biologie qu'il n'avait pas trouvée chez cette fille. L'Américain rappelait à Séraphin sa propre histoire. Son père lui avait souvent radoté que la poésie se trouvait dans le commencement de l'amour, que sa mère l'avait quitté alors qu'elle portait dans son ventre la bouillie gélatineuse qui allait devenir Séraphin, qu'il avait lu ce jour-là *Je ne désire de l'amour que le commencement* de Mahmoud Darwich, et qu'il avait pleuré l'instant du commencement de son amour qui avait aussi été celui de sa fin, mais surtout, le saurait-il plus tard, celui de son éternité. Une éternité opprimante. Comme pour l'Américain, c'est la mère de Séraphin qui avait avancé le visage, et, avant que Kafka eût le temps de réaliser et de s'avancer à son tour, les lèvres de la mère de Séraphin avaient effleuré les siennes et s'y étaient collées et s'en étaient détachées dans un tressaillement et un claquement veloutés. Comme si une colle huileuse les avait momentanément soudées aux lèvres de Kafka. Celui-ci avait accueilli Séraphin comme la réincarnation de l'amour parti en même temps que sa mère, et parce qu'il faisait partie de sa mère, de la biologie de sa mère le jour où elle l'avait quitté. Personne n'arrête jamais de faire partie de sa mère. Pour peu que Séraphin ait déjà été une portion de sa mère dans laquelle le Maître de même avait logé un peu de lui, plus que ses gènes… son âme ! Il disait qu'il y avait toute son âme concentrée dans la flaque de bouillie visqueuse, laquelle s'activait dans le ventre de sa dulcinée en vue de devenir ce Séraphin à qui il avait rêvé durant toutes les années qu'il avait passées loin de lui et dont il avait espéré la fierté en s'engageant éperdument dans l'éducation des enfants de ses voisins, des enfants qui auraient pu être son Séraphin ou des amis de son Séraphin, la récompense physique et la gratitude de l'amour qu'il avait perdu comme un con.

Séraphin avait espéré trouver dans les yeux de l'Américain un peu de cette nostalgie à la suavité corrosive qui attendrissait et consumait son père, mais il déchanta. L'homme était une rare espèce de brute. Sans un soupçon de bienveillance dans les poumons. Il eut une stupeur fruste devant la boule d'hémorroïdes dont l'Indien, son précédent client, avait failli convaincre Séraphin qu'elle n'était pas une honte.

— Oh putain, s'écria l'Américain, la main sur la bouche, j'hallucine ! Vous avez un clitoris !

Et la nuit fut une épreuve pour Séraphin, il sentit pour la première fois les vibrations rebelles de sa biologie qui s'allumait de douleurs diffuses comme des faisceaux de lumières enflammées, des éclairs de foudre accompagnant laborieusement la circulation déréglée de son sang impétueux. Il ferma les yeux et sentit sa biologie s'éloigner, ce tas de chairs et d'os court-circuités et embrasés l'avait vomi et s'éloignait de lui en se tordant de douleurs spasmodiques. Séraphin se souvint que la boule d'hémorroïdes était rétive au passage des selles et qu'elle l'avait très souvent obligé à rester debout face aux chaises sans coussin, sa petite boule ayant en horreur les surfaces susceptibles de la comprimer, cependant que l'Américain donnait l'impression de la scier, il la découpait comme une orange par des va-et-vient résolument hallucinés en répétant qu'il ne savait pas qu'un homme pouvait avoir un clitoris. Lorsqu'il se retira de cette biologie embrasée, l'Américain aperçut du sang, beaucoup de sang sur les draps et il s'enthousiasma : « Holy shit ! En plus vous étiez vierge ! » Séraphin sentit des lumières morbides désengorger ses veines, une jouissance interdite ou que tout de suite il s'interdit d'admettre, il la repoussa de toutes ses forces, malgré cela elle était là, discrète, mais là, d'une discrétion envahissante et pernicieuse, car cette jouissance l'envoyait dans un abîme, ou dans les ténèbres redoutables d'un territoire méconnu et dont il n'avait pas subodoré la présence dans sa biologie.

Dehors, la pluie avait curé l'asphalte des avenues. Les phares des voitures et les lampes qui surplombaient des bâtisses se reflétaient tristement dans de fines flaques d'eau abandonnées après l'orage pour lustrer les routes. Quelques silhouettes percluses par le froid et la brume se pressaient paresseusement vers des promesses d'argent dans un travail qui exigeait d'être matinal, visiblement elles auraient souhaité dormir encore un peu, être dans leur lit au moment où Séraphin les croisait le long de son chemin de croix. Le plus dur, ce n'était pas sa nuit, c'était le jour qui n'en finissait pas de lui renvoyer des images qui arrêtaient d'être banales, des images qui remettaient en question son regard et le regard que les autres posaient ou ne posaient pas sur lui, comme si sa jouissance interdite de la veille avait inversé le monde, comme si les hommes sous la brume marchaient sur leur tête, comme si les oiseaux volaient avec leurs pattes, comme si l'asphalte où se moiraient les phares et autres lanternes était un tapis roulant qui déplaçait des véhicules immobiles, ou dont le seul mouvement était celui de la route... Le jeune homme sentait le monde lui dérober son visage habituel, même les mouches, même les arbres, même les nuages, le vent, les regards furtifs, les démarches empressées ou indolentes, les rires, tout lui disait qu'il n'aurait jamais dû éprouver cette maudite sensation de plaisir, pas comme ça. Il se souvint d'un poème dont son père disait qu'il était pour les filles qui sont venues après sa mère.

Flamme
Tu danses toute nue
Autour de mon cœur
M'enveloppes de mots fantômes
Et qui ne disent rien
à mes amours vagabondes
à mes rêves éventés
à mes souvenirs
Charmes venimeux
Tendresses meurtrières

Flamme
Je suis mort à l'amour
Comme meurent les regards des autres
Noyés dans le sel
De nos larmes muettes

La misère du monde était trop pimentée pour finir dans le ventre de Séraphin. Arrivé chez lui, le jeune homme se jeta sur la poitrine de sa sœur et pleura encore.

Belladone savait qu'elle n'avait pas à comprendre son frère, à demander ce qui lui arrivait. Elle voyait de la vanité dans la manie de chercher une raison à tout ce qui arrive aux gens. C'est elle qui avait trouvé des clients à Séraphin, elle était au courant de ses moindres mouvements et elle confessait qu'entre la naissance et la mort d'un homme se bousculent des événements qui n'ont de finalités que celle d'entretenir la vie, de la rendre plus délectable, et de prolonger autant que possible les jouissances qu'on peut en tirer. Il fallait laisser les gens pleurer par moments sur leur quête de confort matériel ou spirituel. Belladone laissa donc son frère sangloter dans le silence réconfortant qu'elle faisait planer sur son chagrin, comme pour lui dire que rien n'était changé, que les choses avaient toujours été telles, qu'il faut rire ou pleurer autant qu'on peut, que la monnaie vous fait découvrir autant de choses sur vous-même que la faim, car la monnaie comme la faim ont chacune ses douleurs et ses lumières.

En dépit du quiproquo, Séraphin épandait toute sa souffrance et sa consternation sur le silence réconfortant de sa sœur. En guise de parole, celle-ci raconta à Séraphin l'histoire de deux aiglons qu'il avait inventée pour elle, la nuit de leur rencontre, sur la couchette où ils avaient scellé leur fraternité dans une communion d'urine. Les aiglons avaient grandi après avoir mâché, avalé leurs rêves. Ils avaient été nourris par ces rêves, ils les paissaient dans leur sang, ces rêves étaient les protéines, les vitamines de leurs os et de leurs chairs, Belladone dit que Séraphin et elle-même étaient devenus ces rêves d'enfants. Ils étaient les petits poissons qu'ils avaient voulu remplacer dans l'eau et que la mère aigle leur avait ramenés sur la table. Ils nageaient cahin-caha dans la vie, ils n'avaient pas encore la maîtrise de leurs nageoires, eux qui ne voulaient pas d'ailes comme les autres aigles, eux qui voulaient vivre en relativisant les contingences et les habitudes des humains de leur entourage, eux qui voulaient habiter leur vie, la meubler comme bon leur semblait. Belladone s'entendait parler, elle infléchissait sa voix en épousant la respiration difficile, les agitations, les spasmes, les sanglots et les soupirs de son frère.

Une forte clameur se leva et les arracha à cette étreinte dans laquelle ils ne se serraient pas seulement l'un contre l'autre, mais se communiquaient leurs misères respectives. C'était un de ces tumultes qui annoncent habituellement un événement perturbant dans le Bronx. On pouvait lire de l'horreur mêlée à une excitation espiègle sur les visages des voisins qui babillaient en indiquant ce à quoi on devait s'attendre en arrivant là où se précipitait tout le monde. La petite marée humaine sortit du Bronx et se dirigea vers le quartier d'en face en longeant l'avenue du marché de la Kenya. On avait entendu de quelqu'un qui avait entendu de quelqu'un qui avait entendu d'un troisième quelqu'un que deux biologies familières vidaient leur souffle sur les fils électriques du quartier d'en face. Quand Belladone leva les yeux pour voir, les dépouilles semblaient s'accrocher désespérément aux fils dénudés qui avaient fini de leur ravir le souffle. La foule surexcitée avait retenu sa respiration pendant que des téméraires frappaient avec vigueur sur le poteau métallique pour en faire tomber les biologies comme des fruits mûrs d'un arbre très haut ou dans lequel on s'interdit de grimper. Des particules calcinées se détachaient des dépouilles et retombaient sous la forme de cendre ou de poussière de braise. Les hommes qui frappaient sur le poteau s'essuyaient alors les yeux irrités par ces rognures discrètes de la mort, elles flottaient sur un petit vent froid de fin d'averse. La première biologie lâcha le poteau et tous s'écartèrent brusquement. Prenaient-ils soudainement peur de cette mort ardente qui avait eu raison des deux voisins ? Qui sait, les extrémités de leurs biologies avaient pu muer en électrodes, il y avait peut-être un peu de mort dans leurs doigts de pied, dans leurs coudes, leurs genoux, dans chacune de leurs collines de l'humilité, dans les mains... Il passa un instant bizarre de silence autour de la biologie calcinée qui était tombée avec la raideur d'une planche. C'était Pako, mais personne ne voulut y croire.

La rédaction tient à préciser que cet extrait a été maintenu en raison du rejet en 2011 par notre Parlement national de la proposition de loi réprimant la zoophilie, la nécrophilie, la pédophilie, la gérontophilie, l'homosexualité, l'onanisme, la sodomie, la fellation, le cunnilingus et toutes autres pratiques sexuelles contre nature et dégradantes. Notre Parlement est souverain, n'allez pas croire qu'il a été influencé par Barack Obama dans sa campagne de lutte contre l'homophobie impénitente de ses frères africains. Quelques phrases explicites, jugées trop colorées par la rédaction, ont tout de même été retirées. Malgré le principe de laïcité consacré par la Constitution, nous sommes un pays démocratique, ce qui apparaît jusque dans le nom du pays, et le pays est à majorité chrétienne. Les membres de notre conseil de rédaction sont également des chrétiens de culture et de sensibilité judéo-chrétiennes.

Le micro à maman Sidonie, *alias* Da Vinci Code, *alias* Julia Roberts, la voix préférée du peuple, après celle du raïs.

Notes de l'auteur inconnu
La vie se trouve dans le marché

Pako n'était encore qu'un bambin, à la voix fluette et sans un poil sous le nombril, lorsqu'il arriva dans le quartier. Il prenait souvent son bain dans les petits seaux usés des laveurs de voitures et il n'avait arrêté que le jour où le chef des lieux l'avait chassé en grondant qu'il montrait tout ce qu'il fallait voir de la biologie sensible d'un gars aux filles qui passaient, l'homme avait parfois l'impression que c'était lui-même que les regards de ces femelles buvaient dans sa propre nudité. Pako avait ainsi remarqué les poils qui le recouvraient progressivement, il avait pensé aux herbes qui poussent à peu près partout, dans des endroits inattendus, quand reviennent les pluies. Un beau jour, le petit avait sauté d'un camion. Le chauffeur et son convoyeur n'avaient compris qu'il avait fait route avec eux qu'en le voyant s'éloigner en courant. Il venait de Kabeya-Kamwanga dans le Kasaï, et il rêvait d'Afrique du Sud, de Johannesburg ou de Durban. On lui avait dit que c'était comme l'Europe, mais avec des Noirs. Il s'était juré d'y aller rencontrer sa fortune, quoique les autres, ou idiots ou ignorants, aillent tout bêtement chercher en Europe ce qu'ils pouvaient trouver tout près, dans un pays où leur gueule n'était pas remise en question, où leur gueule n'était pas une présomption de culpabilité et un prodrome de toutes sortes de délits, en Afrique du Sud, il aurait la gueule de tout le monde. Le petit garçon fit son premier petit boulot le même jour. Personne ne l'attendait dans cette ville, aussi demanda-t-il où se trouvait le marché. N'importe quel animal avec un cerveau peut faire un chez lui dans tous les bazars. Quelqu'un qui meurt de faim à côté d'un marché, soit c'est un idiot, soit c'est un fou arrogant, se disait Pako. On ne trouve dans un marché que des individus intermédiaires, des gens qui flottillent entre l'intelligence et l'instinct animal.

On lui indiqua le bazar de la Kenya. Il longeait une rue encombrée d'humains, de bêtes mortes, de bêtes à mourir, de bêtes errantes, de bassines de farine, de pattes de porc, de poissons fumés, de poissons salés, de poissons dont on ne sait dire ce qu'il leur est arrivé, de bananes, de souliers usagés, de montagnes d'arachides, de manioc, de cris, de rires et d'une forêt de jambes humaines furtives. Dès qu'il mêla ses jambes à cette cohue excitée par l'argent et les denrées disparates, Pako proposa de porter tout ce qu'il pouvait, les emplettes des clients des étals aux véhicules, les marchandises aussi, des camions aux étals, il balayait le soir et brûlait les déchets et les emballages des articles déballés le matin, il plaçait les bâches sous lesquelles les vendeurs s'abritaient contre le soleil, il assurait la sécurité des articles exposés aux clients, il criait pour attirer l'attention des passants sur la qualité des articles, il leur rappelait la nécessité et le besoin chatouilleux des objets qu'ils avaient sous les yeux... Aussitôt, il se fit une renommée, à cause notamment de son accent chantant qui disait qu'il venait d'ailleurs, du lointain Kasaï dont on rigole dans la ville avec une pointe stupéfiante de méchanceté, ou avec générosité et condescendance... Seulement ses services étaient constamment sollicités par les vendeurs qui le proposaient également à leurs clients. Pako n'avait jamais compté le temps, il avait oublié quel âge il avait, on lui prêtait quatorze balais pour sa voix qui hésitait à être criarde et féminine ou caillouteuse et virile. On donnait quinze ans à son menton glabre, on disait vingt ans pour les biceps, trente ans pour le regard, les yeux d'un drogué, trente ans aussi pour sa charpente et sa silhouette quand il était sobre. La nuit il rassemblait des cartons dans un coin où les échafaudages des étals étaient attenants à un mur à maçonnerie accommodante, plus agréable que les planches qui se recoupaient pour faire les étalages, et il y dormait. En plus de leur sympathie, il gagna la confiance des commerçants qui le laissaient désormais organiser le déchargement de leurs nouveaux articles. Il rassembla sa première bande. À l'époque cela avait eu des allures de cour. Il y trônait comme un monarque absolu. Il distribuait ses faveurs aux autres petits porteurs qui l'imploraient de se souvenir d'eux moyennant courbettes solennelles et panégyriques maladroits. Il pouvait dorénavant se permettre de payer les filles de l'hôtel du Peuple où ça ne coûtait que trois dollars. Les filles lui assuraient un toit sur la tête ainsi qu'un lit attentionné vis-à-vis de sa biologie qui n'avait été dans la journée qu'une mécanique servant à déplacer des cartons, un outil pour ceux qui pouvaient le louer, une chose, la nuit à l'hôtel du Peuple, il devenait le centre de gravité de la fille occupée à lui fournir le plaisir qu'il avait à son tour acheté avec l'argent de la mise en location de sa propre biologie. Il n'allait vers les filles que très tard, aux heures de la nuit où elles n'attendaient plus personne et qu'elles somnolaient de désespoir, elles lui paraissaient alors plus humaines, plus enclines à donner de la tendresse et à s'abandonner aux soins que lui-même leur prodiguait. Il avait réellement envie de faire plaisir à quelqu'un en tournant momentanément la page des agitations et des confrontations de tous les jours au marché. Voilà pourquoi personne ne savait où Pako habitait. Quelques filles des petits bordels environnants et de l'hôtel du Peuple où il avait ses habitudes ramenèrent deux chemises, une chemise, quatre chemises, trois tee-shirts, un tee-shirt, des chaussettes, un pantalon, deux pantalons, un pantalon coupé pour faire culotte, deux culottes, une culotte, un chapeau, deux chapeaux, trois chapeaux, une paire de baskets, des babouches, une brosse à dents, une autre brosse à dents, encore une brosse à dents, un gant de toilette, encore un gant de toilette, une serviette, une autre serviette, des slips, un noir et un bleu, encore des slips, un noir, un rouge et un gris, peut-être noir déteint, toujours plus de slips, noirs, bleus, gris, verts, blancs, des condoms, des bottes, des ceintures en similicuir, des ceintures en cuir, un chargeur de téléphone, un téléphone rouillé, un téléphone moisi, un téléphone sans clavier, un autre auquel manquaient quelques touches, un téléphone entier, presque neuf, un téléphone sans écran, des souliers en cuir noir, des souliers en cuir rouge, des souliers en daim chinois, des sandales, un gilet, un autre gilet plus petit et d'un blanc étonnamment blanc pour un zigoto de son acabit, ancien débardeur et voleur impénitent sans autre abri que les biologies de ces filles qui lui ramenaient ses affaires de leurs différents bordels et dont il disait qu'elles lui avaient permis de conserver son statut d'enfant de la rue, en y ajoutant le confort d'un lit, parce que les biologies de ces filles étaient des espaces publics; tout le monde venait y flatter sa solitude, l'instant d'une course acharnée qui est une boucle vers soi-même, leurs biologies aux courbes enivrantes, palpitantes et ensoleillées étaient des voies illusoires, dérisoires, qui rédimaient et projetaient hors de la solitude, les biologies de ces filles étaient des rues.

Les gens disent souvent la vérité sur leur mort, ils n'en sont pas convaincus, n'en ont pas conscience, mais c'est ce qui leur arrive au bout du compte. Pako avait prévenu que sa biologie n'aurait jamais les honneurs fraternels du quartier, il répétait aux cimetières, en creusant pour les autres voisins, que sa biologie à lui, tout le monde lui tournerait le dos, il n'aurait jamais dû avoir à l'abandonner aux ingrats de ce maudit quartier qui traînaient tous dans leurs culottes des couilles remplies de flotte, de pus, de purin... La mairie envoya une équipe de la Croix-Rouge débarrasser la rue de ces biologies cramées sur lesquelles toute la ville crachait des graillons en s'indignant de leur manque de civisme.

Dans le Bronx, en revanche, on pouvait lire de la consternation dans les nuages. Si Pako avait été tué en coupant le courant, c'est aussi par lui qu'il fallait passer pour avoir des ampoules qui s'allument et un téléviseur qui ne servait pas seulement de miroir. C'est lui qui avait levé la tête pour que la lumière vienne éclabousser les ombres du quartier, on savait que sa mort augurait des troubles, ce gamin était devenu l'État, c'était grâce à lui qu'on suivait les matchs de foot, il n'avait pas seulement ramené le courant, il dirigeait les voyous qui partaient voler des appareils électroniques dans le reste de la ville et qui les installaient dans la rue pour aguicher de potentiels clients, ils vendaient dix dollars, parfois vingt un écran plasma, ça dépendait des pousses ; les voisins suivaient les matchs de la ligue des champions, ou de la coupe d'Afrique et de la coupe du monde, ils donnaient à leurs nouveau-nés les noms des joueurs vedettes du Barça, de l'Inter, du Milan AC, du Manchester United, du Bayern de Munich, du Real de Madrid, ils appelaient Chelsea les prostituées de l'avenue Mitwaba, ils s'efforçaient de ne pas rater les *telenovelas*, le théâtre populaire de Papa Mufwankolo, les informations où on montre le visage des politiciens qui volent l'argent au sommet de l'État et qui affament les voisins...

Mise en garde : La rédaction a laissé cette déclaration abusive et d'une débilité sans nom et sans visage pour des raisons de liberté d'expression, nous voulons malgré cela attirer l'attention de nos aimables auditeurs sur sa nature diffamatoire.

... les musiciennes de Kinshasa avec leurs cuisses mandarine et leurs derrières invertébrés «qui bougent gratuitement pour vous», le monde entier «qui n'en revient pas de ses émotions contradictoires que l'Amérique vote pour un Noir», des Sud-Africains qui sont contents de la mort de Mandela, «parce qu'il est vieux et qu'un vieux il faut que ça meure, en plus lui il mérite le repos éternel dans le ventre d'Abraham», Rihanna qui montre ses collines de l'humilité et le reste de sa biologie et des journalistes qui la mitraillent de flasheurs et qui la lèchent avec des objectifs nombreux, parce qu'il est sensationnel, le postérieur de cette fille, sa paire de laiteries aussi, mais des gens présentés comme des intellectuels qui parlent au nom de l'Afrique, au nom des douleurs de tous les Noirs ne sont pas du tout contents, une femme noire qui montre les quatre collines de sa biologie, c'est de l'aliénation, c'est faire comme les Blancs, ou comme les Blancs avaient fait du derrière de la biologie de Sawtche, la grand-mère hottentote de toutes les Noires qui livrent leurs biologies au spectacle, donc, «si t'es noire, disaient les intellectuels dans la télé de Pako, avec de belles collines de l'humilité sur ta biologie, c'est pas la peine de montrer tout ça dans les médias des Blancs, ils ont vu bien plus, bien mieux, ils ont même surnommé la biologie de la petite Hottentote, ils ont mesuré son popotin et les quatre portes de sa biologie sensible, et ils ont essayé tout ça dans leurs lits, dans leurs laboratoires, dans leurs auditoires et dans leurs cirques, et les intellectuels étaient en colère contre ces petites stars américaines désespérément idiotes, qui ignorent tout de l'histoire même de leur biologie qu'elles donnent en spectacle à des gens qui justement n'y voient toujours qu'une biologie, sans possibilité qu'un grand esprit et une belle âme puissent loger dedans... », il y avait encore, à la télé de Pako, des gens qui fuyaient les Bronx de leur pays « et ils ont imprudemment embarqué dans une pirogue si bondée qu'elle a nourri la vague avec leurs biologies que ne pouvait lâcher la malédiction de leurs misères respectives ou de la misère qu'ils ont en partage avec tous les Bronx du monde », on savait vraiment que le quartier ne serait plus le même après ce gamin venu du ciel du Kasaï comme une pluie en saison sèche, et on alla creuser avec plus d'assiduité et d'impatience, en tournant définitivement le dos à tout ce qui ne se rapportait pas au trou dans lequel on espérait puiser un nouveau sens et une nouvelle justification pour sa vie. Aussi ce dont il fallait la meubler pour guérir l'absence de ce garçon téméraire.

Les trous étaient bien trop profonds désormais dans le Bronx. Personne ne voulait comprendre pourquoi ce gamin avait toujours été derrière ceux à qui la terre faisait la bise en leur accordant le métal. Les voisins étaient si embarrassés par la délicate nécessité de le remplacer que nul n'osa envisager qu'il ait été tué en essayant de remplir le trou d'un prochain veinard, nul ne pensa à l'éventualité que Pako ait été le Dieu du Bronx, celui qui distribuait la chance et, en conséquence, changeait les destins, décidant qui trouve du cuivre dans son puits, qui quitte prochainement le Bronx pour s'installer dans un coin de la ville où l'on retrouve de l'humanité et de la dignité, car, bien que tous reviennent creuser, la plupart de ceux qui avaient rencontré le cuivre dans les galeries qu'ils faisaient sous la terre avaient par la suite quitté le quartier. Même le Maître n'y pensa jamais, il était toujours en chute libre dans les abysses où l'avait largué la perte de Belladone ou, mieux, son amour pour Vieux Z. Le Maître ne retint pas le souffle avec le reste de sa maisonnée la nuit où l'acoustique de l'absence de plafond au-dessus de leurs têtes annonça solennellement que le Cheminot s'en allait faire un tour laborieux, fructueux dans les draps de maman Clothilde. Pendant que tout le monde domptait sa respiration et faisait semblant de dormir afin d'encourager le Cheminot à aller jusqu'au bout du plaisir de maman Clothilde, pendant que cette dernière pleurnichait comme une petite fille et que le Cheminot disait : « C'est ma faute que ça s'est refermé, je vais t'acheter la voiture quand on va trouver encore le cuivre », et Clothilde répliquait dans un murmure cassé par l'irruption d'un plaisir retrouvé. « Ça ne s'est pas refermé, je n'ai pas mal, je pleure, parce que tu es là ! » et le Cheminot de reprendre : « Ah ! donc tu dis il faut moi je pars ? Si je te fais pleurer comme ça, il ne faut pas que je reviens encore un autre jour dans ton lit ? » Et tout le monde dans la maison se retenait de hurler : « La ferme et reste là, idiot ! Tu ne trouves pas que c'est très beau ? » Le Maître, quant à lui, avait la tête et le cœur déjà envahis par l'aridité du vide qui le gagnait chaque fois que personne ne papotait avec lui, il ne remarquait pas non plus la présence de ses deux enfants qui sortaient de moins en moins de la maison, comme des chiots effrayés par l'extérieur et qui rappliquent, la queue timide entre les pattes.

Nous venons de recevoir un appel de Son Excellence le ministre de la Recherche scientifique qui veille sur la révolution de la modernité dans les têtes de nos élites. Son excellence voudrait que nous balancions la deuxième partie du discours de notre héros national pour contrecarrer les littératures de ces auteurs animés par une incorrigible mauvaise foi. Cet opposant qui a choisi de pervertir le terrain de la littérature pour y faire de la politique subversive, par exemple, ou encore tous les autres qui présentent le discours de notre héros national comme des paroles rancunières tournées vers le passé colonial, vers nos frustrations, alors que notre héros national disait là le mot d'un gouvernement à peine formé, du premier gouvernement dans lequel se reconnaissaient le peuple et donc les rêves et les ambitions d'un homme et de ses collaborateurs qui voulaient rendre à ce peuple sa dignité, sa liberté, sa sueur, son sel, sa terre, ses rêves, son avenir... Suivez de vos propres oreilles.

Deuxième partie du discours intemporel du héros national
Mais tout cela aussi, nous que le vote de vos représentants élus a agréés pour diriger notre cher pays, nous qui avons souffert dans notre corps et dans notre cœur de l'oppression colonialiste, nous vous le disons tout haut, tout cela est désormais fini.
...
(Applaudissements des Noirs et des représentants noirs et blancs de l'Église catholique.)
Nous allons montrer au monde ce que peut faire l'homme noir quand il travaille dans la liberté, et nous allons faire du Congo le centre de rayonnement de l'Afrique tout entière.
...
(Applaudissements des anciens évolués devenus l'élite au sommet de l'État.)
Et pour tout cela, chers compatriotes,
...
(Applaudissements notamment des hommes d'affaires occidentaux présents dans la salle.)
Je vous demande à tous de ne reculer devant aucun sacrifice pour assurer la réussite de notre grandiose entreprise.
...
(Applaudissements notamment des panafricanistes qui se sont invités à la cérémonie.)
Voilà, sire, excellences, mesdames, messieurs, mes chers compatriotes, mes frères de race, mes frères de lutte, ce que j'ai voulu vous dire au nom du gouvernement en ce jour magnifique de notre Indépendance complète et souveraine.

(Applaudissements des gens qui n'ont pas trouvé une place dans la salle, des panafricanistes arrivés on ne sait comment dans la salle depuis les quatre coins d'Afrique et des Amériques, et des anciens évolués, c'est-à-dire ces bouffons involontaires des colons, devenus les maîtres du pays.)

Notre gouvernement, fort, national, populaire sera le salut de ce peuple.

Hommage aux combattants de la liberté nationale!

Vive l'indépendance et l'Unité africaine!

Vive le Congo indépendant et souverain[13]!

(Applaudissements prolongés des Noirs et cette fois de tous les Blancs présents dans la salle. Insistance du côté des panafricanistes.)

Après ce moment de grande messe patriotique avec notre héros national, retour sur ce plateau. La parole est à Beauté Nationale Maman Sidonie *alias* Da Vinci Code, *alias* Black is Beautiful et parce qu'elle est la voix féminine préférée du peuple, nous on vient de la surnommer Whitney Houston, *alias* The Voice.

Notes de l'auteur inconnu
On ne lit pas les nervures, on les subit

— Mon frère il est allé voir Musumari. Il dit que dans cette terre tu as seulement la mort et la sueur.

— *Ni nani* Musumari, c'est qui ? s'enquit Docta, d'une voix qui dit je peux bien me passer de votre réponse.

— Le féticheur ! Tu ne connais pas Musumari, tout le monde connaît Musumari, il pourrit une partie de ta biologie et puis il y a les vers, et chaque ver qui sort est un billet de cent dollars, tu peux compter les vers qui mangent dans un petit morceau de viande ou dans le caca de ton fils ou dans le cadavre d'une souris par exemple ? Toi là tu peux dire que Musumari je veux être le meilleur docteur, Musumari te met une noix de kola dans le trou des collines de l'humilité, tu soignes le cancer, le diabète, le sida, l'Ebola, le tribalisme, la cacosmie du Cheminot, la mocheté des femmes dans le Bronx, les poisons, les grossesses précoces, les avortements, tu soignes même les enfants sorciers et leurs parents, et je dis que tu sauras que Musumari il ne blague pas, quand il dit ça il dit ça, donc Valérien il va tuer Mwenda, je vous dis si Musumari a vu la mort, quelqu'un va mourir ou c'est Mwenda il va tuer Valérien…

Musumari avait été conspué par les fidèles de l'Église des Vivants. Prophète Zabulon l'avait maudit au nom des écritures en disant que son Dieu ne supportait pas ceux qui faisaient l'apologie de la magie. Les voisins avaient apprêté une poule pour le sacrifice. Une des femmes qui faisaient des mamelles en sachets avait fait don d'un petit bidon de lutuku, car les esprits ont perpétuellement soif et que l'alcool les amène à moins désespérer des bêtises des hommes. La femme de Tutu Jean avait apporté du linge blanc de son arrivage de draperies. Musumari n'avait pourtant rien touché, il était rentré dans l'un des trous, sans égorger la poule, sans se couvrir des draperies de la femme de Tutu Jean et sans verser de la liqueur dans la terre pour les ancêtres, il était simplement rentré dans le trou, personne ne l'avait entendu faire des incantations, les voisins avaient tendu l'oreille, sans qu'un seul bruit inhabituel leur parvienne du trou. Musumari était remonté avec une poignée de terre dans la main. Il était trempé de sueur et il grelottait. C'était un petit homme sec et trapu. Il portait des bottes noires et un gros pantalon qui faisait de grands plis tant il était petit dedans. Les voisins écarquillaient les yeux en le voyant frissonner. Effrayé, un gamin tomba dans les pommes au passage du féticheur à sa hauteur. Quelqu'un présenta la cotisation des voisins qui l'avaient fait venir dans l'espoir d'accélérer la montée du cuivre, mais Musumari refusa catégoriquement. Il annonça qu'il ne pouvait toucher l'argent d'un mort.

— Est-ce que quelqu'un a pris un couteau pour creuser dans la biologie de quelqu'un ? questionna Docta.

— Non !

— Est-ce que quelqu'un a un fusil ?

— Non !

— Est-ce que quelqu'un connaît quelqu'un qui a un fusil ?

— Ça c'est peut-être… Qui peut savoir ?

Docta se grattait le dessous de la bouche en réfléchissant. Les deux voisins qui se déchiraient avaient été éloignés significativement l'un de l'autre. Valérien était un homme déterminé à quitter le Bronx. Tout à son trou, il ne louchait plus sur les femmes d'autrui, il ne bavait plus sur sa propre femme, ne se bagarrait plus pour des babioles, ne priait plus Dieu, ne pliait ses genoux devant personne d'autre que lui-même, n'avait plus le temps pour taper ses enfants, n'avait plus le temps pour discuter des caleçons rapportés pour la biologie cramée de Pako, nourrissait dorénavant du mépris vis-à-vis des individus comme Pako, ne parlementait plus debout sur l'actualité politique, ne mentait plus – parce qu'il ne causait plus et n'écoutait plus –, ne s'asseyait plus pour manger les dindons, les chiens ou les cochons de Pitchou Turbo, ni pour téter les sachets des dames du vieux bus, *pembénisait*[14] désormais tout le monde autour de lui en dehors du cadre du travail, même sa femme avait dû travailler avec lui pour continuer à faire partie de sa vie. Valérien avait creusé toute la journée et toute la nuit sans rien manger du bukari et du kibwabwa aux chenilles que sa femme, Eudoxie, lui avait apportés dans le trou. Ensuite, le matin, tandis qu'il se demandait s'il ne serait pas plus intelligent de tout arrêter, de reposer la mécanique de sa biologie amortie par des coups incalculables dans un sol qui ne gratifiait pas ses efforts, ne serait-ce qu'en changeant de couleur par endroits, c'est un homme flapi et rabougri qui avait donné un coup atone à une petite protubérance que ses précédentes frappes avaient sculptée dans la terre. Là, il était tombé nez à nez avec son voisin, Mwenda, qui copulait à quatre pattes avec Eudoxie. Valérien, qui avait dû faire un seul tour de la situation, sembla n'avoir pas reconnu sa femme dans l'interminable biologie nue et maigrichonne qui se relevait de devant Mwenda pour se blottir dans un autre coin du trou, il ne put lire la honte, la bravade, l'appréhension, la culpabilité, le triomphe, la réprobation, la sollicitation dans le regard intense qu'Eudoxie lui envoyait, il ne put penser que sa femme l'avait trompé derrière la finesse, l'étroitesse parabolique de ce mur de terre, pendant qu'il s'acharnait à creuser comme toujours leur bien-être et l'avenir de leurs enfants, du moins ce qu'il avait décidé de donner comme visage à leur bien-être et à leur avenir, que la trahison d'Eudoxie n'avait pas seulement duré toute la nuit, depuis le moment qu'elle était remontée après lui avoir présenté une pitance d'herbivore à laquelle il n'avait même pas touché, mais toute la vie, toute leur vie, dans laquelle ils avaient cheminé en parallèle, sans jamais ne se croiser que dans quelques illusions. Valérien explosa, il avait les yeux rouge fournaise, une abondante sudation s'agitait à la surface de sa peau sous l'effet de l'harmattan que levait sa furie. Un burin à la main, il avança sa corpulence colossale, visiblement décidé à ouvrir le crâne de son voisin qui reculait une main sur le sexe, l'autre main ébauchait un geste pour apaiser Valérien.

— Tu creuses dans ma parcelle, iyi ni bulongo yangu... Je vais te tuer avec ce métal !

— Je ne creuse pas chez toi, voisin... On peut remonter... Tu verras que le trou est devant ma porte.

— Ce trou m'appartient... Tu as débordé dans ma propriété... Je vais t'enfoncer ça dans le crâne... Est-ce que tu crois que je transpire dans ma terre pour qu'elle soit douce quand toi tu viens creuser, hein ? Je vais te trouer les yeux... Tu dois arrêter de convoiter les trous des autres... Je vais te trouer les yeux !

Dans le but de calmer Valérien, Docta proposa que l'on pratique un troisième trou. Il devait être vertical et au beau milieu des bornes imaginaires qui séparaient les deux propriétés, les voisins n'avaient qu'à dire où s'arrêtaient leurs parcelles, car ce serait une perte de temps de faire appel au cadastre, les lotissements du Bronx ne se vendaient que de bouche à oreille, par-dessus le marché ils n'avaient pas de formes fixes, beaucoup de propriétés ressemblaient à des pays, les formes les plus courantes étaient celles du Kenya qui est un Congo sans une partie du Katanga, une partie du Bandundu et sans le Bas-Congo, l'Algérie qui peut aussi être l'Inde ou l'Éthiopie, l'Égypte qui n'est pas loin du Texas, ou l'Angola, le Yémen, la Chine, le Sahara occidental, la France sans son outre-mer, à moins de considérer les ordures que les voisins jettent les uns chez les autres, l'Espagne en posant que le Portugal en fait partie, le Malawi, ou le Chili, ou l'Italie, le Mozambique, en faisant abstraction du lac. Les bicoques échafaudées sur le lopin de terre pouvaient en épouser la forme. Mais il y avait à qui mieux mieux des maisons Yémen au Texas, des maisons Afrique en Chine, une Somalie en France, une Allemagne en Pologne, un Sahara occidental en Espagne, un Rwanda au Burundi, une Palestine au Qatar, une Angleterre aux États-Unis, une Italie au Mozambique, avec des cabinets à l'extérieur qui rappelaient la Sicile et la Sardaigne... C'est pourquoi il fallait demander aux deux baroudeurs d'indiquer les limites de leurs terres et on saurait tout de suite lequel était en tort. Les outils furent rassemblés à l'instant et des hommes se mirent à taper dans le sol en disant, entre un souffle et une reprise, leur crainte de se retrouver, eux aussi, dans la situation de Valérien et Mwenda. Cela faisait si longtemps que les gens creusaient, il n'y avait pas de boussole sous la terre. Certains hommes reconnurent qu'ils s'étaient déjà croisés à maintes reprises dans les galeries et qu'il leur arrivait de s'appeler pour partager la nourriture en discutant un peu avec ceux d'entre eux qui étaient remontés dernièrement à la surface, et ils déléguaient celui qui avait prévu de remonter le plus tôt, afin qu'il ramène de l'alcool et des lards de porc. Toujours en creusant, ils charrièrent Valérien : en plus de sa terre, c'était aussi le trou de sa femme qu'il avait déblayé pour Mwenda. On s'avouait que ce Mwenda avait de la chance, parce qu'on reconnaissait qu'on s'était souvent branlés sous la terre faute de pouvoir remonter en surface et qu'on avait parfois désiré le derrière d'un voisin de même sexe qui était penché pour creuser, quelqu'un ajouta qu'il connaissait une fille qui descendait dans les puits pour tapiner et qu'il suffisait d'avoir des yeux, tout le monde ne plongeait pas dans la terre pour les mêmes raisons ; la fille putassait pour pas cher, les gens lui faisaient une collecte de tout ce qu'ils avaient dans les galeries humides, avant de se perdre ou de se retrouver à tour de rôle dans les avantages de sa biologie ingénieuse, la précipitation et le manque plaquaient cette biologie contre un petit sac ou à même le sol. On se promettait de se tenir au courant de son prochain passage, elle était belle comme un soleil de crépuscule, elle avait des cheveux doux, et la lumière des bougies dans les galeries enflammait sa peau claire, on en oubliait qu'elle était une sorcière redoutable, on se laissait volontiers ensorceler par ses charmes... Un homme qui cherche l'argent flirte avec le diable, et Belladone, parce qu'il s'agissait bien de cette petite terreur, pouvait avoir tous les droits sur eux maintenant qu'ils vivaient sous la terre, dans le royaume de la malédiction qu'elle avait toujours portée dans sa biologie, on l'avait rejointe sur son terrain et elle était généreuse sur son terrain, elle donnait sa biologie et ne demandait pas beaucoup en retour, on pouvait recevoir son baptême à cinq pour le prix d'un, sans qu'elle ne se fatigue de bouger, de serpenter, de se tordre pour mieux vous recevoir tous dans les flammes de son enfer, pour mieux vous condamner. Quelqu'un ajouta que le quartier avait été condamné au moment précis où cette gamine y avait posé les pieds, c'était devenu son royaume, et tous les voisins étaient des âmes qu'elle attendait de souiller entièrement avant de rentrer triomphalement avec elles dans la gloire de son Maître.

— Est-ce que tu penses que nous allons mourir ?

— Je ne sais pas, mais je serais étonné que nous restions en vie. Ce sera peut-être une vie dans la mort.

— Alors, vous voulez qu'on vous appelle la prochaine fois qu'elle va passer ou quoi ?

— Moi, je pense qu'il ne faut pas aller trop loin dans l'abomination, c'est déjà beaucoup de vivre comme des vers de terre à cause de l'argent, si en plus on doit se mettre à dos les esprits de la terre...

— Quels esprits de la terre ?

— Mpumina, je crois il se fâche si tu couches une femme avant le travail sous la terre, maintenant vous dans ce quartier, vous couchez la fille pendant le travail sous la terre, tu crois, un chrétien il peut emmener une putain à l'église et copuler avec dedans ?

— Ça c'est dans ta tribu, chez nous il n'y a pas les esprits qui vivent sous la terre, tous les esprits ils ont les ailes, ou les nageoires, comme les sirènes, alors si tu veux invoquer, tu mets les pieds dans l'eau ou tu vas grimper dans la montagne.

— Chez nous les esprits sont dans les animaux.

— Chez nous, dans la pluie.

— Chez nous, ils sont partout, même dans ton ventre et dans ta bouche !

— Dans la pluie et dans le feu !

— Chez nous, il n'y a pas d'esprits !

— Et vous vivez comment ?

— On vit, c'est tout !

— Et comment ça se fait que vous vivez ?

— Chez nous, les esprits, on ne sait pas où ils sont. C'est eux qui décident d'être où ça leur plaît.

— Alors, la petite Belladone, on vous appelle quand elle passe ?

— On peut aussi la prévenir, on lui dit que Belladone tu passes la nuit, par exemple ?

— Je vous dis, cette fille, elle a de la biologie !

— Dans ce cas, je ne travaille pas cette nuit.

— Moi, je viendrai seulement pour voir !

Le premier tunnel que croisèrent les bêcheurs sortait des deux propriétés et filait tellement loin et tellement profond, en débouchant sur d'autres tunnels aussi grands et aussi profonds que les trois hommes qu'on avait chargés de suivre cette piste revinrent en disant que ça ne valait pas la peine, pour le premier, que c'était fatigant, pour le deuxième, et qu'en marchant résolument là-dedans, on pouvait se retrouver en Somalie, en Chine, ou au pôle Nord, pour le troisième. Les voisins décidèrent de continuer à creuser verticalement et ils trouvèrent d'autres tunnels qui se recoupaient et qui allaient dans toutes les directions. Quelqu'un affirma qu'il avait creusé avec ses garçons jusque dans une ancienne usine souterraine, il avait alors sommé ses enfants de remonter, les friches industrielles enfouies sous la terre avaient sans doute d'obscures radiations, et l'homme s'était effrayé d'avoir des petits-enfants qui ont trois yeux, la bouche sur la nuque ou qui pissent avec le pied... Quelqu'un d'autre reconnut qu'il avait suivi une longue piste, et lorsqu'il avait décidé de remonter, la lumière qu'il voyait poindre au loin l'avait conduit à l'autre bout de la ville, les voisins étaient ahuris par leurs exploits de creuseurs amateurs, amateurs mais forcenés...

Valérien était effondré, il avait le visage de celui qui voudrait chialer, mais qui se dit qu'il est tout de même un homme, un visage qui brasse de la tristesse et du dégoût dans la même trémulation spasmodique, il s'appuyait contre un mur pour ne pas tomber, mais le mur était en bâches et il céda, les gens accoururent, abandonnant bêches et pioches, ils le transportèrent à la pharmacie de Docta qui mettait des gouttes d'une mixture dans les yeux d'une vieille dame allongée sur le petit lit que les ONG avaient donné au quartier ; aussi les voisins déposèrent-ils la biologie statufiée de Valérien par terre, aux pieds de Docta qui constata sa mort, il sortit son registre des morts et consigna l'heure incertaine du trépas de Valérien, car, quelque sincères que fussent les témoignages de sa mésaventure avec le petit mur en bâches après la trahison de sa femme derrière un mur de terre ou sa désillusion face aux galeries qui s'entrelaçaient autour du puits inassouvi qui avalait sa sueur, sa virilité et son humanité, les voisins avaient bien transbahuté la biologie d'un homme déjà mort, d'ailleurs Mwenda, pour s'assurer de ne pas être mal vu désormais, après avoir tout de même sauvé sa biologie de la rage et du burin de Valérien, s'écriait que ce dernier était mort depuis des temps immémoriaux, depuis la nuit de sa vie, bien avant la délocalisation de son village et la construction d'un camp inodore où le mining les avaient transbahutés, il était né mort, et sa propre femme affirmait qu'elle avait épousé un cadavre, que Valérien avait le cœur froid, Eudoxie sentait qu'elle faisait l'amour à un gros steak ou à une baleine congelée, chaque fois que cet homme s'avisait de lui ouvrir les jambes, personne n'était donc à blâmer, même pas Valérien, la mort ne vous installe pas dans votre tort, vous mourez, c'est tout, et on disait paix à l'âme de Valérien, et quelqu'un plaisanta que les va-et-vient des vers de terre apportaient un peu de chaleur dans son cœur, et encore paix à Valérien, et paix à Valérien...

Chers auditeurs, le salaire du péché, c'est la mort. Nous allons revenir à cette jeune fille, Belladone, dont nous venons d'apprendre qu'elle est toujours en vie et qui semble en savoir plus que tout le monde même si, nous devons le reconnaître, elle divague à tout bout de champ. Avant cela vous allez connaître le top dix des chansons les plus jouées dans les bars de Kinshasa avec notre confrère Sam Mokolo, *alias* le Mignon, *alias* Fils à Papa, *alias* DJ Micki Mousse. Il est déjà vingt heures et quart. La rédaction a bien voulu repousser l'heure du journal de vingt heures pour vous laisser finir cette émission spéciale en beauté. Le véritable salaire de la désobéissance civique arrive, ne fermez pas votre radio et ne changez pas de chaîne, car l'histoire va s'écrire sous vos oreilles ce soir !

Belladone
Le mort dont la leçon fut trop bien comprise

L'école primaire Hekima, c'est ce qu'on appelle un paradoxe. Depuis toujours, pas une fille qu'on y forme n'a été mise en cloque. Ni par un enseignant, ni par un autre élève, ni par un parent d'élève. Chaque fois qu'il ramenait une fille dans son lit, le Maître tenait à nous assurer qu'il ne s'agissait pas d'une de ses élèves. Tout de même, dans le reste de la ville, les gens pensent que des gamines qui font des bébés, ça doit être une telle banalité dans le Bronx que ça vient naturellement de pouponner ou d'allaiter son bâtard, de le mettre à biberonner en suivant un cours de chimie par exemple. Et aux yeux si habitués des enseignants, ça ne doit pas valoir la peine d'être consigné dans les rapports de l'administration. On imagine que les grossesses précoces ne déconcertent plus personne par ici. La vérité, c'est que les élèves ne font pas de bébés durant leur scolarité. Petite vérité, d'une joliesse si incompatible avec la mauvaise réputation du Bronx qu'on a du mal à y croire; on est incapables de l'envisager comme un possible à l'honneur des dégénérés qui infestent ce coin sombre dans le dos de la ville. Le Maître demande à ses élèves de tenir tête aux hommes qui les abordent dans la rue avec des paroles, des yeux et des attitudes qui en disent long sur leur intention de les coucher, de leur répondre en aboyant très fort : «Ma biologie n'est pas à vendre!» Après la réhabilitation de l'école avec l'argent des parents qui fourragent sous la terre, peut-être l'argent des câbles et des traverses dont Pako et sa bande délestaient les poteaux du quartier d'en face et le rail de la Société des chemins de fer, le directeur de l'école a obtenu des ONG qu'une partie de la bouffe qu'elles apportent aux sinistrés du Bronx soit destinée aux élèves. Les ONG ont ouvert une cantine, et l'école est devenue un lieu qu'on ne quitte plus que pour rentrer dormir. Parfois, ça laisse penser que les parents ont définitivement oublié leurs enfants. Le Maître dit que certains élèves ne se souviennent pas de la dernière fois qu'ils ont vu leurs parents. Il dit encore qu'il y a toujours un âge intermédiaire dans la croissance où les enfants ne suscitent pas beaucoup d'intérêt chez leurs parents. Les élèves de Hekima ne rentrent dans les calculs de leurs parents que pour faire des soustractions, c'est pour ça qu'ils sont heureux que quelqu'un d'autre s'en occupe. Ils ne les ont pas oubliés, ils les ont mis en suspension.

Les autres gamins du Bronx, ceux qui ne sont pas scolarisés, ont été incorporés dans les trous de leurs parents. Les enfants, ça bosse en jouant, en s'amusant, en rigolant et ça n'a pas conscience du grand travail que cela finit par produire. Mais quand ça ne rigole pas et que ça peut mourir d'ennui ou de fatigue ou d'étouffement, les adultes n'en ont bien évidemment rien à foutre, tant que leurs petits bras retournent de la terre, tant qu'il y a des résultats. D'autres bambins se font payer deux boules de bukari avec une sauce de mpiodi ou de fretins, une sauce bricolée avec des tranches de dindon, de cochon ou de chien achetées à Pitchou Turbo. Certains patrons ne paient que la promesse d'un pourcentage sur la récolte. Les petits creusent dans le puits de celui qui cause bien avec eux. Même les plus jeunes, ceux qui ne peuvent absolument pas bosser, sont malgré tout sous la terre. Ils ont découvert dans les tunnels un meilleur espace pour jouer à cache-cache.

Les élèves du Maître racontent qu'ils doivent sautiller en allant à l'école. Il y a des fissures dans la terre depuis la mort d'un voisin qui s'appelait Valérien, emporté par un flux cardiovasculaire torrentueux. Il faisait semblant de ne pas souffrir après avoir vu sa femme avec un autre homme. Les autres voisins ont dû creuser, car Valérien préférait se bagarrer avec son rival sur un autre terrain. Il ne voulait pas souffrir d'avoir à poser la biologie de sa femme comme un champ de bataille. Moi, je trouve ça noble. N'en déplaise à nos crétins de voisins qui charrient sur la lâcheté de Valérien, sur son entêtement à se battre dans un faux ring, un ring vaporeux… Le geste était noble. Le genre de noblesse qui vous tue tant elle est bien au-dessus de la vie, au-delà des choses dérisoires dont nous entretenons nos vies foncièrement misérables. Les voisins ont accouru et ils ont creusé la preuve que le rival de Valérien l'a offensé en débordant sous son terrain, et tout le Bronx a été sidéré face aux multiples tunnels qui se recoupaient dans la terre, et sous nos pieds, comme des vaisseaux sanguins avant de filer encore plus loin vers Dieu sait où. Il a plu, ce jour-là, et le jour d'après, il a plu toute la semaine encore, et les tunnels vomissaient de la boue dans les ruelles du quartier.

Le chef de quartier, escorté de prophète Zabulon, est venu voir le Maître, et les deux hommes ont appris à mon père que Tutu Jean, notre voisin, n'est pas sorti de son trou avant la dernière pluie. Les voisins autres ont afflué autour de son trou, mais personne n'a voulu entrer le chercher.

— Si tu entres là-dedans, je te dis que l'eau sale elle va te mâchonner dans les yeux et dans toute la biologie, et plus tu vas avaler ça et nous demain on va trouver ta biologie à côté de la biologie de Tutu Jean, le Cheminot a dit au chef de quartier qui mesurait la profondeur du puits avec sa canne.

— Le Cheminot a raison, Docta a appuyé. Au lieu d'avoir à pleurer deux voisins, nous allons attendre que les eaux baissent, il a dit.

Tout le monde était d'accord. Il a été demandé à quelques hommes de veiller au trou, il arrive que la biologie remonte toute seule et cela signifie que les esprits des eaux l'ont vidée de la moindre parcelle de vie. Ils sont repus de sa vie, et, à la fin du festin qu'ils en ont fait, les esprits la relâchent. Ils la rendent à sa famille qui doit les remercier pour leur générosité, de peur qu'un autre membre ne soit foudroyé ou noyé à son tour. La femme de Tutu Jean a pleuré en outrageant les voisins, elle a hurlé que ce quartier n'aimait pas son mari, que nous étions tous des démons, des bêtes sauvages de l'Apocalypse, des moustiques, des corbeaux... Comment peut-on abandonner un homme qui se bat tout seul contre des eaux sales sous la terre ? Elle a rappelé que Tutu Jean avait toujours été là dans les moments difficiles des mécréants qui le trahissaient, qu'est-ce qu'il devait être malheureux dans ce trou maudit, qu'est-ce qu'il souffrait de froid et de solitude, Tutu Jean ! Elle a promis d'allaiter son Tutu Jean, s'il se tirait de là, elle lui donnerait le sein, elle arrêterait de lui faire des fessées, elle ne le tapait qu'à défaut de pouvoir le dévorer, de pouvoir le déguster tellement elle l'aimait, est-ce qu'il voyait ces mécréants lui tourner le dos pour aller téter le lutuku que des femmes immondes leur servaient dans un sachet infect ? Est-ce qu'il se rendait compte que ces misérables crapauds lui tournaient le dos, après l'avoir sucé toute sa vie, qu'ils le laissaient passer la nuit à se battre tout seul dans les eaux sales que leurs trous vomissaient à longueur de journée ? Est-ce qu'il allait revenir, son Tutu Jean, pour téter quelque chose de propre, un vrai sein dodu, une colline vivante de sa biologie, pas un bout de sachet qui te file des amibes, lorsqu'il ne te mange pas dans le foie...

Le lendemain, l'eau a filtré dans la terre, mais il n'y avait aucune trace de Tutu Jean. Des voisins sont allés ratisser les tunnels, ils ont passé la journée entière à sillonner les entrailles de la terre dans tous les sens. Le soir, prophète Zabulon a fait une prédication devant le trou de Tutu Jean. On ne savait pas organiser un deuil, il était possible que Tutu Jean soit parti vivre ailleurs. Avec une autre femme. Les regards se sont tournés vers le Maître. La femme du disparu lui a balancé qu'il est plus intelligent que tout le monde dans le Bronx pour savoir qu'une femme ne peut pas rester seule, loin de son mari, que la biologie et les rêves d'une femme, ça doit être entretenu par son homme. Est-ce que le Maître pouvait avouer que Tutu Jean n'avait pas rencontré la fortune dans son trou, qu'il ne l'avait pas aidé à vendre son métal? Est-ce que le Maître pouvait permettre que son bon voisin jette sa femme comme une chaussette trouée, avant d'aller se détruire avec les filles de l'avenue Mitwaba qui vendent leurs biologies à n'importe qui? Mais le Maître n'a rien dit. J'aime à croire qu'il a choisi l'imprécision à dessein. Cela atténuait la douleur de la disparition de Tutu Jean. Prophète Zabulon a demandé à Jésus de ramener cet homme auprès de sa femme, car ce n'est pas ainsi que les gens doivent être enlevés à leurs proches, Jésus est amour infini, ou il n'est rien... Il ne peut pas se permettre de briser le cœur d'une femme, Tutu Jean, son amoureux n'avait pas arrêté de la porter dans son cœur, Jésus ne peut pas rompre à la place de Tutu Jean, amen et amen... Le Maître n'a plus jamais parlé de tout ceci depuis. Même pas au hasard d'un bavardage sur autre chose que cette désolante disparition. Il a tout bonnement *deleté* le nom de Tutu Jean de son vocabulaire. Vieux Z m'a dit que Tutu Jean ne pouvait pas être mort. La mort est une issue trop facile pour un homme empêtré dans toutes sortes de merdes. « Quand la vie te donne des croix, elle te laisse les porter. Elle s'assure que tu ne les abandonnes pas en mourant très tôt. La vie est une salope, tu n'imagines pas l'étendue de son sadisme. »

Un communiqué vient de nous parvenir dont la teneur suit : « La famille Kibanda Wema a le réel plaisir d'annoncer à la communauté des ressortissants du district du Haut-Ubangi que sa petite-fille Jenna Kibanda Wema va souffler demain sur ses deux bougies. Vous êtes donc conviés à partager le bonheur de ses parents pour tout l'amour et toute la lumière qu'elle leur rapporte au jour le jour avec son sourire et son inégalable vitalité. Deux bus feront des navettes à partir de quatorze heures et quart entre le siège de la mutualité communautaire et la résidence Kibanda Wema. Joyeux anniversaire, Jenna ! »

Élisabethville, l'antenne est à vous.

Le mort dont la leçon fut trop bien comprise
(suite)

J'ai dit que personne ne s'arrêtait sur ces grandes lignes qui se pratiquaient toutes seules dans le sol. Pendant que les tranchées rallongeaient et grossissaient comme les serpents qui bouffent des antilopes dans les films sur la jungle. Au début, pas une bouche n'a dit son inquiétude. Même pas les sceptiques comme Vieux Z qui ne croyait pas en l'aventure des voisins. Dans le Bronx, les gens ont l'habitude des monstruosités, quand ils en voient une, leurs lèvres ne se donnent pas la peine de la nommer ni leurs doigts de l'indexer. Le quartier ressemblait à une feuille de manioc. Ses nervures rampaient entre les baraques, roulaient dans les ruelles, culbutaient parmi les tertres que faisait la terre sortie des trous. Une fillette se brisa la jambe dans une crevasse qui s'était ouverte d'une seule venue dans la ruelle. On aurait dit que c'était du fait du soleil. Il n'y avait que lui et les pas de la petite fille qui opprimaient le sol. On accusa le soleil. La petite fille était trop légère pour faire une entaille aussi grande sous ses pieds et s'en briser les os. Vieux Z n'était pas de cet avis. Il soutint vigoureusement que cela venait de dessous, des coups des pioches gloutonnes que les voisins tapaient sous leurs maisons. « Sortez de temps en temps de vos tanières pour voir les dégâts que vous faites en surface, vous pensez que c'est quoi un sous-sol, si on ne peut pas remonter ? » La terre portait à ce moment-là des déchirures si longues et si grosses pour certaines qu'on aurait dit, comme Vieux Z, qu'elle ramenait à la surface du sol les douleurs et les marques des coups métalliques que les voisins pratiquaient dans ses entrailles suffoquées.

Des bambins sont sortis des trous pour jouer à la marelle avec la cartographie que dessinaient les crevasses. C'est les gamins qui ont fait escorte quand le Maître a ramené ses élèves pour la récitation de son *Frappez, camarades* devant les trous. Leurs parents pouvaient aussi entendre les voix des élèves. Ils n'avaient pas besoin de remonter en surface. Le Maître et les gosses sont passés d'un trou à l'autre, et ils ont déclamé le texte qui devait remplacer *Le Laboureur et ses enfants* dans le programme national. Ils étaient peu soucieux de vérifier que les gens s'arrêtaient de taper dans la terre pour écouter l'exhortation de leurs petites voix...

Frappez, camarades
La terre est une femme enceinte de votre avenir
Il en jaillira étoiles et musique
Creusez
Et mirez-vous dans les trous
La dignité est une eau souterraine
Le monde racontera au monde
Le dit de vos bêches clochardes
Il est doux, le son que vous faites

Métaux et malachites
Demain, les trous se nourriront
De nuages crèmes glacées
À la vanille
Au chocolat
Frappez, camarades
La terre n'enfante pas toute seule
Donnez le sel de votre sueur
Il en jaillira
Étoiles et musique

Et je dis que c'était réellement de trou en trou, en traînant les cavalcades des petits garnements du quartier qui avaient abandonné pour l'occasion les marelles géantes dont leurs parents leur avaient fait cadeau sans le savoir. Le Maître écoutait comme on écoute le vent ou les battements de son propre cœur. De certains trous on pouvait entendre une voix crier : «Bis! bis!» mais le Maître faisait non de la tête avec une moue qui dissuadait les élèves de satisfaire la voix. Si d'un autre trou s'était levé un rire gras ou une voix goguenarde avant la fin du dernier vers, d'un geste de la main, le Maître intimait les élèves de reprendre et de reprendre et de reprendre... jusqu'à ce que la voix se taise. Cela voulait dire que l'impertinent avait dû finir par écouter la bâtisse des mots, plutôt que les voix des enfants, ou bien le chœur des enfants, lequel portait autrement haut ces belles paroles. Les petits ont fait le tour du quartier. Il n'y avait, pour les applaudir, que le silence des trous et l'espièglerie oisive et astucieuse de quelques galopins intrigués. Les trous, quant à eux, ou ça grommelait ou ça restait silencieux.

À ce moment déjà, la mort avait fini de détremper tout le Bronx. À l'instar d'un carburant dont on a humecté des brindilles. Le temps était suspendu en attente de l'étincelle qui a dévoré pour toujours les biologies des voisins qui se confondaient dans la fourberie distrayante d'un quartier où l'anéantissement est le seul horizon déployé. La vie dans le Bronx est une éclaircie furtive, une luciole insaisissable et que tu ne choisis pas. C'est elle qui te choisit. La luciole vient comme une pute qui racole se poser sur ta tête. Elle te murmure que tu vas quitter la merde dans laquelle tu es assis, les collines de l'humilité nue. Tu ne peux pas te battre. Lors même que personne ne se l'avouait, chacun savait que la biologie de Pako, crucifiée par l'électricité sur un poteau, avait été la prophétie, l'oracle de la condamnation des voisins qui creusaient. On avait voulu se convaincre que l'espoir restait sans blessure, la promesse entière, mais l'acharnement des coups de bêche trahissait un profond désarroi. Il était évident que Pako avait mis des morceaux de rail dans les trous de certains veinards. Il avait vandalisé tout ce que les colonisateurs avaient construit avec du cuivre dans la ville, en plus des câbles d'électricité, des ponts, des portes cochères de résidences kitsch, poutrelles de hangars dans le quartier industriel, grilles de l'hôpital militaire... On dit qu'il filait du fric aux patrouilles de police qui fermaient alors les yeux. Séraphin m'a raconté que c'est un colonel qui avait donné le feu vert à Pako : « Avec de bons petits comme toi, il avait dit, il n'y aura même jamais la guerre dans ce pays ! Tout colonel que moi je suis, on me paie avec septante mille francs par mois, qu'est-ce que les gens s'imaginent moi je vais faire avec cet argent ? On croit que je me suicide tous les mois, ou bien que je nourris les chauves-souris avec ça ? Il faut savoir parler avec le treillis, petit, et toi, tu es un bon petit, fais ce que tu as à faire. Tu me ramènes seulement ma part. Bouler vieux nayo, mokolo asengaka te[15] », et le colonel l'avait aidé à transporter tout ça dans les deux Jeep de sa patrouille, il était allé, par la suite, signaler le vol à sa hiérarchie qui en avait informé les autorités politiques, lesquelles en avaient informé les médias qui, à leur tour, avaient passé la nouvelle à la population qui le savait déjà, parce qu'elle n'avait pas de courant et qu'elle s'indignait de l'air grotesque des poteaux qui semblaient avoir été dépouillés de leurs vêtements... De cette façon, Pako ramenait la lumière de la luciole sur la tête de qui il voulait, en disant : « C'est toi qui vas vivre. » Il faisait espérer le passage d'autres lucioles à ceux qui étaient restés tapis dans la mort, une pluie de lucioles qu'on n'aurait qu'à happer pour construire sa vie avec plusieurs vies, avec plusieurs possibilités de vies, et on tapait dans la terre pour rappeler les lucioles, on les lutinait dans les mouvements multiples des houes, des binettes, des pioches, des bêches et des petits seaux attachés à une corde qui remontaient de la terre retournée.

Après avoir vu la biologie cramée de Pako, les voisins tapaient dans la terre pour pouvoir espérer que les lucioles n'avaient pas été un mirage, car la vérité devait se trouver dans ces mouvements de bêche auxquels on croyait autant qu'aux lucioles. Si les lucioles avaient été des dieux, les mouvements de bêche dans les trous seraient leur culte. Ainsi étaient-ils devenus la vérité, la seule possible, la seule qui restait... Quand la terre a tremblé, personne ne s'en est aperçu. Les voisins avaient trop de tempêtes dans leurs âmes pour s'appesantir sur ce frisson prolongé du sol. Moi je suis descendue apporter un peu de gaîté et de sel dans l'austérité des puits, un peu de sel, aurait dit le Maître. Séraphin pleurait dans la maison. Le Cheminot écoutait la récitation des élèves et il avait le cœur qui se léchait encore les babines après la nuit de maman Clothilde. Le Maître escortait ses élèves qui arrachaient un soupir aux trous. Et les élèves ânonnaient : *La terre n'enfante pas toute seule. Donnez le sel de votre sueur...* S'il est mort, je peux jurer que mon père a senti son départ comme une piqûre furtive, il avait déjà fermé les yeux, il était déjà entré dans la félicité qui émanait des voix effilées de ses élèves. Des voisins ont dû voir venir une inhabituelle pluie de poussière, d'autres ont dû quitter leurs trous sans pour autant aller aussi loin. Dehors, la poussière ressemblait à un ciel qui descend sur terre, c'était mythologique, Ciel et Terre, comme dans un conte, qui se font la bise, ensuite copulent et refont le monde.

Nous vous prions de nous excuser pour les désagréments sonores que la rédaction a volontairement causés. C'était à cause d'une diffamation et d'un outrage à officier. Votre rédaction ne connaît pas le colonel dont il est question dans cette affaire de vol de câbles électriques, mais nous pouvons vous assurer qu'il n'a rien fait. Il est innocent. Aucun officier de nos services républicains de sécurité ne saurait se montrer capable d'une telle prévarication. L'armée a été réformée. Même si elle est toujours en difficulté face aux Rwandais et aux Ougandais à l'Est, même si on l'accuse de s'être servi à satiété les biologies sensibles de quelques femmes à l'Est, nous pouvons quand même jurer sur sa moralité.

En attendant, écoutez donc l'hymne de nos fiers soldats exécuté par la fanfare militaire avec l'appui technique de l'Orchestre symphonique kimbaguiste.

Belladone
Moi, dieu des fourmis

Depuis un peu plus de deux mois, je voyais Vieux Z chez lui. Le Maître en avait eu un regard si vide de tout sentiment, comme s'il n'habitait plus dans sa biologie, un regard humide, glissant comme une plaie fraîche, il m'avait demandé de lui répéter un poème dont je compris qu'il était de lui, mais que Vieux Z me déclamait d'une voix scolaire et en zézayant. Ensuite il m'embrassait avec la douceur veloutée d'un nourrisson et quand il me suçotait les tétons, j'avais l'impression d'allaiter, je me dis, en tout cas, que ça doit être comme ça, l'allaitement. Les hommes ont parfois toute la lumière de leur existence dans ce qui paraît être leur handicap, leur défaut, leur croix... Si vous regardez cet homme et que vous êtes une fille, la chose que vous relèverez en premier, ce sera sans doute ses gencives désolées, vous en serez répugnée, vous vous direz qu'il est très moche comme ça, le pauvre bonhomme, pas séduisant pour une patate... L'ayant trouvé quelconque, vous passerez à autre chose, vous passerez à côté d'un prodige... Moi, je peux vous assurer que ces gencives dépouillées sont une merveille insoupçonnée, une petite félicité. Avant de descendre dans les trous, j'ai aperçu Vieux Z au milieu des nuages de poussière. Il se frottait les yeux en dodelinant de la tête. La poussière lui faisait voir des choses que seul le lutuku des sachets que tètent les voisins est capable d'inventer. On aurait dit que quelqu'un retirait le socle sur lequel les voisins avaient posé leurs baraques et que les murs s'enfonçaient dans un vide. Un nuage de poussière s'est formé, en même temps qu'un bruit d'avalanche courait dans les oreilles comme un roulement de tambour. Ensuite, il y a eu le silence, quelques cris d'enfants, encore le silence, un autre cri peut-être, un cri d'objet, un cri de tôle ou d'une feuille métallique différente, un cri de voisins aveuglés qui se cognent la tête, un cri de biologie qui craque, un cri de rêve qui dépérit ou qui découvre sa nature profonde d'illusion, un cri d'illusion donc, le silence, le silence de nouveau... Le silence enveloppait comme un cri face auquel tout autre bruit était impossible, inutile, vain... Il y avait six hommes avec moi quand la terre s'est froissée. L'un d'eux, qui était nu à côté de moi et dont je ne pouvais voir la biologie en entier, sinon du ventre aux orteils, s'est mis à crier en frétillant des jambes : « Kabongo, est-ce que tu es mort ? Kabongo, tu n'es pas mort ? Kabongo, maintenant si tu es mort, moi je vais faire comment ? Tu vois, il y a encore l'eau de la fille sur ta cuisse, Kabongo, bouge même le pied, si tu n'es pas mort... » Le préservatif de mon client s'est rompu pendant que la terre tombait. J'ai décidé de ne pas bouger et je suis restée allongée là, à voir périr mon empire.

Avant hier, j'ai dit à Séraphin que j'ai enfin une histoire à lui raconter. C'est celle d'une petite fille qui passait pour l'enveloppe charnelle d'une odieuse malédiction. Les jours coulaient comme une rivière accidentée et l'enveloppe s'enjolivait. Elle se transforma en un adorable coffret d'orfèvre, avec des dorures, des arabesques, des fioritures magnifiquement ouvragées, l'œuvre d'une main qui ne pouvait être humaine. Conscients qu'elle portait la malédiction en elle, les gens se mirent pourtant à la désirer, ils la possédaient à tour de rôle, ils s'échangeaient la malédiction de sa biologie que chacun aurait voulu, dans une ultime saute d'égoïsme, garder pour lui seul, le coffret était tellement beau qu'on en acceptait volontiers de mourir. Il s'en faut de peu pour qu'un homme abandonne son âme, qu'il la sacrifie plutôt, et le coffret ne s'en privait pas, il phagocytait toutes ces âmes troquées avec une caresse envoûtante de ses dorures et de ses fioritures ouvragées par le dieu des maléfices irrésistibles. J'ai dit à Séraphin que je suis devenue la reine de la vaste fourmilière qui se déployait sous nos pieds à coups de bêche, d'aventure et de rêves handicapés. Avant de descendre dans mon empire, j'ai fait l'amour à Séraphin qui avait besoin que quelqu'un rallume son cœur éteint, refroidi, la froideur d'une lave de vieux volcan... Il fut un temps où ses yeux étaient des lampes. Depuis toujours Séraphin a tenté de mettre dans mes yeux la même incandescence qui éclairait le monde devant lui. Maintenant, il me dit en sanglotant que ses yeux sont éteints. Imagine que tu es une lanterne et qu'on t'endorme. Moi j'arrive à me figurer cela très bien et je l'imagine d'autant mieux que je plonge mon regard dans celui de Séraphin et mon regard frissonne tant il fait froid dans le regard de Séraphin. Quand il a joui, mon frère a encore pleuré, je ne me souvenais pas que c'était mal, j'ai seulement vu des feux d'artifice se lever dans ses yeux. Je me suis bornée à sentir les frétillements de sa biologie qui convulsait non pas de concupiscence ni de honte, mais bien de l'énergie et de la lumière qui revenaient en lui, il est revenu à la vie du bout du harpon que je lui ai tendu fraternellement dans son gouffre. C'est après cela, fière de cela, de la vie que je pouvais donner, que je suis descendue dans les puits. Je me dis que c'est sans doute par moi que le malheur est arrivé. J'étais en train de devenir Dieu. Tu ne peux pas prendre la vie à un homme et la donner à un autre si tu n'es pas un peu Dieu. Je dis Dieu au masculin pour vous faire comprendre que c'était total, la divinité dans sa totalité, comme dirait le Maître. Au féminin, c'est pas pareil et c'est l'une des raisons pour lesquelles je n'aime pas le français. On m'attendait dans les puits. Des malheureux errants dans une vanité d'où ils s'acharnaient à sortir, sans être tout à fait certains de trouver le salut au-dehors. Le Maître avait prévenu qu'il se pouvait que la vie soit un oignon, et que des couches de vanité s'y superposent en sphères, ou classes sociales, ou aires géographiques, ou couleurs de peau ou différences de plastique aussi damnées les unes que les autres... Avoir des voitures et une grande maison dans les quartiers voisins du Bronx, dans la véritable Élisabethville n'était peut-être qu'une nouvelle couche d'oignon dans laquelle on n'arrêtait pas d'avoir mal à sa hernie pour autant, ou d'avoir du sable dans les yeux, ou des cailloux dans la gorge, ou des moustiques dans le slip...

Les fourmis avaient toujours attendu leur reine. Pendant que la fourmilière célébrait ma biologie, les portes se sont refermées. Les trous se sont bouchés et la terre s'est enfoncée en nous disant, comme à la fin des contes, «soyez heureux jusqu'à la fin des temps, car une histoire comme la vôtre ne devrait pas avoir de fin».

La rédaction salue chaleureusement le chef de la maison civile du chef de l'État, l'homme de Dieu, pasteur et prophète, apôtre des temps de la fin, berger des Églises prophétiques de Philadelphie et de Laodicée, le mandataire du Seigneur, le bishop universel Théophile Mulumba Balibi, TMB, qui veut partager une méditation avec les auditeurs. Nous rappelons que c'est dans le respect des dispositions constitutionnelles sur la laïcité que nous nous adressons aux chrétiens qui demeurent très majoritaires sur le territoire national : «Des gens aussi dégénérés spirituellement, comme nos compatriotes de ce quartier d'Élisabethville, que j'ai honte d'appeler compatriotes, ne sauraient trouver grâce auprès de Dieu. Tout le chapitre 18 du saint livre du Lévitique est consacré à la condamnation de l'inceste sous toutes ses formes. Après avoir versé dans de telles souillures, que peut-on encore espérer de l'Éternel ? Je vous rappelle que ce même garçon, celui qu'on nomme Séraphin, ne va pas bien pour avoir plongé dans d'autres souillures encore, et que sa sœur est une souillure incarnée. J'aimerais aussi partager avec nos frères des quatre coins de ce vaste et beau pays ce que la Bible dit de l'homosexualité (Lévitique XVIII, 22, Genèse XVIII, 20). Même le Coran en parle sur le même ton (sourate Al A'raf ou VII, 80-81), aussi les efféminés dans I Corinthiens VI, 9-10, ou encore la malédiction divine de Romain I, 18-32, aussi Lévitique XX, 13. C'est le Ainsi dit le Seigneur. Ce que l'homme de Dieu peut ajouter, c'est qu'à la lecture des écritures et par la révélation du Très-Haut, un homme qui copule avec un autre homme, ou une femme qui copule avec une autre femme, ils commettent un inceste pire que l'inceste, car c'est l'inceste du genre. Dites amen ! »

Belladone
Moi, dieu des fourmis (suite)

La terre est bien tombée et je sais que c'est fini. Je n'ai jamais rien vu commencer. J'ai toujours eu ma flotte d'eaux saumâtres, boueuses dans les poumons. Une sorte de marécage qui n'a peut-être jamais commencé. On dit qu'il y a des esprits dans les eaux, et Séraphin m'avait raconté l'histoire d'une petite rivière qui retenait les ombres des biologies qui s'y étaient reflétées, que ça avait fini par être une ville dans ses eaux. Je pense que le marécage dans mes poumons a aussi ses génies et ils sont très méchants. Ils sortent des eaux pour me gratter l'intérieur de la poitrine avec des griffes. Quand ça arrive, je ferme les yeux et je pleure en silence, dans l'espoir que mes paupières serrées vont dévier les larmes. Séraphin dit que les larmes apaisent les génies des eaux. Et je serre encore plus fort les paupières dans l'espoir de voir couler mes larmes à l'intérieur. Je ne les sens pas, mais elles coulent et ma biologie s'apaise. Quand j'ai compris que la terre est tombée, je dois avouer que j'ai voulu ressentir ça. J'ai appelé cette douleur chatouilleuse que font les griffes surgies du marécage que je porte en guise de malédiction. Il y a tellement de poussière dans mes yeux que ça ne fait pas mal… Comme s'il y avait toujours eu de la poussière dans mes yeux, qu'elle était à sa place dans mes yeux, cette poussière… Je me dis que je ne peux plus pleurer. Tout à l'heure malgré tout j'ai décidé que je pleurais, quoique mes yeux n'aient pas la faveur de la moindre goutte de larme… À la place, j'ai éternué.

Il est vingt et une heure trente à Kinshasa, notre consœur Amandine Sumbamali, *alias* La Bouche Autorisée, vient de nous rejoindre dans ce studio pour le flash info. À la une, douze des quinze okapis disparus depuis bientôt une semaine de la réserve d'Epulu viennent d'être retrouvés par une patrouille de Casques bleus. Quatre sont morts, visiblement par balles, six sont dans un état critique et viennent d'être transférés d'urgence à l'hôpital militaire de la base navale ougandaise du lac Albert. L'état des autres est plutôt satisfaisant, ils font route pour regagner la réserve où la sécurité a été renforcée. Les enquêtes se poursuivent pour savoir quel groupe armé est à la base de cet acte qui a choqué le monde entier.

Le Cheminot
Il faut savoir arrêter de parler

Ma femme Clothilde elle est allée voir Musumari et elle raconte que le féticheur il dit que c'est seulement dans la biologie de Clothilde il voit la vie dans tout le Bronx. Il a dit que les autres voisins ils trimbalent la mort tu dirais un fardeau. C'est pour ça Clothilde elle a imaginé elle va mettre au monde. Ce matin quand elle est partie chez les vieillards de Kamalondo, j'ai entendu qu'elle riait tu dirais une petite fille, et elle disait qu'elle sent la vie monter dans tous les coins de sa biologie, même ses cheveux. Elle a dit c'est le bébé moi son mari j'ai mis dans son ventre la nuit, mais moi je comprends maintenant que Musumari il ne disait pas la vie c'est le bébé, il disait que Clothilde toi, ta biologie elle ne va pas être mangée par les trous que les voisins ont faits dans le Bronx. C'est pour ça elle est partie avant que la terre tombe par terre. Moi je lui dis que Clothilde, si tu m'entends à la radio nationale, j'aimerais te révéler que tous les poèmes Kafka il a écrits, ce n'est pas Kafka, c'est moi j'ai écrit à cause que toi Clothilde tu es une femme qu'on met seulement dans la musique ou dans le poème, ta biologie elle est comme la mythologie et la religion, mais tu sais que ce n'est pas moi j'ai écrit les poèmes de Kafka, alors je te dis que moi ton mari, j'aimerais écrire tous les poèmes de Kafka pour toi, à cause de la vie même un féticheur, un homme des ténèbres il a vu dans ta biologie. Quand je pense qu'un autre homme il va t'aimer après moi, j'aimerais mourir tout de suite pour ne plus penser rien.

Kafka, il avait parlé que si nous allons nous décourager de creuser ça va être la fête des branleurs qui viendront après nous, ça va tourner pour eux. Ils vont taper un seul coup de pioche dans la terre et la terre elle va vomir le cuivre tu dirais une diarrhée métallique... La vie c'est la guerre, et dans cette guerre-là, tu gagnes seulement les petites batailles, à la fin, la guerre elle t'emporte. Une guerre que personne ne remporte la victoire, disait Kafka en rigolant quand on lui disait qu'un voisin il est mort. On dit maintenant, c'est les élèves de Kafka ils sont morts en braillant : *Frappez, camarades. La terre est une femme enceinte de votre avenir...* et encore *Frappez, camarades. La terre n'enfante pas toute seule. Donnez le sel de votre sueur* et c'est Belladone elle est morte elle aussi, parce qu'elle ne prend pas son téléphone, et s'ils ne sont pas tous morts, alors ils sont en train de mourir, de préparer la mort, tu dirais une femme elle prépare l'amour de la nuit qu'elle donne à son mari, en prenant son bain pour exhaler le parfum du savon de toilette et la fraîcheur de l'eau au lieu de sentir la casserole qu'on a étripé le poisson dedans. Moi je vous dis, quand je vais mourir, c'est ça qui va me manquer, les biologies des femmes quand elles sont fraîches de la douche amoureuse, la douche de l'amour, après, je te dis, quand elle t'ouvre son pagne, un peu trempé lui aussi, un peu imbibé, tu dis que Dieu il existe et il est bon. Si on me demande la mort que je veux, il ne faut pas chercher loin, je peux seulement choisir de mourir à ce moment-là, devant Clothilde, ou même Chantale, et je dis je vais mourir comme ça, fermer les yeux en même temps qu'un pagne qui tombe par terre. Quand la police est venue dire que vous faites un travail illégal, moi j'ai dit, s'ils me tapent encore devant mes enfants, je vais devenir un policier moi aussi. Il faut entrer dans la police quand les policiers ils te font le mal, après tu fais comme les policiers, tu peux même faire le coup d'État dans ton quartier, à cause que tu as l'arme et tu ne supportes plus le courant quand il part, ou l'eau quand les robinets ça sèche et ça tousse, ou les policiers quand ils viennent taper sur ta tête avec une matraque qui ressemble à la biologie de la culotte devant tes enfants qui pleurent à ta place, tu ne supportes pas les tracteurs de la mairie qui font des gifles dans les maisons des voisins avec la pelle géante, et si tu es un policier tu peux devenir le maître du quartier en disant que personne ne touche aux fils électriques que le petit Pako, la paix à son âme, il avait mis sous la terre pour tirer le courant de Mazembe et du marché, à cause que l'autre président il avait dit que moi, ma politique c'est de vous apprendre l'auto-prise en charge. Ah, le petit Pako il a pissé la vie de sa biologie sur le poteau du courant! Sa biologie était tombée devant nous tu dirais l'avocat mûr il tombe de l'arbre. Si tu es policier tu dis encore que tout le monde me donne dix pour cent sur son business si vous voulez que moi je ferme les yeux quand vous allez voler au centre-ville, à cause que moi aussi on ne me paie pas bien mais on sait que je suis un homme et je me débrouille avec mon fusil et ma tenue de policier, d'ailleurs les policiers ils ont dit donnez l'argent et Kafka a donné je ne sais pas combien, et ils ont confirmé ils vont dire rien à quelqu'un, même quand les policiers ils sont encore venus pour chercher les œuvres d'art dans les maisons des voisins c'était comme ça. La fille qui avait amené les œuvres d'art elle s'appelait Katlijn, mais ça fait longtemps, Kafka avait dit son oncle il était dans la colonisation, et s'il n'était pas dedans, il a un ami qui était dedans, et que les Belges qui viennent ici ils ont l'oncle, la tante, le papa ou le grand-père il les amène depuis la colonisation quand il y avait beaucoup les Belges ici, alors la fille son oncle avait parlé à sa maman qu'il y a une zone neutre ici entre là que les Blancs vivent et là que les maisons des Noirs elles sont, que le Bronx il a cinq cents mètres à cause que, avec ça, le moustique qui piquait les Noirs il se fatiguait dans son chemin pour aller piquer les Blancs dans leur quartier, et la fille est venue voir le Bronx, *Américane waï ofu laïfe,* avec les œuvres d'art, elle a dit que c'est l'exposition à ciel ouvert des jeunes créateurs du centre-ville qui sont enragés contre le gouvernement et le délabrement du pays, et les autres Blancs ils sont venus voir les œuvres d'art, il y en a tu peux faire une chaise chez toi, eux ils disent c'est la scultu... sculpé...ture, et les autres c'est les bâches on a mis les photos dedans, à la place on écrit souvent Unicef, ou HCR, mais les autres œuvres d'art, tu pouvais mettre ça dans ta maison pour embellir, c'est comme les petits hommes métalliques qui sont tu dirais les arbres, et aussi les photos que tu vois les gens d'avant qui travaillaient dans les mines ils sont en noir et blanc et on les met dans les photos d'aujourd'hui dans les usines qui sont dans la ruine, et les photos que les gens ils sont dans l'eau sale que la pluie elle laisse dans les avenues à Kinshasa, il y avait aussi Lumumba dans les photos que le soda lui fait manger son discours de «Qui oubliéra qu'au Négre, on disait ti, parce que le vous honorable était réservé au sél Blanc», et tout ça les voisins ils ont pris la nuit pour mettre dans leurs maisons, mais quand la police est venue on a dit que nous cotisons un peu l'argent et vous restez avec ces bâches de madame Katlijn, elle n'a qu'à trouver d'autres bâches et elle va imprimer encore les photos dedans. Les gens ont mis les bâches des photos là où ça suinte dans leurs maisons. Je dis tout ça à cause des trous qui ne donnent pas le cuivre depuis le petit Pako il est mort. Ce petit, il avait la biologie essentielle qui fonctionnait bien. J'avais dit à Kafka c'est suspect que nous on ne voie pas le cuivre dans le trou, seulement dans les sacs, ou bien Pako il fait la magie dans le trou et puis si Satan lui donne le cuivre, ou bien il vient mettre le cuivre dans le trou et il dit qu'il était là, alors moi je ne sais pas ce que nous allons faire encore si la terre est tombée par terre, si les gens sont morts, ça signifie ils ne vont pas creuser encore, c'est pour ça moi je pense même Tutu Jean il est mort dans la pluie, je ne sais pas où la pluie l'a amené, peut-être dans les nuages, c'est depuis là-bas elle vient; Tutu Jean il ne travaille pas encore dans son trou, donc il est mort; moi j'aimais bien Tutu Jean, il était quelqu'un normal, c'est sa femme il faut évangéliser par le pro-phète Zabulon; j'ai fait les choses avec lui dans les trous, on a tapé ensemble et quand tu tapes dans la terre avec quelqu'un, il devient ton frère, tu le connais comme tu te connais, on dit connais-toi toi-même et Kafka il ajoute que connais-toi avec les voisins, et Jésus dans la Bible ou quelqu'un comme Jésus il dit que tu aimes tes ennemis et apprends à les connaître, pas-sionne-toi de tes ennemis, mais moi je ne dis pas que Tutu Jean c'est mon ennemi, c'est même mon ami, mais quand vous travaillez ensemble derrière l'argent, ton ami il peut devenir ton ennemi, si tu ne sais pas ce qu'il a dans sa tête, j'ai com-mencé à connaître Tutu Jean dans le trou que nous avons creusé chez lui, pendant sa femme elle me montrait avec le petit Pako ses cuisses qui devenaient plus jaunes quand elle levait le pagne, et moi je peux dire que Tutu Jean il n'a pas décidé de faire le tour du monde à pied, il est resté dans son trou et la pluie lui a dit que je mange les gens qui restent dans le trou, et les autres voisins ils vont arrêter de creuser le moment ils vont mourir dans leurs trous, en plus de cela je peux vous dire que ces trous vont un jour donner beaucoup le métal, et c'est l'État il va peut-être apporter les Chinois qui ont l'argent pour taper dans le sol que nous avons préparé pour eux, et moi je vous dis encore que Kafka il a dit qu'ils vont faire un seul coup et le cuivre va sortir beaucoup. Kafka il disait aussi que si nous échouons ce que nous faisons ce n'est pas grave à cause que nous avons fait ça quand même, l'important il disait c'est de faire la décision qu'on a voulu faire. Un moment je me suis dit : Aye, on ne va pas avoir le cuivre! Mais j'ai continué à creuser pour retrouver les sentiments que j'avais quand je pensais qu'on va avoir le cuivre et devenir les riches. C'était dans l'odeur mouillée de la terre, dans l'odeur et la sensation de la sueur et aussi dans la fatigue que je retrouvais les sentiments du rêve, je me disais que là je touche mon rêve ou c'est mon rêve il me touche avec la sueur qui colle dans mon dos, mes aisselles, mon cou, partout partout, et la terre qui chatouille dans les poils de mes mollets. Ma deuxième femme elle disait que mon mari tu as la mauvaise haleine, je ne la croyais pas. Maintenant, je comprends c'est le vent il emportait les odeurs dans le ciel et il m'épargnait le complexe, il me donnait la consolation de ne pas sentir la fétidité de mon haleine pendant mon vivant. Maintenant, il n'y a pas l'air, et les odeurs ça reste. Moi je te dis, ça peut te tuer, la mauvaise haleine. Le médecin, il avait dit que c'est cacosmie et j'avais répondu au médecin et à ma femme Chantale c'est pour manger l'argent des imbéciles on invente les noms comme ça. Mais là, il faut vraiment arrêter de parler, à cause que, monsieur le journaliste, ça va me tuer, cette cacosmie, quand je l'ouvre, de plus que je parle, de plus j'étouffe...

Coupure générale de courant dans le centre-ville[16].

Notes

1. Patrice Emery Lumumba, discours du 30 juin 1960 durant la cérémonie de déclaration de l'indépendance du Congo.
2. Sagesse en kiswahili.
3. Adu prends ta guitare en main et vas-y Elenga, Elenga / Elenga le monde s'inversera / Un jour viendra / Un jour viendra / Un jour viendra où le Blanc va être astiqué / Un jour viendra où tout va s'inverser /...
4. Bukari, pâte à base de farine de maïs (bunga) qui se mange avec une sauce ou des légumes ou les deux à la fois.
5. La Générale des carrières et des mines. Elle fut, pendant longtemps, la grande société qui exploitait les mines du Katanga avec monopole tout en régulant la vie des habitants des grandes villes de cette région qui tous dépendaient d'elle, travaillaient pour elle, ou étaient sous sa tutelle.
6. Souliers de ville en cuir.
7. Rideau qui sert de mur en séparant deux pièces.
8. C'est ainsi qu'on appelle les élèves qui font du bruit, dérangent en classe dans les écoles congolaises.
9. Prostituée, en swahili.
10. Hé, les gars, c'est quoi la joie du Katanga ? / Manger, boire et bien se saper.
11. Littéralement les Coupeurs du Katanga, milice villageoise du Katanga, qui a fait quelques entrées sensationnelles ou folkloriques dans la ville de Lubumbashi en 2013.
12. La pointe du couteau.
13. Patrice Emery Lumumba, discours du 30 juin 1960, cérémonie de l'indépendance du Congo.
14. Mettait de côté, en frangolais.
15. Pense à ton vieux, l'aîné ne quémande pas.
16. Note de l'éditeur : l'auteur inconnu, quelques minutes avant la coupure générale du courant dans le centre-ville, a pu nous faire parvenir par e-mail le tapuscrit de ses notes ainsi que les liens podcast de l'émission, nous avons pu ainsi reconstituer avec le concours exceptionnel de Sinzo Aanza tout le récit de cette Généalogie de la banalité.

Mis en pages par Ici et ailleurs, La Roque d'Anthéron.

La couverture est imprimée sur un papier de création
Constellation Snow fourni par les papeteries Fedrigoni,
garanti sans chlore, au pH neutre et issu de forêts écologiquement gérées.
Le papier intérieur est issu de forêts écologiquement gérées.

Achevé d'imprimer en octobre 2015
sur les presses de Yenooa, La Roque d'Anthéron
Dépôt légal : octobre 2015
Imprimé en France